데이터 리더 9인이 말하 원칙과 철학

데이터 과학자 원칙

이정원, 권시현, 권정민, 김영민, 김진환, 박준석, 변성윤, 이진형, 이제현 공저

GOLDEN RABBIT

골든래빗은 가치가 성장하는 도서를 함께 만드실 저자님을 찾고 있습니다.

내가 할 수 있을까 망설이는 대신, 용기 내어 골든래빗의 문을 두드려보세요.

apply@goldenrabbit.co.kr

우리는
가치가 성장하는
시간을
만듭니다.

"타인의 생각을 엿보는 일은 그 자체로도 재미있지만,

나를 돌아보고 앞길을 계획할 때 큰 도움이 됩니다."

우리는 대부분의 일을 심사숙고하고 면밀히 계획을 세워서 진행합니다(또는 그렇게 해야 한다고 믿습니다). 하지만 가끔은 막연히 좋을 것 같다는 느낌만으로 무작정 일을 벌여놓고 되어가는 상황에 따라서 적절히 대응하면서 새로운 길을 모색하기도 합니다. 때로는 진행되는 모습이 하도 흥미로워서 어떻게 전개되는지 한 걸음 떨어져 지켜보기만 하는 경우도 있는데, 담당 편집자와 함께 머리를 맞대고 구상했던 지난 〈개발자 원칙〉이 그랬고 이번 〈데이터 과학자 원칙〉도 그렇습니다.

'원칙' 시리즈의 책이 만들어지는 과정을 보고 있으면 마치 콘웨이의 '라이프' 게임을 즐기는 느낌을 받습니다. 물론 성향과 경험과 생각의 폭이 다른, 그리고 창의적이고 주체인 사람이 모여 만들어내는 변화와 반응의 모습은 단순한 규칙이 기계적으로 반복되면서 자아내는 복잡한 변화가 주는 재미를 넘어, 놀라움과 경이까지 불러일으킵니다.

이 책의 아홉 저자는 '원칙'이라는 부담되면서도 다소 막막한 주제가 던져졌을 뿐인데 각자 자기 고유의 이야기를 풀어내서 이렇게 훌륭한 책으로 엮어내었습니다. 제각각 자기 이야기를 별다른 조율 없이 모아 놓았을 뿐인데 입을 맞추기라도 한 냥 조화를 이루면서 맞장구를 치기도 하고 서로 빈틈을 메우기도 하며 온전한 한 책이 된다니 그저 신기할 뿐입니다. 이런 아름다움을 위해서 우리가 이토록 서로 다르고, 그러면서도 우리라는 울타리에 모여 사는 것 같습니다.

타인의 생각을 엿보는 일은 그 자체로도 재미있지만, 나를 돌아보고 앞길을 계획할 때 큰 도움이 됩니다. 개발자라는 신생 업종에 투신하면서 가까이에서 도움을 주거나 본받을 선배 없이 경력을 일구어올 수밖에 없던 저는 글을 통해 다른 개발자의 생각을 듣거나 다른 직군 사람들이 살아가는 모습을 참고 삼아 내가 살아가는 모습을 그려 낼 수밖에 없었습니다.

이 책을 읽으면서 오늘날 데이터 과학자는 과거에 제가 처했던 상황과 비슷한 처지에 놓인 분이라는 생각이 들었습니다. 생긴 지 얼마 안 되는 신생 직종이면서 하루가 다르게 변화하는 영역에 속하고 현실과 기대의 폭이 큰, 충분히 이해받지 못하는 직군이라는 유사한 측면 때문에 생각의 패턴도 비슷해 보입니다. 하지만 패턴이 비슷할 뿐 더 압축적으로 더 강하게 폭발하는 강도의 차이 또한 분명하게 느껴집니다.

이런 압박을 견디면서 성과를 만들어가고, 한 전문 직종을 바닥부터 건실하게 세워가는 모든 데이터 과학자에게 존경과 감사의 마음을 전하고 격려의 박수를 보내드립니다. 저는 비록 데이터 과학자 영역에 속한 사람은 아니지만 운이 좋아서 데이터 전문가들과 가까이 일을 하거나, 관련된 일을 하거나, 데이터 조직을 책임지기도 했습니다. 지금도 제가 만드는 프로덕트의 핵심에 데이터 기술을 적절히 융합되는 일에 관심이 많습니다.

이 책이 들려주는 데이터 과학자 이야기가 제 경험과 겹치면서 더 현실적으로 다가오는 진한 감동을 받은 것 같습니다. 낯설지만 동시에 같은 인간이기에 비슷한 삶을 살아가는 이웃들의 삶과 생각을 살짝 맛보고 돌아온 훌륭한 여행이었습니다. 책에 담긴 원칙들은 저에게도 직접 도움이 될 뿐더러, 제가 데이터 과학자를 더 친근하게 느끼고 잘 이해하는 데에도 도움이 될 것 같습니다.

　전작인 〈개발자 원칙〉과 비슷한 느낌을 받긴 하지만 이 책은 그 강도가 더 큽니다. 그만큼 제가 생각하지 못한 영역에서 강한 자극을 받은 모양입니다. 이야기를 나누어 주신 아홉 작가께 고마운 마음을 전합니다. 시리즈로서 앞으로 선보일 원칙 이야기들에 거는 기대가 더욱 커졌습니다.

박성철_ 마켓컬리 풀필먼트 & 딜리버리 프로덕트 본부장

"10년이 넘는 시간을 온전히 부어, 깨지고 구르다 보니
이제는 그래도 예전보다는 일을 더 잘할 수 있을 거 같다는
깨달음도 느끼지만, 동시에 그런 생각도 듭니다.
정말 그 많은 시행착오가 다 필요했을까?"

예쁜 달도 망원경으로 자세히 보면 울퉁불퉁 분화구의 척박한 대지입니다. '21세기 제일 섹시한 직업'이라 불렸던 데이터 과학자라는 업도 비슷한 것 같습니다. 멀리서 볼 땐 예쁘지만, 다가가면 울퉁불퉁 그 자체거든요.

데이터 직군에 대한 환상들은 마치 파레토 법칙처럼 반짝반짝 빛나는 20% 정도만 알려져 있는 것 같습니다. 반짝이는 피라미드의 꼭대기 아래를 받치고 있는 쌓여 있는 돌더미 같은 80%의 현실들은 잘 알려져 있지 않았습니다.

저도 잘 모르고 시작했습니다. 이 직업의 반짝거림을 기대하며 시작하였고, 실상은 매일의 좌절이었습니다. 그래도 10년이 넘는 시간을 온전히 부어, 깨지고 구르다 보니 이제는 그래도 예전보다는 일을 더 잘할 수 있을 거 같다는 깨달음도 느끼지만, 동시에 그런 생각도 듭니다. '정말 그 많은 시행착오가 다 필요했을까?'

분명히 이 일을 더 잘할 수 있는 방법은 있습니다만 아무도 그것을 전해주지 않았습니다. 아무리 찾아도 없었어요. 그런 것이 있었다면 조금은

편했을 텐데 말입니다. 찾아도 없었던 이유는 다양하겠지만 가장 큰 이유는 말로 정의하기 어려운 암묵지에 해당하는 지식이라 그렇습니다.

암묵지는 여러 의미에서 알려주기가 쉽지 않습니다. 암묵지는 특성상 알고 있는 사람조차, 내가 알고 있다는 사실을 모릅니다. 누군가가 적절한 질문을 했을 때, 그제서야 내가 알고 있다는 사실이 떠오릅니다. 존재를 알아도 어려움은 남아 있습니다. 암묵지는 전달하기가 쉽지 않습니다. 누군가가 '자전거 타는 법을 알려주세요'라고 물어왔을 때, 우린 그걸 알아도 타인에게 전달하기가 어렵습니다.

이 책은 많은 데이터 과학자가 인생을 부어서 깨닫게 된 암묵지들을 다루고 있습니다. 제대로 된 물음이 존재할 때만 인출이 가능한 경험이 잔뜩 녹아 있습니다. 말로 전달하기 어려운 이야기들을 제대로 전달하고 있습니다. 희소하고 소중한 것들입니다. 이 책을 통해 배울 수 없던 것들을 배울 수 있게 된 여러분이 참 부럽습니다.

하용호_ 데이터 과학자, 데이터 업계 시조새

01_ 루틴하게 점진적으로 작동하는 팀워크

"20년 동안 연구원 생활을 하고, 스타트업을 창업해 2년째 운영합니다.

좋은 사람들과 즐겁게 일하는 것을 최고의 가치로 여기며,

제가 경험한 팀워크의 원칙을 소개합니다."

소통은 어렵고 팀워크는 귀한 것입니다. 스포츠팀 감독들은 선수 개개인의 능력을 최대한으로 끌어내는 것 이상으로 그들을 하나의 팀으로 만들기 위해 노력합니다. 팀워크는 개인의 합 이상의 성과를 가져오기 때문입니다. 팀워크가 제대로 작동할 때 막강한 팀이 됩니다.

하지만 협업은 즐겁기도 하지만 고되기도 합니다. 팀워크와 협업은 쉽게 얻을 수 있는 것이 아닙니다. 프로세스를 갖추기 위해서 많은 시행착오를 겪으며, 성격이 제각각인 여러 멤버를 설득해야 합니다.

저는 연구소 안팎에서 조직 문화와 팀워크를 고민하며 다양한 실험을 해보았습니다. 그중 몇 가지 사례를 소개합니다.

이정원_ 페블러스 공동창업자/부대표

"수많은 데이터 과학자 사이에서 경쟁해 살아남으려면
나만의 차별화된 무기가 필요합니다.
어떻게 무기를 만들어가야 하는지 소개합니다."

　　학부 시절 사회학을 전공한 문과 출신으로 커리어를 시작했으나, 조금씩 숫자와 컴퓨터에 다가가다 보니 지금은 미국에서 데이터 과학자로 일합니다.

　　컴퓨터공학이나 통계 전공자들에 비해서는 기반이 약할 수 있기 때문에 데이터 과학자로서 다소 불안정한 위치에 있다는 생각이 들 때도 있습니다. 하지만 이러한 상황에서도 실무에서 환영받는 결과를 얻어내는 실력을 갖춘다면, 차별화된 데이터 과학자로서 활약할 수 있다는 희망을 전합니다.

권시현_ IDT Corporation 데이터 과학자

"기업이 피봇팅을 할 때, 데이터에 접근하기 힘들 때,
데이터가 없을 때 등의 척박한 데이터 환경에서
데이터 분석가가 살아남는 방법을 이야기합니다."

다양한 업계에서 데이터를 분석해온 지 수년이 훌쩍 지났습니다. 그간 데이터 업계도 굉장히 빠른 속도로 변해왔고, 제 업무 환경 역시 빠르게 변해왔습니다.

여러 회사에서 데이터를 분석하면서 회사마다 데이터 환경이 굉장히 다르다는 것을 깨달았습니다. 회사 규모, 연혁, 서비스 형태, 도메인 분야 등에 따라서 데이터를 사용하는 환경, 분석을 활용하는 정도도 천차만별입니다. 물론 대부분의 업과 마찬가지로 데이터 분석업 역시 어느 정도 유연성을 가지고 업무를 해나가야 하지만, 간혹 정말로 어떻게 해야 하나 싶은 때를 만나게 됩니다. 어렵지만 아무도 도와줄 수 없는 것 같을 때, 어떤 마음으로 업에 임하고 어떻게 자신의 능력을 보이며 살아남을 수 있을지 이야기해보고자 합니다.

권정민_ 데이터 과학자, ML GDE

"지적 호기심이 많고 숫자를 통해 현실 속 문제를 해결하는 것에 재미를 느끼는 사람이라면, 데이터 과학자라는 직업을 사랑할 수밖에 없을 겁니다. 새로 시작하는 데이터 과학자를 위해 짧지만 나름의 경험이 담긴 지침서를 작성하였습니다."

금융공학을 공부하고 증권가에서 퀀트로 일하다가, 다섯 해가 넘으니 답답한 마음이 들었습니다. 모두가 만류했지만 저는 용기를 내어 회사에 사직서를 제출하고, 데이터 과학자로 새 출발을 했습니다.

사실 처음 몇 년은 매우 힘들었습니다. 연차는 있지만 선형 모델 하나도 다룰 줄 모르는 등 신입보다도 부족한 점이 많았습니다. 모자란 실력을 채우기 위해 부단히 노력했습니다.

이 분야는 변화하는 속도가 빠르며, 새로운 기술이 끝없이 쏟아져 나오는 곳입니다. 저처럼 어려움을 겪을 새로 시작하는 데이터 과학자들을 위해 ML 모델 개발과 운영에 필요한 지침서를 작성해봤습니다. 이 글이 험난한 항해에서 방향을 잡아주는 북극성이 되어주길 바랍니다.

김영민_ 아마존 웹 서비스 데이터 과학자

"더 나은 데이터 분석 방법이 하루가 멀다고 발표됩니다.

새로운 기법을 다 익히지 못해 조급한 분들에게 말하고 싶습니다.

데이터 분석의 본질은 형식에 있지 않습니다."

공학과 교육, 금융, 의학 연구 분야에서 연구원, 데이터 과학자, 데이터 분석가, 개발자로 역할을 바꿔가며 데이터 주변인으로 살고 있습니다. 다루는 데이터와 업무는 바뀌었지만, 데이터를 다루는 본질은 한 번도 변하지 않았다고 생각합니다.

하수는 형식을 취하고 고수는 본질을 꿰뚫습니다. 데이터 분석의 본질을 달성하는 아주 간단한 초식 4가지를 소개합니다.

김진환_ 차라투 데이터 프로덕트 개발자

"기술 부채는 개발자만의 전유물일까요? 아닙니다.
데이터 과학자도 때로는
기술 부채를 갚아야 합니다."

데이터 과학자를 꿈꾸다가 막상 데이터 분석 업계에 몸을 담으면 캐글 같은 웹사이트에서 챌린지에 도전할 때와는 상당히 다른 현실을 만나게 될 겁니다.

현실을 헤쳐나가다 보면 '기술 부채'가 쌓입니다. 기술 부채는 개발자들이 흔히 이야기하는 개념이지만 사실 데이터 과학자에게도 똑같이 적용됩니다. 데이터 과학자들은 개발자가 아니라는 이유로 그리고 바쁘다는 이유로 기술 부채를 무시하곤 하죠. 하지만 그런 부채가 계속 쌓이면 어느 시점이 되면 감당할 수 없게 되는 것은 개발이나 분석이나 마찬가지입니다. 기술 부채를 다루는 저만의 원칙을 알려드리겠습니다.

박준석_ 미국 핀테크 회사 시니어 리서치 사이언티스트

"자신이 무엇을 아는지, 모르는지를 나타내는
메타인지 상승을 도와준 제 원칙을 소개합니다.
여러분도 메타인지를 갖추어 자신을
더욱 이해해보길 기원합니다."

데이터 분석가로 시작해 데이터 엔지니어, 머신러닝 엔지니어, MLOps, 데이터 조직의 엔지니어링 매니저, 코치 등 다양한 업무를 진행하며 성장했습니다.

여러 경험을 하면서 자신을 잘 아는 것이 중요하단 생각을 시작으로 메타인지에 대해 고민하고, 적용하다 보니 저의 원칙이 하나씩 생겼습니다. 이 원칙들이 쌓여서 제가 일할 때 활용하는 기준이 되었고, 지금도 계속 새로운 원칙이 생깁니다. 여러분의 원칙을 세우실 때 참고할 수 있는 원칙들을 공유하겠습니다.

변성윤_ 카일스쿨 데이터 코치

"분석에 사용할 데이터와
시스템이 없는 상황에 놓인 데이터 과학자 분들께
제 경험이 조금이나마 도움이 되길 바랍니다."

데이터팀이 없던 곳으로 이직을 했습니다. 혼자서 제품의 현황을 파악하기 위한 분석을 진행하고, 데이터 분석에 필요한 시스템을 구축하고, 로그를 설계하고 데이터를 함께 분석할 팀을 만들고자 고군분투했습니다. 힘들고 어려웠지만 여러 난관을 헤치고 현재는 비즈니스에 필요한 인사이트를 뽑아낼 분석 시스템 기반으로 데이터를 분석할 동료와 함께 일합니다.

저처럼 아무것도 없는 상황에서 무언가를 만들어가는 상황에 맞닥뜨린 데이터 분석가에게 제 경험을 공유합니다.

이진형_ 빅쏠 데이터인사이트팀 리드 데이터 과학자

"면접장에 들어서는 지원자처럼, 너무 튀지 않으면서도 단정하게
정리된 데이터는 보는 이의 마음속에 편안히 들어설 수 있습니다.
반대로 화려한 연출로 주의를 끌어야 할 때도 있습니다.
잘 모르는 이들에게 데이터의 가치를 전달하고픈 여러분께
데이터 시각화의 원칙을 소개합니다."

공학을 전공했지만 숫자보다 그림이 더 친근하게 느껴지는 데이터 과
학자입니다. 화려한 인공지능 기술이 연일 공개되는 요즘이지만, 정작
'내 일'에 인공지능 기술을 적용하려면 '내 데이터'에 대한 통찰과 함께
관련된 사람들과의 의사소통이 중요함을 느낍니다.

백번 듣는 것보다 한 번 보는 것이 낫다는 말도 있습니다. 특히나 내 분
야 밖의 사람들일수록 용어 사용 등 언어적 제약이 커지기 때문에 그림의
힘이 더 중요합니다. 서류 한 장에 담긴 조각 그림 몇 장과 몇 마디 말로
몇 달의 노력을 평가받을 때가 많습니다. 스스로에게 미안해지는 상황이
연출되지 않도록 자그마한 도움이나마 드리고 싶습니다.

이제현_ 한국에너지기술연구원 책임연구원

목차

루틴하게 점진적으로 작동하는 팀워크

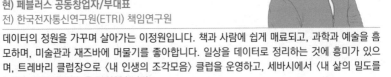

이정원 jeongwon@pebblous.ai
현) 페블러스 공동창업자/부대표
전) 한국전자통신연구원(ETRI) 책임연구원

데이터의 정원을 가꾸며 살아가는 이정원입니다. 책과 사람에 쉽게 매료되고, 과학과 예술을 흠모하며, 미술관과 재즈바에 머물기를 좋아합니다. 일상을 데이터로 정리하는 것에 흥미가 있으며, 트레바리 클럽장으로 〈내 인생의 조각모음〉 클럽을 운영하고, 세바시에서 〈내 삶의 밀도를 높이는 과학적 방법〉을 강연했습니다.

《생각의 기원》 역
《파이썬 예제와 함께하는 강화 학습 입문》 공역

 brunch.co.kr/@madlymissyou
fb.com/madlymissyou

팀 스포츠를 좋아하는 사람들은 팀워크의 짜릿함을 압니다.

최근에 배구를 좋아하게 되었는데요, 배구는 포지션마다 요구되는 능력이 명확히 다른 팀 스포츠입니다. 센터는 상대의 공격을 무력화하는 블로킹에 특화되어 있고, 세터는 득점 확률이 높은 공격수에게 공을 토스합니다. 정확하고 빠른 토스는 물론이고, 상황 판단이 빨라야 합니다. 세터를 코트의 사령관이라고 부르는 이유죠. 레프트와 라이트는 불꽃 같은 스파이크로 공격을 주도합니다. 득점 장면은 거의 레프트와 라이트의 스파이크를 통해 나오기 때문에 가장 화려하고 주목받는 포지션이기도 합니다. 한편 배구에는 리베로라는 특수 포지션이 있습니다. 리베로는 수비 전담 선수인데, 공격은 할 수 없습니다. 스파이크를 때릴 수 없는 운명의 배구 선수인 것이죠. 하지만 자세를 한껏 낮추고 있다가 몸을 날려 상대편의 스파이크를 받아내는 리베로는 공격수 만큼이나 멋진 장면을 연출하는 포지션입니다. 이러니 수퍼스타 김연경조차도 "배구는 혼자 하는 종목이 아니다"라고 말하는 겁니다. 공격수가 공중에서 잠시 정지된 채로 활처럼 휜 허리를 튕기면서 내리 꽂는 스파이크는 분명 배구의 꽃입니다. 눈이 공을 따라가면 스타 플레이어의 화려한 플레이를 감상할 수 있습니다. 하지만 공에서 눈을 떼면 팀워크가 보입니다. 여섯 명의 선수들이 일사불란하게 모였다가 흩어지고, 로테이션에 따라 달라지는 수비와 공격 패턴이 눈에 들어오는 것이죠. 어쩌면 스파이크나 디그^{dig}보다도 더 매력적인 관전 포인트는 팀워크일지도 모릅니다.

우리는 일을 할 때도 팀워크를 발휘할 수 있습니다. 팀워크가 제대로 작동할 때 막강한 팀이 됩니다. 저는 혼자서 할 수 없는 일들을 팀과 함께 해냈고, 팀을 통해 성장했습니다. 제가 중요하게 생각하는 원칙은 팀워크입니다.

풀스택 연구자

20년 동안 정부출연연구소를 다녔습니다. IT 분야에서는 가장 규모가 큰 연구소입니다. 연구소를 다니면서 적어도 수백 명의 석박사와 어울릴 수 있었습니다.

개발자 용어를 잠시 빌려오자면, 박사가 된다는 것은 풀스택 연구자가 된다는 의미입니다. 박사는 적어도 4년 동안 고독한 시간을 견디며 학문의 길을 걸어온 사람들이고, 연구라는 거대한 프로세스에서 다양한 역할을 소화하며 A부터 Z까지 해낸 사람들입니다. 우선 연구 주제를 선정할 수 있어야 하고(PM), 가설을 수립해야 하며(데이터 과학자), 실험에 필요한 코딩을 하고(데이터 엔지니어), 결과를 분석하고 논문을 써야 합니다. 이걸로 끝이 아닙니다. 논문을 국제 학술지에 투고하고 나면 깐깐한 리뷰어들의 공격과 훼방에 맞서 데이터와 논리를 보완해야 하고, 국제 학술대회에 참석하면 자신의 연구 결과가 가지는 의미에 대한 인사이트를 담아 프레젠테이션을 해야 합니다. 주제 선정, 가설 수립, 실험 계획, 코딩, 데이터 분석, 논문 작성, 학술대회 발표까지 정말 다양한 역할을 수행하게 되는 것이죠.

하지만 박사 학위를 받은 사람들이 이 모든 과정을 즐기거나 잘 해낸 것만은 아닙니다. 그들은 마라톤 레이스 도중에 수도 없이 희로애락을 겪었을 겁니다. 사람마다 즐기는 일과 괴로워하는 일이 다르기 때문입니다.

실험을 좋아해서 열정적으로 매진하다가도 논문을 써야 할 데드라인이 다가오면 랙 걸린 듯이 늘어지거나, 연구 주제를 선정하는 문헌 리뷰 작업에는 열심이지만 실험에는 흥미가 없어서 속도가 한없이 느려지기도 합니다. 많은 박사 과정 학생이 학위 기간 4년 동안 방황하고 주저합니다. 만일 누군가 박사 학위에 필요한 모든 절차와 작업에 흥미를 가지고 열정을 쏟을 수 있다면, 그는 타고난 박사이며 진정한 풀스택 연구자인 겁니다.

4년 동안 훈련받은 박사가 연구소에 들어가서 부여받는 미션은, 역시나 풀스택 연구입니다. 프론트엔드 박사라거나 백엔드 박사라는 타이틀은 없기 때문입니다. 풀스택 박사는 코딩하고, 특허도 쓰고, 실험실 세팅도 하고, 논문도 쓰고, 발표도 하고, 보고서도 써야 합니다. 마치 1인 기업처럼 프로젝트를 혼자 맡아서 하기도 합니다. 풀스택 박사가 가득한 연구소에서는 각자 잘하고 좋아하는 일이 무엇인지 묻지 않습니다. 누구나 어떤 일이든 적절하게 해낼 만큼의 능력을 가지고 있기 때문에 잘하고 좋아하는 일만 하도록 내버려 두지 않습니다.

개발자를 만나면 묻곤 합니다. 프로토타이핑prototyping과 리팩터링refactoring 중에서 어떤 걸 더 좋아하는지. 채용 면접에서는 대체로 둘 다 좋아한다는 답변을 듣기는 하지만, 경험적으로 볼 때 둘 중 하나를 더 좋아하는 사람이 대부분입니다. 누군가는 새로운 아이디어를 빠르게 시도하고 검증하는 것을 좋아하고, 누군가는 코드의 가독성을 높이고 모듈화하고 디테일을 매만지며 지속 가능한 구현체를 만드는 일에 흥미를 가집니다.

프로토타이핑과 리팩터링은 마치 소설에서의 초고와 퇴고, 음악에서의 작곡과 편곡 관계와 같습니다. 누군가는 작곡을 하고 누군가는 편곡을 하듯이, 또 다른 누군가는 작곡과 편곡 모두에 욕심을 내듯이, 창작자로서의 본성과 취향은 사람마다 다릅니다. 개발자라고 해서 기획과 설계부터 구현과 배포까지, 모든 절차를 진정으로 즐기지는 못할 겁니다. 글쓰기를 업으로 하는 소설 작가 중에도 초고를 쓰는 것보다 퇴고를 어려워하는 경우가 있듯이, 일단 작동하는 코드를 만들고 난 이후에 여러 이유로 코드 리팩터링을 미처 해내지 못하는 개발자도 있는 겁니다.

그래서 우리는 팀으로 일합니다. 팀원들 각자 서로 잘하고 즐기는 분야가 다르기 때문입니다. 팀원의 구성과 성향이 다양할수록 더 좋은 팀이 될 확률이 높습니다. 팀원들이 각자 최고의 능력을 발휘할 수 있는 역할을 맡아 수행하며 서로의 역할을 존중하고 지식과 경험을 공유함으로써, 팀의 생산성은 올라가고 팀원 모두 성장할 수 있습니다.

하지만 팀으로 일한다는 것이 쉬운 일은 아닙니다. 사람마다 커뮤니케이션 방식도 다양해서, 서로 선호하는 방식이 다르기라도 하면 피로가 누적됩니다. 누구는 텍스트 기반의 메시지를 선호하고, 누구한테는 이메일을 보내면 전화가 걸려 오고, 누구는 얼굴 보고 이야기해야 진정한 커뮤니케이션이라고 생각합니다. 또한 사람마다 상식과 기준이 다르기 때문에, 오해가 생기고 감정을 다치기도 합니다. 협업의 괴로움은 협업의 즐거움을 상쇄하고도 남을 만큼 치명적일 수 있습니다.

그래서 협업을 피하는 사람도 많습니다. 특히 연구소에 있는 풀스택 연구자들은, 그러니까 스스로 이것저것 다 잘하는 사람들은 굳이 다른 사람들과 일을 같이 하려고 들지 않습니다. 팀으로 일하는 것은 생각만큼 쉽지 않으며 즐겁기보다는 불편한 경우가 더 많으니까요.

회고에서 싹튼 팀워크

저는 연구소 밖에서 여러 커뮤니티를 만들고 운영하는 일들을 해왔습니다. 독서 모임을 열심히 했고, 과학문화 활동과 관련된 여러 커뮤니티에 참여하고 운영하며 경험을 쌓았습니다. 하지만 연구소 내부에서는 기존의 문화와 일하는 방식이 굳어진 상황이었기 때문에, 새로운 시도를 할 기회가 좀처럼 주어지지 않았습니다. 개인적으로 고민하며 작은 실험들을 해보던 중, 연구소 안에서의 기회는 갑작스럽게 찾아왔습니다. 3주 동안 풀타임으로 가동되는 태스크포스의 간사를 맡게 된 겁니다. 연구소 각 부서에서 모인 40여 명의 태스크포스팀은 세 분과로 구성되어 있었고 세 번째 분과의 간사로 제 이름이 적혀 있었습니다. 다음 날 아침부터 처음 보는 사람들과 온종일 회의를 진행해야 하는 입장이 된 겁니다. 제 이름 앞에는 '열린분과'라는 간판이 붙어 있었고, 연구소의 소통 문화를 개선하는 목표를 가진다는 설명과 함께 '시장통 같은 연구소를 만들자'라는 미션이 주어졌습니다.

다음날 아침, 제가 처음으로 한 일은 호칭 정리였습니다. 열 명 남짓의 분과원들은 서로 이름과 직급도 모르는 상태였기 때문에 OO님으로 호칭을 통일할 필요가 있었습니다. 연구소에서는 보기 힘든 문화였지만, 저는 가장 선배님처럼 보이는 분께 "OO님, 괜찮으시겠어요?"라고 허락을 구했습니다. 다행히 선뜻 화답해주셔서 자연스럽게 호칭이 정리되었습니다.

그리고 의자만 빼서 동그랗게 둘러 앉았습니다. 20대 연구원부터 50대 부서장까지 직급과 연령대도 다양했습니다. 각자 돌아가며 어떤 마음으로 이 자리에 앉아 있는지 얘기를 나눴는데, 생각보다 어려운 상황이었습니다. 대부분 비자발적으로 차출된 인원이었으며, 태스크포스에서 뭘 한들 연구소가 바뀌거나 할까, 이게 다 무슨 소용일까, 하는 부정적인 정서가 지배적이었습니다. 저는 그때 이런 생각이 들었습니다. '연구소 전체를 바꾸기 전에, 우리 분과부터 바뀌는 모습을 보여야 하겠구나.' 서먹서먹하게 모여 있는 우리 분과가 소통과 협업 문화를 실천해서 보여주는 것이 변화의 시작이 될 수 있겠다 싶었습니다. "지금은 꽤나 혼란스러운 상황이지만, 곧 우리의 아이디어가 보기 좋게 정리될 겁니다. 지금 이 앞에 놓여 있는 큐브와 퍼즐 조각들이 제 자리를 찾아가는 것처럼요." 제가 좋아하는 루빅스 큐브와 직소 퍼즐을 준비해서 테이블 위에 놓고 즉석에서 만든 메시지였습니다.

그리고 저는 첫 날 오후에 몇 가지 원칙을 제안하고 동의를 구했습니다.

첫째, 모든 과정을 잘 기록하고 공유하자.
둘째, 무엇을 하느냐보다 어떻게 하느냐가 중요하다.
셋째, 우리가 먼저 실험하고 하나의 사례가 되자.
넷째, 차별화에 집착하기보다는 중요한 것을 반복해서 시도하자.

태스크포스의 결과물은 현황 분석과 제안을 담은 보고서가 되어야 했겠지만, 저는 보고서보다 더 중요한 것이 있다고 생각했습니다. 우리 분과에서 새로운 방식의 소통과 협업을 실천하고 하나의 사례가 되어 문화가 퍼져나가는 진원지가 되면 좋겠다고 생각한 겁니다. 그래서 우리는 잘 기록하고 공유할 것, 소통과 협업의 새로운 방식을 분과 내에서 실천할

데이터 과학자 원칙

것, 사례를 보임으로써 새로운 문화의 씨앗이 될 것을 원칙으로 삼은 것입니다. 네 번째 원칙은 차별화의 함정을 경계하자는 것인데요, 연구원의 특성을 감안한 것이었습니다. 연구자들은 연구 계획서를 쓸 때 항상 세계 최고가 아니면 세계 최초가 될 것을 강요받는 환경에서 일을 합니다. 새로운 아이디어를 어떻게든 짜내야 한다는 것이지요. 하지만 소통과 협업 문화를 위한 아이디어가 세계 최초일 필요는 없습니다. 우리는 이미 답을 알고 있는지도 모릅니다. 그것을 실행하지 못하고 있을 뿐이지요. 중요하다고 생각하는 아이디어를 강조하고 반복해서 시도하는 것이 효과적일 것이라 생각했습니다.

어쨌든 우리는 무언가를 해야 했습니다. 이튿날 아침이 되자 우선 다시 둘러 앉았습니다. 전날 한 일을 리뷰하고, 돌아가면서 각자의 마음이 어떠한지 공유했습니다. 아침에 둘러앉아서 이야기하는 시간의 성격을 명확히 하고 그것을 '일일회고'라고 했습니다. 저는 애자일 소프트웨어 방법론에서의 '회고'를 매일 아침 적용해보려고 했습니다. 아침마다 둘러 앉아서 나누는 시간의 주된 목적이 계획보다는 회고에 있음을 명확히 했습니다. 하루종일 계획을 세우고 앞만 보며 이야기하게 될 텐데, 아침에 10분 정도 뒤돌아볼 여유는 있어야 하지 않겠는가 생각했습니다. 다들 처음 하는 일이니까, 무엇을 잘했고 무엇을 못했으며 무엇이 좋았고 무엇이 마음에 걸렸는지 스스로 평가하고 마음을 나누는 것이 도움이 될 것 같았습니다.

회고는 어찌보면 반성의 의미로 다가오는 경우가 많기 때문에, 사람에 따라서는 낯설고 불편한 감정이 들 수도 있습니다. 그래서 처음에는 큰 기대 없이 모두가 돌아가면서 한 마디씩 입을 떼고 말을 하는 것에 의미를 뒀습니다. 회의 시작 무렵에 입이 트이지 않으면 좀처럼 말하지 않는 사람들이 있기 때문입니다. 요즘 유행하는 MBTI 타입으로 설명하자면 'I'에 해당하는 성격 유형인데, 제가 보기에 연구소에는 이런 사람들이 절반 이상입니다. 그래서 회의 초반에 모든 참가자가 한 마디씩이라도 말을 해두지 않으면, 회의 내내 한두 사람의 이야기만 듣다가 끝나버리는 사태가 발생하기 십상입니다.

그렇게 가벼운 마음으로 시작한 회고였습니다. 연구소에서는커녕 어떤 커뮤니티에서도 회고를 위해 규칙적이고 반복적인 시간을 가져본 적은 없었습니다. 흐지부지될 수도 있다고 생각했지만, 하루 이틀 지나면서 조금씩 틀이 잡혀갔습니다. 그리고 며칠 지나지 않아서 기대 이상의 효과를 체험할 수 있었습니다. 팀원들이 속마음을 이야기하기 시작한 겁니다. 아침부터 어제의 일로 누구를 비난하거나 화를 내는 사람은 없었습니다. 오히려 전날 다른 업무 때문에 일찍 나가야 해서 미안했다, 멋진 아이디어를 내고 빠르게 실행해준 누구한테 고마웠다, 우리가 어제 한 일이 멋지다고 생각했다, 이런 얘기들을 주로 들을 수 있었습니다. 고맙다, 미안하다. 직장에서뿐만 아니라 가족이나 친구 사이에서도 쉽게 들을 수 없는 말인데 우리는 매일 아침 그런 말을 하고 있었습니다. 그러면서 누군가는 양손 가득 커피를 사오기도 했습니다. 마음을 전할 기회를 가진다는 것이 얼마나 중요한지와 마음을 담은 짧은 대화를 통해 팀워크가 싹트고 있다는 것을 깨달았습니다.

우리는 '열린분과'답게 매일 아침 회고의 시간을 통해 마음을 열고 하나의 팀이 되어가고 있었습니다. 며칠 후 직원들을 대상으로 공청회를 열고 발표를 해야 했을 때, 저 혼자 야근을 하며 발표 자료를 완성하고 팀원

데이터 과학자 원칙

들에게 공유했더니, 단톡방에 메시지가 주루룩 올라왔습니다. 새벽 2시가 조금 지난 시간이었는데, 그중에는 가슴이 따뜻해지는 내용도 있었습니다. "저는 뜬금없지만 이런 생각했어요. 우리 TF 멤버가 같은 팀이 되면 무적일 것 같아요. 그만큼 짧은 시간 만났지만 참 편하고 좋아요, 다같이 창업하시죠."

결과적으로 3주 동안의 태스크포스 활동을 통해서 열린분과는 미션을 성공적으로 마무리했습니다. 당장 시장통 같은 연구소를 만들 수 있었던 것은 아니지만, 협업과 소통을 위한 공간 디자인과 여러 제도를 제안했습니다. 실시간 댓글로 소통하는 공청회를 열고, 친한 동료를 한 명씩 데려와서 열린분과의 분위기를 전파하는 등 문화를 전파하는 활동으로도 영향을 주었다고 생각합니다. 무엇보다 우리는 3주 동안의 활동이 끝나고 나서도 계속 만날 핑계를 만들고 싶어 했고, 함께 일하던 시간을 그리워했습니다. 우리는 태스크포스 활동을 하면서 평소에 일하지 않았던 방식으로 일을 했고, 종류가 다른 성취감을 느꼈습니다. 팀원 모두가 같은 느낌을 공유했습니다. 우리가 어떻게 그렇게 할 수 있었을까, 스스로에게 질문을 던질 때마다 저는 회고합니다. 그것은 단연코 '회고' 덕분이었다고.

매일 오전의 코워킹 활동, 오메가

태스크포스 열린분과에서의 실험이 성공적이었다고 해도, 본업인 연구 활동이 아닌 영역에서의 단발적인 사례일 뿐이었습니다. 저는 여전히 갈증이 있었습니다. 연구소 밖에서는 여러 커뮤니티를 만들고 운영하는 일들을 하며 재미와 보람을 느끼고 있었고, 태스크포스 활동을 통해 연구소 안에서도 새로운 시도를 할 수 있는 기회가 주어졌지만, 여전히 조직 내에서 본업인 연구 활동을 새롭게 정의하진 못했기 때문입니다.

그러다가 새로 시작하는 프로젝트 기획을 맡아 수주하고 PM 역할을 맡아서 대여섯 명 규모의 팀을 선후배와 함께 꾸리게 되었습니다. 우리 팀은 멤버 변동 없이 10년 이상 유지되어온 팀이라 친밀감은 있었지만, 수행하는 각자의 프로젝트와 역할이 달라서 그랬는지 업무와 관련한 커뮤니케이션이 많은 편은 아니었습니다.

저는 새로운 프로젝트를 시작하면서 팀원들에게 파격적인 제안을 했습니다. 매일 오전 10시 회의를 제안한 겁니다. 이것은 다소 무모한 도전이었습니다. 프로젝트 책임자인 부서장마저도 잘 안 될 거라고 했습니다. 개인주의 성향이 강한 연구원들을 대상으로 매일 아침 회의를 소집하는 것은 반발이 예상된다는 것이었습니다. 그럼에도 불구하고 저는 커뮤니케이션의 양을 늘리는 것이 필요하다고 생각했습니다.

저는 아침 미팅에 '오메가'라는 이름을 붙였습니다. 동쪽 바다 수평선으로 태양이 떠오르는 순간 태양과 바다가 살짝 연결되어 그리스 문자 오메가(Ω)처럼 보이는 장면을 떠올리며 만든 이름입니다. 매일 아침 떠오르는 태양처럼 매일 오전 10시에 워크룸에서 만나자는 의미였습니다.

사실 오메가 미팅은 스크럼에서 힌트를 얻은 겁니다. 스크럼은 소프트웨어 개발 방법론 중 하나이며, 애자일 방법론의 한 부류입니다. 스크럼을 명확히 정의하는 것은 어렵지만, 매일 아침 짧은 회의를 진행하는 것이 특징입니다. 이를 '일일 스크럼' 또는 '스탠드업 미팅'이라고 부르며, 개발자들은 하루 일정과 이슈를 공유하고 서로 도움을 주고받기도 합니다.

저는 스크럼을 진행하되 단지 짧은 회의로 끝나길 바라지 않았습니다.

기획 또는 계획 수립, 업무 할당, 숙제 검사를 하는 회의만 마치고 흩어지는 것보다는, 조금 더 긴밀하게 일해보고 싶었습니다. 팀원들과 문제를 함께 해결하고 짜릿한 순간을 공유하길 원했습니다. 연구소는 1년 단위로 긴 호흡의 프로젝트를 수행하기 때문에 업무에서 강렬한 성취를 맛보기는 쉽지 않고, 그나마도 그러한 성취의 순간을 개인적으로 경험하는 경우가 대부분이기 때문입니다. 작은 성취라도 팀원들과 공유하는 일상을 만드는 것만큼 팀워크에 도움될 일도 없을 것 같았습니다.

그래서 저는 매일 아침 모여서 '페어 프로그래밍pair programming하듯 일을 해봅시다'라는 제안을 하게 되었습니다. 매일 회의를 하는 것만으로도 비효율을 실천하는 것인데, 하나의 일을 둘이서 같이 하자는 것은 극단의 비효율을 추구하겠다는 선언처럼 들릴 수도 있습니다. 하지만 둘이 함께 처리하면 빠르고 정확할 때가 많습니다. 사람마다 머뭇거리고 가로막히고 진도가 나가지 않는 부분이 다르기 때문입니다. 내가 막히면 동료가 풀어주고, 동료가 실수하면 내가 발견하고, 동료가 집중하는 모습을 보고 나도 더 열성을 다하게 되는 것이 협업의 선순환 메커니즘인 것입니다.

그렇게 1개월 정도 오메가 모임을 진행하던 중, 깃허브Github을 통해 공유하던 코드에서 충돌 문제가 발생했습니다. 팀원 모두 모여서 문제 발생 상황을 정리하고 나름대로 원인을 추정해보았지만, 정확한 원인을 모른 채 사라진 코드를 복구하는 것으로 마무리했습니다. 이 문제를 통해 코드 공유 규칙을 구체적으로 만들게 되었지만, 여전히 커뮤니케이션이 원활하지 않음을 반성하기도 했습니다. 문제가 생기면 빨리 알리고 함께 해결해야 하는데, 문제를 키운 다음에야 수습에 나섰기 때문입니다.

프로젝트를 시작한 지 3개월 후 연구소 근처 카페로 나가서 회고의 시간을 가져보자고 제안했습니다. 출장을 내고 워크숍을 가면 모를까, 외부에서 손님이 온 것이면 또 모를까, 팀원들끼리 근무 시간에 굳이 연구소 바깥의 카페로 가서 업무 얘기를 하는 것도 흔한 일은 아니었습니다. 평소에 하지 않던 새로운 활동을 하려다 보니 새로운 환경이 필요했습니다. 분위기 좋은 카페 테이블에 모여 앉아 3개월을 돌아보며 이런저런 얘기를 나누다 보니 태스크포스 시절의 회고 분위기가 살짝 나기도 했는데, 오메가 회고 내용은 다음과 같이 정리되었습니다.

첫째, 공부가 많이 되었다. 예를 들어 깃^{Git}과 같은 시스템은 혼자서도 쓸 수 있지만 여러 동료와 함께 사용해보는 경험이 꼭 필요한데, 오메가 모임에서 여러 가지 '협업을 위한 깃 활용'을 실험해볼 수 있었다.

둘째, 일하는 속도가 빨라졌다. 의사결정을 위해 일정을 맞춰가며 따로 회의를 잡을 필요가 없고, 문제를 즉시 공유하고 그 자리에서 해결하기 때문에 진도가 빠르다. 특히 문제 해결 속도가 훨씬 빨라졌다고 느꼈다.

셋째, 문제 해결 능력이 향상되었다. 예를 들어 DB 구축 과정에서 개인 컴퓨터에서 잘 작동하던 코드가 워크룸에서 오류가 나는 문제가 있는데, 오메가 시간에 워크룸에서 다같이 그 문제를 살펴보고 생각보다 빨리 해결할 수 있었다. 혼자였으면 며칠 붙잡고 있을 문제였는데, 여러 사람이 달라붙어 해결하는 것이 시간적으로도 더 효율적이었다.

넷째, 커뮤니케이션에 도움이 된다. 특히 프로젝트 초기에 정보를 공유하는 것이 중요하다. 오메가 시간을 통해서 연구 흐름과 맥락을 서로 충분히 공유하고 있기 때문에 메시징 앱으로 간단히 질문을 하거나 새로운 아이디어를 제안할 때에도 바로 알아듣고 피드백을 줄 수 있었다.

다섯째, 시간을 더 효율적으로 사용하고 집중하게 된다. 오메가 시간에는 다같이 일을 하기 때문에 개인 업무를 할 시간이 없다. 오메가를 오전 10시에 시작해야 하므로, 오전 9시부터 10시까지 문서 작업 등 개인 업무를 더욱 집중해서 해치우게 되는 효과가 있었다.

저는 회고를 통해 오메가 모임이 시작할 때의 우려와 달리 긍정적인 지지를 얻고 있다고 느꼈고, 이후로도 오메가는 계속되었습니다. 물론 코로나 이후에 어쩔 수 없이 중단되었지만요.

3년 짜리 프로젝트를 즐겁게 한 만큼 보람이 있었고, 프로젝트가 종료될 무렵 저는 창업을 결심하여 연구소를 나오게 되었습니다. 창업 후 오랜만에 팀 선배를 만나서 요즘 어떠냐는 질문을 했더니 선배가 답했습니다. "그 프로젝트를 할 때가 연구소 생활 중 제일 재밌었어." 연구소에서 25년 넘게 일한 선배였습니다.

점진적인 보고서, 점보

덤보는 디즈니 만화영화의 주인공입니다. 귀가 유난히 커서 귀를 펄럭이면 날 수 있는 아기 코끼리입니다. 원래 이름은 덤보이지만, 점보라고도 많이 불린 듯합니다. 점보는 큰 물건에 붙여지는 이름이므로, 귀가 큰 코끼리에게 붙을 만한 이름이긴 했습니다.

여러 사람이 협업을 하려면 결과물을 매끄럽게 취합하는 프로세스가 필요합니다. 물건을 모으거나, 힘을 모으는 것은 오히려 쉽지만, 데이터를 모으는 것은 매번 고민되는 일입니다. 노션이 좋을지, 구글 문서가 좋을지, 위키가 좋을지, 파워포인트가 좋을지, 키노트가 좋을지, 선택지는 많지만 선택은 쉽지 않습니다.

연구노트는 일주일에 하나 정도는 반드시 생성되고 수시로 업데이트됩니다. 많은 연구자, 개발자가 연구노트 혹은 개발일지를 씁니다. 그런데 그 노트들을 잘 정리해서 팀 단위로 취합하는 것은 쉬운 일이 아닙니다. 사람마다 익숙하게 사용하는 도구가 다르고, 선호하는 포맷이 다릅니다. 일상적이고 반복적인 작업이기 때문에 바꾸기가 쉽지 않습니다.

오메가 모임을 제안한 프로젝트에서 저의 선택은 한글이었습니다. 네, 그렇습니다. 한글과컴퓨터의 워드 프로세서 한글입니다. 정부출연연구소의 고객은 공무원이라는 우스갯소리가 있습니다. 연구원들 인건비의 대부분을 정부 과제를 수주해 충당하기 때문입니다. 연구의 결과물은 논문이나 특허 형태로도 남지만, 1년에 한 번씩 제출해야 하는 연차보고서의 포맷은 언제나 한글 파일입니다.

연차보고서는 1년 동안 연구한 내용과 결과를 포함해야 합니다. 보통은 제출하기 한두 달, 짧게는 2주 전부터 데이터를 정리하고 설명을 붙여서 연차보고서를 작성합니다. 이때 몇 개월 혹은 몇 년 전에 수행했던 실험과 아이디어는 뼈대만 간신히 남아 있는 상태가 됩니다. 마감 전에 몰아서 쓰는 보고서에는 그럴듯하게 포장된 결과만 기록될 뿐, 수많은 실험과 실패 과정은 숨겨지거나 누락되기 십상입니다. 앙상한 보고서라고나 할까요. 하지만 저는 연구원들이 겪은 시행착오도 기록이 되어야 한다고 생각합니다. 가지 말아야 할 길을 가지 말라고 알려주는 것도 중요하기 때문입니다. 인류의 문명이 오늘날에 이른 것은, 누군가 먼저 경험하고 실패한 것들을 기록으로 남겨두었기 때문이 아닐까요.

그래서 저는 연구원 생활 15년 만에 한 번도 해보지 않았던 방식을 시도해보았습니다. 한글 파일을 열고 연차보고서 양식의 목차에 맞춰 챕터를 구성했습니다. 연구 목표와 내용에 맞추어 전체 아웃라인을 잡고, 연구 결과를 작성하는 부분까지 미리 할당했습니다. 파일명은 '점보.hwp' 였습니다. 점보는 점진적인 보고서라는 의미입니다. 마치 아기코끼리가 매일 자라듯이, 연차보고서가 매일 조금씩 누적되어 점진적으로 완성되도록 만들고자 했습니다. 연구원 각자 실험을 수행하면 점보 포맷에 맞추어 한글 파일을 작성하고, 제가 주기적으로 취합하는 방식으로 점보를 키워 나갔습니다.

점보는 무럭무럭 자랐습니다. 점보는 1월 18일에 태어났고, 한 달 후에 49페이지로 늘었습니다. 한 번 틀이 잡히고 나서는 가속도가 붙어서 키가 쑥쑥 자랐습니다. 두 달이 지나자 166페이지가 되었고, 석 달이 지나서는 220페이지가 되었습니다. 반 년 후에는 363페이지, 1년 후에는 620페이지가 되었고, 3년 후에는 키가 1,261페이지, 몸무게가 1.08GB인 거구가 되어 있었습니다.

처음 1년 반 동안은 점보의 성장 곡선 그래프를 그려서 공유하며 동기 부여를 하기도 했지만, 루틴으로 자리 잡은 점보는 알아서 컸습니다. 팀원들이 점보를 키우는 일을 함께 해주었고, 정리되지 않은 노트가 아니라 보고서에 담길 수 있는 포맷으로 완성된 형태의 노트를 매일 작성했기 때문에 적절한 위치에 붙여넣기만 하면 취합이 되었습니다.

협업을 위한 프로세스를 설계할 때 유용한 하나의 원칙은 최종 결과물의 포맷으로 연구노트를 작성하라는 겁니다. 루틴하게 점진적으로, 보고서를 1년 내내 쓰고 있는 셈이니 날짜가 되었을 때 제출하면 그만입니다.

◆◆◆

이제는 실전입니다. 제가 창업을 했기 때문입니다. 하지만 창업 스토리를 들려드리기에는 아직 너무 어린 회사입니다. 1년이 조금 넘은 회사는 여전히 시스템을 확정하지 못한 채로 시행착오를 겪고 있습니다. 회사는 어린 아이와 같습니다. 요람을 흔들어 재우고, 이유식을 만들어 먹이고, 하루에도 서너 번씩 기저귀를 갈아주고, 원인을 알 수 없는 울음에 응답하는 것만으로도 하루가 다 지나갑니다. 창업 후 1년이 지나고 보니 회사 안에서 루틴하게 일어나는 일들을 한 번씩 경험해보았다는 느낌이 들기도 하지만, 여전히 매일 새로운 일들로 가득한 일상을 살고 있습니다.

연구소에 있을 때보다 다양한 배경의 팀원들과 함께 하게 되고, 다양한 성격의 프로젝트가 생기다 보니, 일관된 소통 채널과 협업 체계를 구축하기가 쉬운 일은 아닙니다. 현재는 각자에게 맞는 방식을 다양하게 시도해보면서 우리 모두에게 맞는 방식을 찾고 있습니다.

최근에 텐텐TENTEN이라는 미팅을 만들었습니다. 오전 10시에 10분 동안, 그래서 텐텐입니다. 오메가에서 매일 오전 10시를 가져왔고, 열린분과 회고에서 10분 정도의 시간을 가져왔습니다. 애자일 방법론에서의 스크럼과 비슷한 형태입니다. 우리는 텐텐 미팅에서 회고와 함께, 하루의 계획과 이슈를 공유합니다. 뽀모도로 타이머를 활용하면, 시간의 흐름을 시각적으로 볼 수 있어서 미팅을 효과적으로 운영할 수 있습니다.

하지만 팀원들 모두가 매일 이야기를 나눌 수 있을 정도로 가까이 있는 것은 아닙니다. 팀원들은 대전, 세종, 서울, 심지어 미국 시애틀에도 상주하고 있으므로, 소통 채널로는 메시징 앱을 많이 쓰게 됩니다. 말보다 글이 주된 매체가 됩니다. 말과 글은 장단점이 분명한데요, 말은 즉각적이고 빠르며 표정과 분위기를 함께 전달하지만, 여러 사람이 한꺼번에 말할 수는 없습니다. 순차적이어서 느린 것이죠. 반면에 글은 동시에 여러 사람이 쓰고 읽을 수 있기 때문에 효과적입니다. 어쨌든 슬랙 등의 메시징 앱이 활발히 사용되면서 팀원들은 예전보다 많은 글을 쓰게 됩니다.

말로 소통하는 문화에서 글로 소통하는 문화로의 이주는 쉽지 않습니다. 많은 사람이 말보다는 글에 서툰 편입니다. 글은 쉽게 오독되고, 불필요한 상상을 불러일으킵니다. 게다가 말은 흘러가고 사라지지만, 글은 박제되고 영원히 기록됩니다. 많은 커뮤니티의 사례를 보면 온라인에서의 토론은 자칫 잘못하면 금세 비난과 비방으로 번지고, 끝내는 커뮤니티가 둘로 쪼개지는 파국으로 이어지기도 합니다. 온라인에서의 글은 더욱 서운하게 느껴지고 오해는 눈덩이처럼 불어나기 때문입니다. 그래서 문자 커뮤니케이션을 부드럽고 명확하게 할 수 있는 능력을 가진 사람은 유난히 돋보입니다. 우리는 문자로 소통하는 문화로 이주하기 위해서 더 많은 글을 더 정확하고 더 부드럽게 써야 합니다.

팀워크는 귀하고 소중한 겁니다. 협업은 즐겁기도 하지만 고되기도 합니다. 팀워크와 협업은 쉽게 얻을 수 있는 것이 아닙니다. 프로세스를 갖추기 위해서 많은 시행착오를 겪어야 하고, 성격이 제각각인 여러 멤버를 모으고 설득해야 합니다.

하지만 제대로 작동하는 팀워크가 가져온 열매는 달았습니다. 팀원들이 함께 마음을 모아 작은 성공 경험을 쌓아가고 성취의 순간을 공유할 수 있을 때, 팀 내에 신뢰와 존경이 생겨납니다. 팀원들과의 감정적인 연결은 그 자체로도 매우 귀한 것이며 팀의 생산성에도 큰 영향을 줍니다.

어쩌면 이러한 과정은 프로젝트의 성공보다 더 가치있는 것일지도 모릅니다. 함께 성장하고 신뢰하는 팀을 구축하는 것이야말로 진정한 성공입니다.

• 원칙 준수에 도움이 되는 정보 •

《빌 캠벨, 실리콘밸리의 위대한 코치》

애플, 구글, 페이스북, 아마존의 리더십 코치 빌 캠벨의 원칙을 구글 CEO 에릭 슈미트가 정리한 책입니다. 고등학교 풋볼 MVP 출신이며 풋볼팀 코치 활동을 했던 빌 캠벨은 실리콘밸리의 전설적인 리더십 코치가 되었고, 빅테크 기업의 경영자들에게 새로운 세계관을 열어주었습니다. "사람이 먼저다. 팀이 먼저다."

《최고의 팀은 무엇이 다른가》

팀 내부에서 서로를 존중하고 신뢰하는 문화를 만드는 것이 얼마나 중요한지, 팀원들이 안전하게 느낄 수 있는 문화에 대해 이야기합니다. 팀원들이 각자가 가진 최고의 능력을 자발적으로 발휘하도록 하는 비법이 담겨 있습니다.

《실용주의 프로그래머》

애자일 선언에 참여한 데이비드 토머스와 앤드류 헌트의 책입니다. 1999년에 처음 출간되었고 20주년 기념판으로 개정되었으니, 개발자 세계에서는 고전으로 손꼽힙니다. 저에게도 DRY$^{Don't\ repeat}$ ^{yourself} 등 핵심적이고 유용한 지침을 알려준 책입니다. 실용주의는 개발자뿐만 아니라 데이터 과학자에게도 유용합니다.

데이터 과학자 원칙

《스크럼》

스크럼은 소프트웨어 개발 프로세스 중 하나이며, 애자일 방법론의 일종입니다. 스크럼을 위한 장치들이 많이 있지만, 매일 아침 짧은 회의를 진행하는 것이 가장 큰 특징입니다. '일일 스크럼'을 통해 어떤 경험을 할 수 있는지 알려주는 책입니다.

《성공하는 팀장은 퍼실리테이터다》

퍼실리테이션은 단지 소통의 도구가 아니라, 리더십의 도구이기도 합니다. 우리는 퍼실리테이션을 통해 협력을 촉진하고 창의성을 발현할 수 있습니다. 퍼실리테이션은 하나의 기술이면서, 팀 문화를 만드는 철학이기도 합니다.

《전설의 리더, 보》

"살아도 팀, 죽어도 팀, 팀만이 전부다"라는 주문으로 유명한 전설적인 미국 미시건 대학교 풋볼팀 감독 보 스켐베클러의 리더십 철학을 담고 있습니다. 스타 플레이어를 배척하고 팀워크를 강조하며, 원 팀one team을 위한 규율과 기본의 중요성을 설파합니다.

《88연승의 비밀》

UCLA 대학 농구팀을 이끌면서 전무후무한 88연승 대기록을 만든 존 우든 감독의 리더십 바이블입니다. 《리더라면 우든처럼》이라는 제목으로 출간되었던 책인데, 제목을 바꾼 개정판이 새로 나왔습니다. 존 우드 감독의 리더십 철학은 기업 경영에도 적용할 수 있겠습니다.

《How to start a movement》

3분 짜리 짧은 TED 강연입니다. 변화를 일으키는 것은 리더 혼자만의 힘으로 되지 않다는 메시지를 담고 있습니다.

데이터 과학자
생존 무기 만들기

권시현 snkn1959@gmail.com

현) IDT Corporation 데이터 과학자
전) 콜롬비아 대학교 머신러닝 튜터
전) 삼성전자 무선사업부 앱스토어 데이터 분석가

삼성전자 무선사업부에서는 스마트폰에서 수집된 데이터를 이용해 인사이트 도출 및 데이터 기반 의사결정에 기여했고, 현재는 미국에서 해외 송금 서비스 앱 관련된 데이터를 주로 다룹니다. 사기 탐지, 고객 이탈 예측 등을 위한 모델링 작업을 수행했습니다. '데싸노트' 유튜브 채널을 운영하며 머신러닝과 미국 취업에 대한 이야기를 공유합니다.

《Must Have 데싸노트의 실전에서 통하는 머신러닝》 저

Ⓑ linkedin.com/in/seankwon1014
▶ youtube.com/c/데싸노트

"데이터 사이언스나 머신러닝 강의를 수강하다 보면 통상적으로 많이 사용되는 머신러닝 알고리즘이 정해져 있는 것 같은 느낌을 받았는데, 그런 알고리즘들만 학습한다면 누구나 데이터 과학자가 되는 건가요? 만약 그렇다면 데이터 과학자의 허들이 생각보다 높지 않아 보이는데, 더 뛰어난 데이터 과학자는 어떤 점이 다른가요?"

유튜브 및 튜터 활동을 하면 심심치 않게 받게 되는 질문입니다. 데이터 사이언스 분야의 핵심을 관통하는 질문이 아닌가 싶습니다.

군이 예외적인 데이터 사이언스 분야를 뽑으라면, 최근 들어 급격한 발전을 거듭하는 NLP나 컴퓨터 비전 분야를 들 수 있습니다. 데이터 사이언스 영역에서 GPU와 같은 하드웨어 발달의 가장 큰 수혜자는 단연 딥러닝이라고 할 수 있습니다. 딥러닝이 가장 눈에 띄게 활약할 수 있는 데이터가 자연어나 이미지 같은 비정형 데이터이기 때문에 자연스럽게 요즘 들어 더욱 각광받고 있습니다. 이런 분야는 계속해서 새로운 알고리즘이 개발되고 활용 영역 또한 계속 넓어지고 있기 때문에 이 분야에서 일하는 사람은 계속해서 새로운 내용을 학습하거나 직접 개발해야 하며, 그에 따른 격차 또한 클 수밖에 없습니다. 물론 NLP나 컴퓨터 비전 이외 데이터 사이언스 분야도 계속 발전하고 있기 때문에 교과서 수준으로는 현업을 헤쳐 나갈 수는 없다고 답변드리고 싶습니다. 그래서 데이터 과학자는 지속적으로 학습해야 하며, 다른 데이터 과학자와 차별화를 만들어야 합니다.

엑셀에서 데이터 분석을 생각해봅시다. 엑셀 데이터 분석에 사용하는 알고리즘은 프로그래밍 언어 데이터 분석에 사용하는 알고리즘과 비교했을 때 '인기 알고리즘이 정해져 있다'라고 말할 수 있을 정도로 고정으로 쓰이는 알고리즘이 있습니다. '그렇다면 인기 알고리즘만 사용할 줄 알면 누구나 동등한 수준의 역량으로 일할 수 있지 않을까?'라는 생각이 들 수 있습니다. 그러나 데이터 사이언스뿐 아니라 어떤 분야에서든 현업에서 일하는 분들이라면 이 생각에 대해 '아니요'라고 답할 겁니다. 현실에서 접하게 되는 일은 실험실 환경과 달리 다양한 변수를 내재합니다. 즉, 실제 업무에서 만나게 되는 데이터나 프로젝트 목적 등은 교과서에서 배운 수준을 넘어섭니다. 따라서 그때그때 새로운 공부가 필요하고, 더 효율적인 모델링을 위해서 다양한 시도를 하고 노력을 들여야 합니다.

실무에서 일을 해결해나가면 연차가 쌓일수록 자연스럽게 생존을 걸고 학습하고 발전하게 됩니다. 그냥 발전 말고 차별화된 성장도 필요합니다. 머신러닝 기법일 수도 있고 혹은 비즈니스 맥락에 맞게 데이터와 결과를 해석하고 활용하는 방법일 수도 있습니다. 주어진 문제를 해결하는 데 해당 분야에 대한 배경지식도 무시할 수 없습니다. 저는 그 둘을 묶어 '데이터 사이언스의 생존 무기'라고 부릅니다. 어떻게 생존 무기를 구할 수 있는지 혹은 만들어 사용할 수 있는지 이제부터 살펴보겠습니다.

미국에서 데이터 과학자

이제부터 꺼낼 이야기는 머신러닝 내에서도 최신 분야에 속하는 경우와는 무관합니다. 상대적으로 더 범용적인 기존 알고리즘을 사용하는 데이터 과학자들이 어떻게 차별화된 결과를 내는가에 대한 이야기를 하겠습니다. NLP나 컴퓨터 비전과 같은 분야가 떠오른다고 해서 모든 회사가 이 분야에 매진할 필요는 없고, 모든 데이터 과학자들이 인기 분야를 쫓을 수도 없습니다. 이러한 분야는 분명 매우 인기있지만, 현실적으로 이런 기술을 활용할 만한 상황에 놓인 회사는 그렇게까지 많지 않습니다. 즉, 비디오나 이미지 데이터를 가지고 있는 회사보다는, 엑셀 형태로 분석할 수 있는 숫자 데이터를 가지고 있는 회사가 훨씬 흔합니다.

제가 현재 미국에서 일하고 있으니 미국 취업 시장의 특징 하나를 말씀드려볼까 합니다. 미국 취업 시장에서는 (모든 포지션이 그렇겠지만) 데이터 과학자라는 포지션을 단순히 하나의 카테고리로 여기기보다는, 디테일한 속성까지 고려해 세분화해서 바라봅니다. 따라서 개인의 능력도 중요하지만 담당하게 될 세분화되어 있는 속성과의 일치 여부 또한 매우 중요한 요소입니다. 예를 들어 같은 분야의 일을 했는지, 했다면 얼마나 오랜 경력이 있는지, 관련된 프로젝트 경험은 무엇인지 등이 매우 중요합니다. 저 역시 지금 회사에서 하는 업무가 이전 직장에서 하던 일과 상당히 유사합니다. 지금 회사뿐만 아니라 그 밖에 파이널 인터뷰를 보았던 다른 회사에서도 비슷한 상황이었습니다. 저는 이것이 본인만의 캐릭터가 얼마나 중요한지를 단적으로 보여준다고 생각합니다. 이것도 할 수 있고 저것도 할 수 있는 데이터 과학자를 긍정의 눈으로 보면 모든 것을 할 수 있는 능력자 같습니다. 하지만 현실에서는 그 어떤 포지션에서도 환영받기 쉽지 않을 겁니다. 물론 이제 막 발을 들이는 사람 입장자에서는 본인만의 분야를 만드는 일이 어렵습니다. 취업에 성공했다면 커리어를 쌓아나가는 과정에서 자신을 차별화해둬야 빠른 시일 내에 스스로의 가치를 더 높일 수 있습니다.

그렇다면 세부 분야(캐릭터)를 어떻게 구분할 수 있을까요? 우선 분야로 나눌 수 있습니다. 가령, 금융 전문 데이터 과학자일 수도 있고, 메디

컬 분야에 특화된 데이터 과학자일 수도 있습니다. 모든 산업 분야가 그런 것은 아니지만, 앞서 예를 든 메디컬 분야나 금융과 같은 분야는 분야 특색이 매우 짙기 때문에 배경지식이 없다면 쉽게 넘나들 수 없습니다. 반대로 산업 분야를 막론하고 일종의 업무 영역으로 특화시킬 수 있는 경우도 있습니다. 이상 탐지^{anomaly detection}가 대표적인 예라 할 수 있는데, 이 분야를 간단히 설명하자면 '일반적이지 않은 경우', 소위 말하는 '비정상'을 찾아내는 것이 주목적입니다. 이상 탐지는 생각보다 다양한 산업 분야에 활용됩니다. 제조업에서는 제품의 불량을 예측 모델로 구현할 수도 있고, 신용카드 회사에서는 해킹이나 도난에 의한 비정상 거래를 포착하는 데 활용할 수도 있습니다. 물론 데이터에 대한 이해가 필요한만큼 산업 간의 허들이 아예 없다고는 할 수 없지만, 상대적으로 산업 허들이 낮은 반면 업무 영역에 대한 허들은 더 높습니다.

데이터 사이언티스트가 되기까지 여정

제가 어떻게 나만의 무기를 만들어왔는지 커리어를 살펴보며 이야기를 하겠습니다. 사회학과를 전공하고 첫 직장으로 삼성전자에 마케팅 직군으로 입사해 갤럭시 스마트폰의 앱스토어 결제 데이터와 관련된 업무를 맡았습니다. 앱 개발자와 지불 대행사에 정확한 수익이 분배되도록 설정하는 작업부터, 매달 발생하는 결제 데이터와 다운로드 데이터를 비교 및 검증하고 매출 추이를 분석하는 업무를 주로 수행하였습니다. 이는 분명 데이터를 다루는 포지션입니다만, 결제 데이터는 재무와 회계와도 밀접하게 연관되어 있고, 특히나 한국 기업문화에서는 재무의 힘이 막강하다 보니 전적으로 데이터를 다루는 업무라고 보기엔 어려웠습니다. 그러다 보니 더 데이터 분석에 전문화된 일을 하고 싶다는 생각이 들어 빅데이터 분석 그룹으로 부서 전배를 신청했습니다. 다행히도 그동안의 분석 성과를 인정받아 원하는 부서로 옮겨 본격적으로 데이터 분석가로서 일하게 되었습니다. 새로운 부서에서 다루는 데이터는 무선사업부 전반의 데이터였기 때문에, 앱스토어의 결제/다운로드 데이터보다 더 다양한 데이터를 다루게 되었습니다. 고객들의 스마트폰 사용에 대한 전반적인 데이터를 다루게 된 덕분에 UX, 마케팅, 하드웨어 성능 등 굉장히 다양한 분야에서 프로젝트를 경험할 수 있었습니다. 당시에 회사 생활에 크게 불만이 있는 것은 아니었지만, 또 다른 도전을 위해서 미국행을 선택해 뉴욕 맨하튼에 있는 컬럼비아 대학교에서 Applied Analytics 석사 과정을 마쳤습니다.

석사를 마치고 나서 정말 수많은 회사의 다양한 데이터 과학자 포지션에 지원을 했는데 최종 인터뷰까지 갔던 포지션들에서 공통점을 발견할 수 있었습니다. 당연한 이야기처럼 들리겠지만 제가 이전에 해왔던 일의 연장선에 있는 포지션에서 저의 가치를 좀 더 높게 평가해준 겁니다.

지금 몸담고 있는 회사에서도 삼성전자에서 다루던 스마트폰 애플리케이션 서비스에 대한 데이터를 다룹니다. 산업 분야로 보면 스마트폰/애플리케이션 분야에 일관되게 종사하고 있으며, 업무 분야로 보면 마케팅이나 UX, 비즈니스 전략 수립과 같은 다양한 프로젝트를 다루었다 할 수 있습니다. 이 커리어들의 공통점을 찾아보자면 고객의 애플리케이션 사용 데이터를 기반으로 했다는 점입니다.*

　일관된 커리어를 유지하니 저만의 경쟁력을 갖춘 무기를 만들어갈 수 있었습니다. 그 과정에서 가장 인상 깊었던 프로젝트는 현재 회사에서 진행한 이상 감지 시스템Fraud Detection System을 개발한 프로젝트입니다. 가장 오랜 시간과 노력을 투자한 프로젝트로써 동료들과 함께 수많은 도전과 자기계발을 병행해 목표를 달성했으며, 그 결과 한 층 더 강력한 나만의 무기를 장착할 수 있었기 때문입니다. 대표적인 성공 요인 세 가지를 꼽아보자면, 첫 번째는 피처 엔지니어링입니다. 구체적으로 말씀드릴 수는 없지만 번뜩이는 아이디어들을 동원해 생성한 새로운 피처가 최종 모델 평가에서도 굉장히 중요한 역할을 했습니다. 두 번째는 모델 배포입니다. 모델 배포는 데이터 과학자들에게도 점점 더 강하게 요구되는 능력이기도 한데, 기본적으로 소프트웨어 엔지니어의 영역이라 볼 수 있습니다. 저 또한 모델을 구축한 뒤에 소프트웨어 엔지니어에게 전달해 배포를 요청할 수 있었으나, 직접 해보고 싶다는 생각에 스스로 학습해 배포했습니다. 마지막으로 비즈니스적인 의미입니다. 비즈니스적으로 더 유의미하게 활용되도록 예측값들을 적절한 방식으로 분류 및 처리해 회사의 이익을 극대화하고, 반대로 손해를 최소화할 수 있게 최적의 가이드라인을 제시했습니다.

　보안상의 문제로 직무와 관련된 데이터를 책에 담을 수는 없어서 구체적으로 적지 못했습니다. 독자 입장에서 어떻게 차별화된 결과를 도출했는지 궁금할 겁니다. 궁금증을 해소하는 데 조금이나마 도움이 되도록 이

---

* 　스마트폰을 대상으로 한 비즈니스에서는 이것을 고객 지향적으로 바라보기보다는 단말의 에러나 발열 등과 같이 하드웨어적인 관점에서 바라보는 경우도 있습니다.

제부터 임의의 데이터를 사용해 교과서적인 데이터 분석 방법을 알아보고 나서 차별화된 데이터 분석 방법을 알아보겠습니다.

교과서적인 데이터 분석 방법

우선 머신러닝에 대한 기본적인 이야기에서 출발하겠습니다. 머신러닝은 지도 학습, 비지도 학습, 강화 학습이라는 세 가지 유형으로 나눌 수 있고, 오늘 제가 예로 들 것은 지도 학습에 대한 겁니다. 지도 학습이란 특정한 목푯값을 예측하도록 모델링하는 것으로, 아마 숫자 형태의 데이터를 다룬다면 지도 학습이 가장 흔한 활용 사례일 겁니다. 지도 학습이란 목푯값을 예측하는 것이라 했는데, 이 목푯값의 특성에 따라서 회귀와 분류라는 두 가지 문제 유형으로 나눌 수 있습니다. 회귀는 주가나 연봉처럼 목푯값이 연속된 숫자일 때, 분류는 참과 거짓처럼 목푯값이 카테고리 형태일 때 사용합니다. 이 둘 중에 어떤 유형이 현업에 더 자주 등장할 것 같다고 생각하나요? 생각보다 많은 분이 연속된 숫자 형태인 회귀를 꼽는데, 적어도 개인적인 경험으로는 분류 문제가 압도적으로 많습니다. 목푯값을 분류할 수 있는 경우가 얼마나 될까 의문이 들 수 있지만, Yes나 No로 분류할 수 있는 경우는 상상 이상으로 많습니다. 예를 들어 '고객이 마케팅 문자에 반응할 것인가?', '이 고객이 1년 이내에 우리 서비스를 떠날 것인가?', '이 결제 건이 사기/해킹에 의한 것인가?' 같은 질문은 모두 Yes 아니면 No로 대답할 수 있는 분류 문제에 해당합니다. 분류 문제는 답이 2개인 이진분류와 3개 이상인 다중분류로 나눌 수 있습니다. 다중분류까지 고려하면 이야기가 복잡해지므로 이진분류에 한정해서 계속 얘기를 진행하겠습니다.

분류 문제를 해결하는 데 사용하는 알고리즘은 다양합니다. 익히 아시 겠지만 로지스틱 회귀나 결정 트리부터 시작해, XGBoost나 LightGBM 같 은 복잡한 부스팅 모델을 활용할 수도 있고 딥러닝을 사용할 수도 있습니 다. 적용할 수 있는 알고리즘은 다양하지만 결과는 항상 Yes 아니면 No입 니다. 이를 숫자로 0(No)과 1(Yes)로 표현하기도 합니다. 여기까지가 데이 터 과학자라면 누구라도 아는 보통의 교과서 수준입니다.

이해를 돕기 위해서 마케팅 프로젝트의 예를 들겠습니다. 모든 고객에 게 프로모션 문자 메시지를 보낼 경우 상당수의 고객이 귀찮아 할 수 있 기 때문에, 해당 문자 메시지에 반응할 것 같은 고객들을 추리는 모델을 만든다고 가정해봅시다. 그럼 예측 결과로써 0(무반응)과 1(반응)을 얻게 될 것이고, 여기서 1로 예측된 고객들을 대상으로 문자 메시지를 발송할 수 있습니다. 이게 가장 기본적인 방법론입니다. 그럼 이걸 어떤 방법으 로 더 발전시킬 수 있을까요? 지금부터 두 사례를 소개하겠습니다. 머신 러닝 초보자를 고려해 최소한의 이론 설명을 곁들이겠습니다.

첫 번째 사례는 0과 1을 어떻게 나눌지에 대한 고민에서 시작합니다. 기본적으로 머신러닝 알고리즘은 이진분류에서 0과 1이라는 최종 예측값 을 만들어내기 이전에 1이 될 확률을 소수점 단위로 예측합니다. 즉, 0.28 혹은 0.76과 같은 값들입니다. 이를 0.5를 기준으로 해 0.5보다 크면 1, 작 으면 0으로 분류해 최종 예측 결과를 냅니다. 그런데 0.5라는 기준은 과연 합리적일까요? 확률이라는 것이 0과 1 사이의 값으로 나타나기 때문에 한 가운데인 0.5를 기준으로 삼는 것이 얼핏 들으면 매우 합리적으로 보입 니다. 하지만 이러한 기준점은 예측 결과를 어떤 지표로 평가하느냐에 따라 최적값이 달라질 수 있으며, 실제 프로젝트에서는 0.5가 최적의 기준 값이 아닌 경우가 부지기수입니다. 그렇기 때문에 무작정 0.5를 기준으로 잡아서는 최적의 결과를 얻기가 어렵습니다. 이 기준점을 임계점threshold라 고 표현하는데, 임계점을 어떻게 변경하느냐에 따라서 최종 예측 결과도 바뀔 것이고, 그에 따라 비즈니스에 미치는 영향 또한 달라질 수밖에 없 습니다. 앞에서 예로 들었던 마케팅 문자 사례와 연관 지어 확인하겠습니 다. 다음 표에는 고객 10명에 대한 예측값이 있습니다.

• 고객 10명의 데이터 •

고객 ID	반응할 확률	0.5 기준으로 0과 1로 분류	실제 반응 여부
A	0.01	0	0
B	0.15	0	0
C	0.25	0	0
D	0.31	0	0
E	0.42	0	1
F	0.55	1	0
G	0.65	1	0
H	0.74	1	1
I	0.87	1	1
J	0.92	1	1

첫 번째 열은 고객 ID, 두 번째 열은 반응할 확률, 세 번째 열은 이를 0.5 를 기준으로 0과 1로 분류한 값입니다. 마지막 열은 이 고객이 실제로 마 케팅 문자 메시지에 반응을 했는지에 대한 결과입니다. 아시다시피 지도

학습에서는 결괏값을 학습 모델에 넣어야 예측 모델을 만들 수 있습니다. 여기서는 고객이 마케팅 문자에 반응을 했는지 안 했는지가 정답이 됩니다.

편의를 고려해 두 번째 컬럼(반응할 확률)을 기준으로 오름차순 정렬을 했습니다. 예측 모델이 1이라고 예측했는데 0으로 잘 못 예측한 경우(F, G), 0이라고 예측했는데 1로 잘 못 예측한 경우(E)가 있습니다. 이를 해결하는 데 임계점을 사용할 수 있습니다. 임계점을 변경했다고 항상 더 좋은 결과를 내는 것은 아닙니다. 다소 해결될 수도, 반대로 더 나빠질 수도 있습니다.

이러한 오류를 평가하는 방법으로 분류 모델 리포트Classification Report가 있습니다. 분류 모델 리포트는 실젯값이 0인지 1인지, 그리고 예측값이 0인지 1인지로 나누어 2×2 테이블로 나타내 보여줍니다.

• 분류 모델 리포트 예시(임계점 0.5일 때) •

		예측값	
		0	1
실젯값	0	a) 4	b) 1
	1	c) 2	d) 3

설명의 편의를 고려해 각 셀을 a, b, c, d라고 합시다. 알파벳 옆에 있는 숫자가 경우 수입니다. 여기서 a와 d는 제대로 예측한 경우입니다. b와 c는 잘못 예측한 경우입니다. 전체 10건 중 7건이 정확히 예측되었으니

70%의 정확도를 보인다고 할 수 있습니다. 0.5가 아닌 다른 기준으로 0과 1을 분류한 결과를 확인하겠습니다. 0.3과 0.7을 기준으로 나누어 0과 1을 나눈다면 다음과 같은 결과를 얻을 수 있습니다.

• 다양한 임계점별 결과 •

고객 ID	반응할 확률	0.3 기준	0.5 기준	0.7 기준	실제 반응 여부
A	0.01	0	0	0	0
B	0.15	0	0	0	0
C	0.25	0	0	0	0
D	0.31	1	0	0	0
E	0.42	1	0	0	1
F	0.55	1	1	0	0
G	0.65	1	1	0	0
H	0.74	1	1	1	1
I	0.87	1	1	1	1
J	0.92	1	1	1	1

기존의 테이블에 0.3과 0.7로 분류했을 때의 결과를 추가했습니다. 데이터 관측치가 고작 10개인 때에도 한눈에 그 차이를 알 수 없기 때문에 육안으로 확인하는 방법은 적절하지 못합니다. 이번에도 분류 모델 리포트를 만들어서 살펴봅시다. 우선 0.3을 기준으로 했을 때입니다.

・분류 모델 리포트(임계점이 0.3일 때) ・

		예측값	
		0	1
실젯값	0	a) 3	b) 0
	1	c) 3	d) 4

정확하게 예측한 경우만 세어보면 총 7건으로 이번에도 70%의 정확도를 보입니다. 그럼 0.7을 기준으로 하면 어떤 결과를 보일까요?

・분류 모델 리포트(임계점이 0.7일 때) ・

		예측값	
		0	1
실젯값	0	a) 6	b) 1
	1	c) 0	d) 3

총 9개에서 정확한 예측을 보여 90%라는 정확도를 얻었습니다. 임계점을 변경함으로써 더 나은 정확도를 얻을 수 있습니다. 하지만 이것도 아주 조금 업그레이드한 방법일 뿐입니다.

차별화된 데이터 분석 방법

이번에는 비즈니스적인 맥락을 한 번 더 짚어보겠습니다. 위의 테이블에서 a와 d는 제대로 예측한 경우인데, a는 반응이 없을 고객을 제대로 예측한 것이니 그냥 넘어가고, d는 고객이 반응을 하는 경우이기 때문에 고객 1명당 특정 수익을 얻을 수 있습니다. 여기서는 수익을 40만 원으로 가정하겠습니다. 반대로 b와 c는 잘못 예측한 경우인데, 때에 따라 이 둘은 매우 다른 특성을 지닐 수도 있습니다.

b는 고객이 반응하지 않을 사람인데 1로 잘못 예측해 문자를 발송하는 경우입니다. 문자 발송에 대한 비용 자체는 크지 않지만, 고객에게 불필요한 문자를 발송함으로써 귀찮다는 이유로 우리 서비스를 탈퇴하거나 문자 서비스 수신을 거부하게 될 수도 있습니다. 이로 인해 발생하는 손실은 한 고객에게서 얻어질 수 있는 장기적인 미래 수익까지 고려해야 하니 비즈니스적인 맥락에서 해석되어야 합니다. 여기에서는 손실을 임의로 경우당 100만 원으로 가정하겠습니다. c는 b와는 반대입니다. 마케팅 문자를 보냈으면 물건을 구매한다거나 확인하는 반응을 했을 고객인데 0으로 예측해 문자를 발송하지 않았습니다. 여기에서 예측되는 손실은 문자를 보냈다면 고객이 구매할 수 있는데 그 기회를 놓쳐버린 것이죠. 즉 40만 원의 손실이라고 가정할 수 있습니다. 정리하자면 d는 건당 40만 원 수익이, b는 건당 100만 원의 손실이, c에는 건당 40만 원의 손실이 발생합니다. 그럼 이를 적용해 임계점별로 각각 얼마나 수익/손해가 발생하는지 계산해봅시다.

- 임계점이 0.3일 때 : 160만 원(수익) − 120만 원(손해) = +40만 원
- 임계점이 0.5일 때 : 120만 원(수익) − 180만 원(손해) = −60만 원
- 임계점이 0.7일 때 : 120만 원(수익) − 100만 원(손해) = +20만 원

정확도를 기준으로 고려했을 때는 0.7을 기준으로 하는 것이 가장 좋아 보였으나, 비즈니스 맥락에서 고려하면 0.3을 기준으로 하는 게 정확도는 낮더라도 수익을 극대화하는 방법입니다.

이 예시에서는 극단적인 결과를 보여주기 위해 임의로 건당 수익 및 손실액을 지정했습니다. 실제 업무에서는 때에 따라 이 값이 아주 명확하게 계산되어 나타날 수도 있고, 고객의 미래 가치처럼 추정해 계산할 수도 있습니다. 이렇게 실제 비즈니스의 흐름과 연결 지어서 머신러닝의 결과물을 활용하면 비즈니스에 더 큰 기여를 할 수 있을 뿐만 아니라 유관부서의 이해관계자들을 설득하기도 수월해집니다.

이어서 마케팅과 관련된 또 다른 사례를 들겠습니다(이론적인 내용을 상세하게 다루기에는 너무 많은 내용이 필요하기 때문에 간단한 개념 설명까지만 다루겠습니다). 이번에도 마케팅 관련 내용입니다만 조금 다른 관점에서 접근해보려 합니다.

첫 번째 사례에서는 반응을 하거나 하지 않는 두 가지 경우만 고려해 이진분류로 접근했습니다. 하지만 더 세분화해 접근할 수도 있습니다. 예를 들어 문자를 받을 때만 구매로 이어지는 고객이 있을 것이며, 문자를 받지 않았어도 구매를 하는 고객도 있을 겁니다. 이를 다음 테이블과 같이 4가지로 정리할 수 있습니다.

데이터 과학자 원칙

		문자를 받지 않는 경우 구매	
		No	Yes
문자를 받는 경우 구매	Yes	설득 가능한 고객 (Persuadables)	어차피 구매할 고객 (Sure things)
	No	어차피 구매 안 할 고객 (Lost causes)	역효과 나는 고객 (Sleeping dogs)

'설득 가능한 고객persuadables'은 문자를 받으면 구매를 하지만 문자를 받지 않으면 구매하지 않을 고객입니다. 즉, 프로모션 문자가 가장 필요한 타깃입니다. '어차피 구매할 고객sure things'은 문자를 받으나 받지 않으나 구매할 고객입니다. 굳이 문자를 발송하지 않아도 구매할 것이기 때문에 타깃에서 제외해도 괜찮습니다. '어차피 구매 안 할 고객lost causes'은 문자를 받으나 받지 않으나 어차피 구매하지 않습니다. 즉 어차피 안 살 고객이기 때문에 문자를 보낼 이유도 없습니다. '역효과 나는 고객sleeping dogs'은 조금 특이합니다. 문자를 받지 않았다면 구매를 했을 텐데, 오히려 문자를 받아서 구매하지 않을 고객입니다. 문자로 인해 불쾌하거나 귀찮아서, 혹은 기타 다른 이유로 다른 구매처를 찾을 수도 있을 겁니다. 이런 고객에게 문자를 보내면 오히려 손실이 발생하므로 주의해야 합니다.

첫 번째 사례에서는 반응을 할 것 같은 고객과 하지 않을 것 같은 고객 중 반응을 할 것 같은 고객을 대상으로 문자를 발송했다면, 이번 사례에서는 위 테이블의 4가지 경우 중 '설득 가능한 고객'에 집중해 문자를 발송하는 전략을 세울 수 있습니다. 특히나 '역효과가 나는 고객'에는 문자를 발송하지 않도록 주의해야 합니다. 이 방법을 사용하면 아무래도 더 정교한 예측이 가능할 겁니다.

실제 모델링 작업에서는 위의 컨셉에 대한 또 다른 접근이 필요합니다. 위의 설명에서는 '특정 고객이 문자를 받으면 사고, 문자를 안 받았으면 안 산다'는 등 각 상황에 대한 응답을 고려해 분류했지만, 실제로 한 고객에 대해서 문자를 받는 경우와 안 받는 경우를 동시에 적용시키는 것은 불가능합니다. 쉽게 말해 문자를 받았으면 받은 거고, 안 받으면 안 받은 거지, 한 고객이 문자를 받는 경우와 안 받는 경우를 동시에 취할 수가 없습니다. 이러한 점 때문에 위의 개념을 기초로 해 다음과 같은 4개의 분류로 목푯값을 정의합니다.

• 설득 가능한 고객에 대한 분류 예시 •

	무응답자	응답자
트리트먼트	TN (트리트먼트 & 무응답자)	TR (트리트먼트 & 응답자)
콘트롤	CN (콘트롤 & 무응답자)	CR (콘트롤 & 응답자)

트리트먼트treatment는 실험군, 즉 문자를 받는 그룹입니다. 콘트롤control은 반대로 문자를 받지 않는 그룹입니다. 응답자Responder와 무응답자Non-Responder는 각각 반응을 한 고객과 반응을 하지 않는 고객을 의미합니다. 이번에도 총 4가지 조합이 가능하며, 이를 간단하게 앞 글자만 따서 TN, TR, CN, CR로 표현했습니다. 각 경우를 풀어서 표현해보자면 TN은 '문자를 받았고 구매하지 않은 고객', TR은 '문자를 받았고 구매한 고객', CN은 '문자를 받지 않았고 구매하지 않은 고객', CR은 '문자를 받지 않았고 구

　　　　　　　　　　　　　　　데이터 과학자 원칙

매한 고객'입니다. 여기서 또 한 가지 고려할 점이 있습니다. 경우의 수가 4가지이기 때문에 더 이상 이진분류로 접근할 수 없다는 겁니다. 그래서 다중분류로 접근해 예측 모델을 만들어야 합니다. 이러한 분석에서 모델링에 활용되는 머신러닝 알고리즘이 별도로 있는 것은 아니며, 다중분류가 가능한 알고리즘은 무엇이든 활용할 수 있습니다.

지금까지 설명드린 내용을 업리프트 모델링_{Uplift Modeling, 증분 모델링}이라고 하는데, 이를 깊이 있게 개발하는 작업들은 머신러닝 알고리즘을 새로 개발하는 방향보다는, 예측 이후의 결과 분석과 관련된 패키지를 개발하는 방향으로 진행되고 있습니다. 지금도 업리프트 모델링에서는 정석으로 여겨지는 특정 방법론이 없습니다. 다양한 방법이 제안되고 있기 때문에, 현장 데이터를 활용해 다양한 경우의 수를 직접 적용해보고 적합한 방법을 선택하는 것이 좋습니다. 수많은 업리프트 모델링 방법론을 모두 열거할 수는 없기 때문에 도움이 될 만한 몇 가지 정보를 글 끝에 남겨두었으니 참고하기 바랍니다.

지금까지 마케팅과 관련된 두 가지 사례를 살펴보았습니다. 이해를 돕는 최소한의 이론도 설명했으나, 제가 전달하고 싶은 바는 사례에서 활용한 방법론이 아니라, 접근 방법의 깊이입니다. 책이나 강의로 필수 머신러닝 알고리즘을 탄탄히 학습한 것만으로도 데이터 과학자로서 준비가 되었다고 볼 수도 있습니다. 하지만 그것만으로는 남들과 다른 데이터 과학자가 되었다고 볼 수는 없습니다. 그렇다고 모두가 NLP나 컴퓨터 비전 같은 새로 떠오르는 아이템에 뛰어들 수도 없는 노릇입니다.

현실에서의 데이터와 프로젝트에는 예상하지 못하는 다양한 변수가 존재하고, 그만큼 문제 해결에 필요한 다양한 아이디어를 동원해야 합니다. 여러분이 특정 분야에 몸담고 있다면, 적어도 다른 분야의 데이터 과학자들이 여러분의 분야에서만큼은 여러분을 따라잡지 못하도록, 즉 월등한 차이가 나도록 본인을 차별화할 수 있어야 합니다.

저도 역시 기본적인 스킬만으로 데이터 과학자로서의 업무를 시작했고, 처음에는 저만의 분야라는 개념도 와닿지 않았으며, 기본적인 수준 이상의 것을 보여주지는 못했습니다. 지금와서 돌아보니, 제가 처음부터 이런 원칙을 미리 알고 스스로의 성장을 위해 노력했으면 더 빠른 성장이 가능하지 않았을까 하는 생각들었습니다.

아직도 이런 의문이 드는 분이 있을 겁니다. "그래서? 교과서에 나오지 않는 더 깊은 내용은 어떻게 학습할 수 있는 거지?" 그런 생각이 들었다면 다른 사람이 만들고 활용한 내용을 참고하기를 추천합니다.

예를 들어 최신 논문을 참고하는 것이 대표적인 방법입니다. 하지만 꼭 논문 수준이 아니더라도, 짧은 내용의 아티클이라도 다양하게 꾸준히 살펴보면 분명 도움되는 방법들을 찾을 수 있을 겁니다. 몇몇 머신러닝 관련 웹사이트에서는 관심사를 꾸준히 메일로 발송하는 서비스도 제공합니다. 이런 서비스를 활용하면 더 편하게 다양한 정보 및 트렌드를 확인할 수 있습니다.

《Must Have 데싸노트의 실전에서 통하는 머신러닝》

확실히 알아두면 만사가 편해지는 10가지 기본 알고리즘과 강력한 알고리즘을 중심으로 머신러닝을 알려줍니다. 더 나은 결과를 이끄는 피처 엔지니어링 과정을 깊이 있게 설명합니다.

〈Pylift: A Fast Python Package for Uplift Modeling〉

두 번째 사례에 해당하는 업리프트 모델링을 소개한 아티클입니다. 이론적인 내용과 함께 코드도 함께 소개하고 있기 때문에 쉽게 응용해볼 수 있습니다.

`단축 url` http://bit.ly/3x8tm5j

〈Uplift Modeling〉

업리프트 모델링에 대한 또 다른 아티클입니다. 본문에서 설명드린 것처럼 다양한 방법론이 공존하는데, 여기서는 조금 다른 방법을 사용합니다.

`단축 url` https://bit.ly/3jH6EOF

〈towardsdatascience〉

데이터 사이언스와 관련된 다양한 아티클이 소개되는 사이트입니다. 양이 방대한 만큼 때때로 퀄리티가 그렇게 좋지 않은 경우도 있지만, 도움이 될 만한 수준급의 아티클도 많습니다.

• https://towardsdatascience.com

03

척박한 데이터 환경에서 살아남은 사람들의 우화

권정민 cojette@gmail.com
현) 프리랜서 데이터 과학자, ML GDE
전) ODK Media 데이터 분석가
전) 우아한형제들 데이터 분석가
전) SK플래닛 데이터 분석가

세상은 데이터로 이루어져 있다고 생각하며, 이를 잘 활용하기 위해 다양한 산업군에서 데이터 분석 및 활용 방안을 연구합니다. 카이스트 및 포항공과대학교에서 산업공학과 전산학을 전공했으며, ML GDE(Machine Learning Google Developer Experts)로도 활동합니다.

《데이터 분석가의 숫자유감》, 《데이터를 엮는 사람들, 데이터 과학자》 저
《빅데이터 분석 도구 R 프로그래밍》, 《The R Book(Second Edition) 한국어판》,
《딥러닝과 바둑》 등 역
《딥러닝 레볼루션》, 《인터넷, 알고는 사용하니?》 감수

Ⓑ cojette.github.io

'데이터 과학자'라는 직업이란 무엇일까요?

이런 질문을 저 스스로도 많이 해왔고, 질문을 받기도 했습니다. 많은 직업은 꽤 선명합니다. 경영인은 회사를 경영하고, 프로그래머는 프로그래밍을 합니다. 의사는 사람을 진료하고, 축구선수는 축구경기를 합니다. 그러면 데이터 과학자는 무엇을 할까요? '데이터 과학'을 한다고 말하기에는 '데이터 과학'이라는 존재가 다소 흐릿합니다. 그리고 여러 데이터 과학자를 만나서 이야기를 하면, 하는 일은 다들 같은 것 같지만 다른 것 같기도 합니다. 이런 혼란 때문에 "데이터 과학자라는 직업이란 무엇일까요?"라는 질문을 더 하게 되는 것이 아닐까, 생각해봅니다.

직업을 한자로 쓰면 職業으로, 직책을 뜻하는 직(職)에 부여된 과업을 뜻하는 업(業)이란 글자가 합쳐진 형태입니다. 우리의 일이란 것은 보통 위치와 과업의 조합으로 되어 있습니다. 저 역시도 데이터 과학자라는 직업을 가지고 삽니다. 지금까지 제가 해오던 일에서 직은 여러 형태로 많이 변해왔습니다. 이 과정에서 다양한 분야와 다양한 환경의 기업을 접했고, 그 기업이 가지고 있는 데이터 역시 매우 다양했습니다.

'데이터 과학자'라는 직업은 결국 데이터를 사용해서 기업 내에 산재하는 문제를 해결하는 데 도움을 줄 수 있는 직업으로 '기업'과 '데이터'가 모두 중요한 요인으로 들어갑니다. 그런 의미에서 '데이터 과학자'는 '직'과 '업'이 긴밀하게 연결되어 있는 직업으로 볼 수 있습니다. 그만큼 위치, 현재 일하는 기업이 실제 업무에도 영향을 많이 미치게 됩니다. 같은 데이터 과학자라고 하더라도 만지는 데이터와 풀고 있는 문제는 천차만별일 수 있고요. 그러다 보니 가끔은 같은 '데이터 과학자'라는 이름을 달고 있는 두 사람의 이야기를 들었을 때 두 사람의 직업이 다른 것처럼 느껴지기도 합니다.

저는 톨스토이가 쓴 《안나 카레리나》의 첫 문장을 약간 변경해 자주 사용합니다. 바로 '행복한 데이터의 기업은 비슷한 형태로 잘되어 있겠지만, 불행한 데이터의 기업은 각기 다른 문제를 안고 있다'라는 문장입니다. 그리고 아마도 다양한 '안 좋은 데이터'의 기업에서 일하는 데이터 과학자들은 다들 각자의 걱정 속에서 살아가고 있을 겁니다. 실제로 이런 각자의 문제를 안고 저에게 한숨을 쉬던 데이터 과학자들도 계십니다. 그래서 직간접적으로 보고 겪은 몇 가지 '안 좋은 데이터' 형태 중 눈에 띄는 사례들을 가지고 가상의 데이터 분석가가 활약하는 우화를 보여드리고자 합니다. 이 우화를 통해서 다양하게 불행한 데이터 환경을 가진 기업과 상황에 대해서 더 넓은 시야를 가지고 살펴보고, 이를 아우르는 상황에서 어떻게든 살아나갈 수 있는 원칙에 공개하겠습니다.

우화 1 : 너는 전문가니까, 너가 알아서 잘 할 거야?!

옛날 옛적에 혁신적인 아이디어와 기술로 업계에 혁명을 일으키겠다고 출사표를 던진, 주목받는 스타트업에 입사한 2년차 데이터 과학자 A가 있었습니다. A는 새로 입사하기로 한 회사의 인지도와, 면접에서 회사의 경영진이 펼치는 데이터를 활용한 회사의 멋진 미래 및 비전에 감탄해서 이직에 어떤 우려도 하지 않았습니다. 그러나 A가 회사에 입사해보니 A가 유일한 '데이터' 관련 직군이었고, A가 회사에서 볼 수 있는 데이터는 구글 애널리틱스 대시보드뿐이었습니다. 그나마도 어떤 값은 잘 보이지만

데이터 과학자 원칙

어떤 값은 확인되지 않아 데이터가 맞는지 의구심이 들었습니다.

A는 입사 면접 때 만났던 회사의 경영진과 면담을 했습니다. 그들은 여전히 회사는 데이터 기반의 의사결정을 느리지만 점점 더 많이 도입하고 있으며, A가 입사함으로써 앞으로 데이터를 통해 회사가 훨씬 더 빠르고 근사하게 발전할 것이라는 희망에 부풀어 있었습니다. A는 눈앞이 캄캄했습니다. 하지만 회사 내의 문서를 열심히 살펴보고, 기획자와 프로그래머들을 찾아다니며 볼 수 있는 데이터를 열심히 수소문해서, 간신히 몇 개의 데이터 관련 정리된 문서와 엑셀 파일을 찾고 운영 데이터의 백업용 DB의 읽기 권한을 얻었습니다.

다음 번 면담에서 A는 회사의 데이터가 매우 적으며, 이에 대한 자료도 빈약해, 자신이 어디서부터 손을 대서 무엇에 기여해야 할지 모르겠다고 말했습니다. 하지만 경영진은 "처음에는 그럴 수 있지만, 우리가 만들 수 있는 데이터는 굉장히 많으며, 언젠가는 어느 상황에서건 정확하고 적절한 통찰력을 발휘해 의사결정을 할 수 있게 될 것이며, 데이터 기반에 AI가 가미된 서비스를 운영할 수 있는 충분한 데이터를 갖게 될 겁니다. 이 과정에서 A가 중요한 역할을 해낼 것이니 주도적으로 원하는 것부터 시작하세요"라는 희망찬 말을 전달했습니다. 그러나 A는 적절한 데이터가 없는 한 그들의 꿈은 그저 꿈으로만 남을 것임을 어렴풋이 알고 있었습니다.

'이 회사에 과연 있어도 괜찮은가'라는 회의감에 사로잡혀 고민하던 A는 데이터를 정비하는 일이라도 해보자고 결심했습니다. 우선 데이터가 어느 정도 정확한지를 파악하고, 사람들이 데이터라고 생각하고 보고 있는 대시보드의 지표는 회사의 목표와 제대로 연관이 있는지 확인하는 것부터 살펴보기로 했습니다. 우선 구글 애널리틱스에 연동하는 코드를 작성한 프로그래머 Z를 찾았습니다. 한참 전에 작성한 코드를 가지고 꼬치꼬치 물어보는 A를 Z는 반가워하지 않았고, 본인 일에서 크게 중요하다고 생각하지도 않았던 부분을 따지고 드는 것 같아 불편함도 들어 팀장에게 불만을 표시했습니다. A는 조금은 서툴지만 그래도 회사에서 데이터에 거는 기대가 크고, 이에 대해서 좀 더 알려주고 같이 보완해나가는 것이 회사에 매우 중요한 일임을 열심히 설득했고, Z와 Z의 팀장은 결국 현재 상황을 이해하고, A를 최대한 도와주기로 했습니다. Z는 구글 애널리틱스에 데이터를 보내는 코드를 꼼꼼하게 수정했고, A는 이를 같이 살펴보면서 내용을 이해하고 관련 내용을 문서화했습니다. 또한 백업 DB의 데이터도 꼼꼼히 파악하고, 내역을 문서화했습니다. 이를 기록하는 서버 프로그래머 Y 역시 Z와 같은 방법으로 설득해, 데이터에 대해서 열심히 설명을 듣고, 질문하며 부족한 부분을 정리했습니다. 수많은 시간을 들여 이를 꼼꼼하게 정리해서 사내에 공유했고, 사람들은 우리 회사에 현재 어떤 데이터가 있는지를 좀 더 구체적으로 알게 되었습니다.

A는 데이터를 정리하면서 짬짬이 데이터를 살펴보았고, 서비스의 흥미로운 현상을 간단히 분석해서 회사에 공유했습니다. 아주 복잡한 내용은 아니었지만 동료들은 재미있어 했고, 데이터의 효용성에 대해서 조금 더 현실적으로 받아들일 수 있고, A가 이것저것 물어봐도 전보다는 덜 귀찮게 생각하고, 이게 진짜로 일이 되는 것이라는 것을 암암리에 이해하기 시작했습니다. A는 Y와 Y의 동료의 도움을 받아 실 데이터의 백업 DB가 아닌 분석이나 데이터 활용에 사용할 DB를 새로 만들어서, 분석용 데이터를 추가로 적재하거나 변형해서 옮기기 시작했습니다. 또한 구글 애널

리틱스에만 보내던 데이터를 자체적으로 수집할 수 있는 방법을 찾았습니다. A는 프로그래머들과 함께 회사에 데이터 엔지니어의 필요성을 경영진에게 표명했고, 데이터의 현재와 미래를 더 가시적으로 보게 된 경영진은 이를 받아들였습니다. A는 새로 합류한 데이터 엔지니어와 함께 데이터를 더 쉽게 수집, 저장, 분석할 수 있는 데이터 파이프라인을 개발했습니다.

A의 길었던 노력과 갈등 끝에 데이터는 더 풍부하고 탄탄해져 자랑할 만한 회사의 자산이 되었습니다. A의 헌신은 동료에게 인정받았고 데이터에 관심을 가지는 동료도 늘었습니다. 예전에는 피상적으로만 생각하던 데이터 기반 의사결정을 각자의 업무에 적용시켜보려고 시도하기도 했습니다. 나아가 데이터를 어떻게 사용할 수 있고 목표를 달성하는 데 데이터가 어떻게 도움이 되는지 알아보기 시작했습니다. A는 동료들이 각자의 일에서 새롭고 창의적으로 데이터를 활용하는 데에도 조언을 아끼지 않았습니다.

이 지난한 과정은 A 자신의 커리어에도 도움이 되었습니다. A는 그간의 업적을 인정받아 연봉이 올랐고, 자신이 이끌 데이터 과학자도 추가로 채용할 수 있게 되었습니다. A는 지속적으로 데이터 기능을 개선하고 확장하면서 회사의 데이터 작업을 계속 이끌었습니다. A 덕분에 회사는 혁신적인 데이터 사용과 통찰력을 행동으로 옮기는 능력을 외부에 보여줄 수도 있게 되었습니다. A의 헌신은 다른 동료 역시 고무시켰고, 본인과 회사의 성장을 이끌어내는 좋은 본보기가 되었습니다.

A는 충분한 데이터가 없는 어려운 상황에서, 주니어임에도 불구하고 데이터 과학자가 성장할 수 있다는 것을 증명했습니다. 사람들이 피상적

으로만 이해하던 데이터가 적절하게 수집되고 분석되면 귀중한 자산이 될 수 있으며, 기업이 목표를 달성하고 정보에 입각한 결정을 내리는 데 도움이 될 수 있다는 사실도 보여주었습니다.

데이터 과학자가 답이 없는 상황에 직면하더라도 올바른 기술과 태도로 극복하고 위대한 일을 성취할 수 있음을 증명한 겁니다.

우화 2 : 벽 너머의 데이터

옛날 옛적에 물류 관련 대기업에 입사한 B라는 2년차 데이터 과학자가 있었습니다. 크고 오래된 회사고, 일찍이 물류 데이터를 잘 관리해서 사용 가능한 데이터가 풍부하게 있다고 들은 B는 이 회사의 데이터 바다에 적극적으로 뛰어들어 가시적인 변화를 일으키고자 했습니다. 그러나 얼마 지나지 않아 B는 거대한 장벽을 직면하게 되었습니다. 바로 회사 내에 어떤 데이터가 있는지 파악하고, 데이터에 접근하는 일부터 쉽지 않다는 사실이었습니다. 회사에서 방대한 양의 데이터를 수집하고 있다는 것을 알고 있고, 회사의 비즈니스를 고려했을 때 대략 이러저러한 데이터가 있을 것이라고 이해하고는 있지만, 데이터에 대해서 정확하게 알지는 못하므로 어떤 데이터를 어디서 관리하는지, 데이터 구조는 어떻게 되어 있는지를 파악하고자 했습니다. 하지만 이런 내용을 담고 있는 데이터 관리 내역을 볼 수 있는 자격을 얻으려면 데이터 과학자라는 직함을 가지고 있다고 하더라도 수많은 데이터 관련 규정을 통과해야 했습니다. 데이터 구조나 관리 내역은 회사의 일급 비밀에 준하고, 개인 정보 접근 내역은 회사에서 관리해야 하기 때문에 미리 허가를 받아놓아야 한다는 등 이해는 가지만 답답한 여러 사유가 뒤따랐습니다.

B는 처음부터 잘 납득되지 않는 장벽을 마주하고 무기력해졌지만 기운을 내어 수많은 규정을 열심히 조사했습니다. 그리고 회사의 보안 정책이나 개인정보를 충분히 보호할 수 있는 한도 내에서 다양한 데이터에 접근이 가능하다는 것을 증명했습니다. B는 결국 사내 데이터의 관리 내역 접근 권한을 얻었고, 다음에 B와 비슷한 일을 겪게 될 사람들을 위해서 조사했던 내용과 접근 권한을 얻는 데까지를 문서화해두었습니다.

하지만 이는 시작에 불과했습니다. 가까스로 확인한 데이터 관리 내역을 살펴보니, 데이터는 다양한 팀에 흩어져 있어서 여러 데이터의 접근 권한을 얻으려면 이를 가지고 있는 각 팀에 연락해서 확인을 받아야 했습니다. 그러다 보니 굉장히 번거로웠고, 시간도 많이 들었습니다. 하지만 가장 큰 장벽은, 이 중 몇몇 팀은 데이터 권한이 팀의 힘이라고 주장하며, 데이터 과학자라고 하더라도 다른 팀의 구성원이 본인 팀이 관리하는 데이터에 접근해서 무언가 결과를 내는 것을 꺼려하는 것이었습니다. B가 여러 이유를 들어 계속 문의를 해도 이래저래 피해가기 일쑤였고, 괜히 팀끼리 사이만 더 안 좋아진다고 B의 팀장도 넌지시 그만 요청하고 확인 가능한 데이터 내에서 업무를 해결해도 괜찮다고 말했습니다.

많은 어려움이 있지만 B는 단념하지 않았습니다. B는 데이터가 귀중한 통찰력을 얻고 회사를 발전시키는 열쇠라고 강하게 믿었고, 여러 팀의 데이터를 통합적으로 분석했을 때 회사에서 그간 얻지 못한 통찰을 얻을 가능성이 높음을 알고 있었습니다. B는 다양한 데이터를 보유한 것으로 보이지만 권한을 주지 않는 팀의 사람과 현황을 이해하기 위해 노력했습니다. 그 팀과 관련된 일을 나서서 맡고, 자주 얼굴을 마주치고, 그 팀에서 필요로 하지만 그간 사용하지 못했던 데이터에 대한 힌트를 주기도 하면서 관계를 구축해나갔습니다. 그러면서 그들의 요구사항과 우려를 경청했습니다. 처음에는 상대 팀에서 다소 어색해 하기도 했고, B의 의도를 의심하기도 했습니다. 하지만 B는 개의치 않고 열린 마음과 열린 태도로 상대 팀의 사람들을 대했고, 상대 팀에서도 조금씩 B의 행보에 관심을 가지고 궁금해하기 시작했습니다. 처음에는 B를 말리는 데 급급하던 B의 팀장님도 B가 팀 내 업무에도 충실하면서 추가적으로 끊임없이 노력해 확보한 데이터를 적극적으로 팀 내 공유하는 모습을 보고, 다른 팀과의 기회를 조금씩 더 만들어주기 위해 다양한 시도를 하기 시작했습니다. 또한 다른 팀에서 B의 팀에 다른 데이터와 다른 문제를 조금씩 들고 와서 새로운 제안을 하기도 하면서 주변에서도 B와 B의 팀을 주목하기 시작했습니다.

B는 이런 좋은 흐름을 놓치지 않았습니다. B는 지속적으로 다른 팀과 B의 팀이 시너지를 낼 수 있는 방법을 고민하고, 여러 팀이 서로의 데이터를 가지고 협업을 했을 때 어떤 가치를 가져올 수 있는지를 조금씩 회사에 보여주었습니다. 또한 데이터에 접근할 때마다 도움이 되는 분석 자료를 제공해 B와 B의 팀과 데이터로 협업하면 각자의 팀에 더 이롭다는 게 점차 알려지면서, 먼저 연락해서 데이터를 공개하는 팀도 생겼습니다. B는 이렇게 느리지만 확실히 신뢰를 쌓아가며 협력을 하고 원하던 다양한 데이터에 접근하는 데 성공하게 되었습니다.

여러 팀과 지속적으로 작업하면서 B는 데이터 관련 이해관계, 그리고 보수적이었던 각자의 사정과 데이터를 가지고 있으면서도 하지 못했던 내부 상황을 더 깊이 파악할 수 있었습니다. 그런 이해관계를 잘 풀어가면서 서로에게 도움이 되는 통찰을 발견했고, 결과적으로 회사에도 큰 도

데이터 과학자 원칙

움이 되었습니다.

B의 끈기와 노력으로 여러 팀이 B와, 혹은 서로 데이터를 공유함으로써 더 나은 가치를 만들어낼 수 있다는 것을 인지하게 되었습니다. 서로 교류하고 협업하며 데이터를 교차시킴으로써 각자가 찾을 수 없었던 통찰을 얻고, 이를 통해서 일을 진전시킬 수 있다는 사실을 깨닫게 되었습니다. 여러 팀은 B를 위협적이고 방해가 되는 존재가 아닌 공생과 더 나은 통찰을 추구하는 소중한 파트너로 이해하기 시작했습니다. 또한 각 팀에서도 데이터를 더 적극적으로 활용하며 데이터가 갇혀 있지 않고 다양한 팀에서 흐를 때 훨씬 더 큰 가치가 된다는 것을 인지하게 되었습니다.

시간이 지나면서 회사에서 B의 명성은 높아졌고 회사에서 존경받는 구성원이 되었습니다. B는 다양한 데이터를 이해하고 있으므로 각각의 상황에서 어떤 데이터가 비즈니스 가치를 창출하는 데 적합한지 알고 있었습니다. 이런 B의 통찰력은 회사가 제대로 된 데이터 주도적인 의사결정을 내리는 데 도움이 되었습니다. B는 데이터 전문가로 인정받아 승진했습니다. 더 많은 권한이 생기자 우선 데이터 관리 및 접근 권한 절차를 단순화하고 더 많은 사람이 데이터에 접근해서 활용하도록 장려했습니다. B는 계속 배우고 성장하면서 데이터를 실행 가능한 통찰력으로 전환하는 능력자로 입소문이 나며 회사 외부에까지 B의 활약이 알려져 전문가로 인정받을 수 있었습니다.

B의 이야기는 여러 장벽에도 불구하고 인내심을 가지고 다양한 커뮤니케이션을 통해 관계를 구축하는 것부터 시작하며 회사와 본인의 성장을 이루어낸 훌륭한 사례입니다. 주니어 데이터 과학자에서 자신의 분야에서 매우 존경받는 전문가가 되기까지의 B의 여정은 다른 사람들에게 영

감과 노력, 결단력, 배우고 협력하려는 의지가 있으면 누구나 더 나은 데이터 과학자로 성장할 수 있다는 깨달음을 주었습니다.

우화 3 : 저기 저 차가운 바닥에서 다시

옛날 옛적에 데이터로 회사의 발전에 이바지하고 싶다는 목표를 가진 C라는 신입 데이터 과학자가 있었습니다. C는 부푼 꿈을 가지고 한 스타트업에 입사했습니다. 그러나 회사도 데이터도 C가 생각했던 것과는 딴판이었습니다. C가 학교나 외부 부트캠프에서 배워왔던 데이터 주도 의사결정이라든가, 기술적으로 화려한 알고리즘을 쓸 일이 거의 없었습니다. 데이터도 본인이 숙제로 했던 것처럼 깔끔하게 정리되어 있지 않고, 그다지 많아 보이지 않았는데 어떻게 엮여 있는지조차 알기 힘들었습니다. C는 혼란스러웠지만, 그 혼란스러움을 다잡아줄 사람조차 주변에 없었습니다. 많은 시간 고민을 했고, 자신이 작업하는 데이터와 도메인을 이해하는 데 어려움을 겪고 있음을 깨달았습니다. 기술은 충분히 배웠다고 생각했지만 정작 실제로 사용해야 하는 데이터를 다듬는 것부터가 어려웠고, 회사의 비즈니스를 이해하지 못하니 데이터 형태를 겨우 맞춰놨다고 해도 그게 무엇을 의미하는지 잘 이해하지 못해 실수하기 일쑤였습니다. 나름 데이터 과학자로서 최선을 다했다고 생각했지만 많은 진전을 이루지 못했고 C는 낙담하고 방황도 했습니다.

하지만 C는 멈추지 않았고, 나름대로 부족한 데이터를 쌓고 동료에게 이것저것 물어가며 회사에 데이터 기반을 어느 정도 쌓고 본인의 주변 지식도 채워갔습니다. 그러던 어느 날 이제는 뭔가를 조금씩이라도 해볼 준비가 되었다고 생각했습니다.

하지만 세상은 C가 이렇게 좋은 방향으로 가도록 놔두지 않았습니다. 회사가 야심차게 시작한 새로운 비즈니스는 성공하지 못했고, 회사는 어떻게든 살아남기 위해 완전히 다른 방향의 비즈니스를 준비했습니다. 그간 다져놓은 데이터 기반은 이제 전혀 쓸모없는 것이 되었고, 새로운 비즈니스에서는 새로운 접근 방식으로 완전히 처음부터 다시 시작해야 하는 것처럼 보였습니다. C는 전보다 더 깊이 낙담했습니다. 나름 고생해가면서 그간 일궈낸 일은 다 쓸모가 없어지고, 자신의 일은 더 어려워지기만 할 것이며, 지금까지의 과정을 다시 처음부터 해야 하며, 그마저도 그 방법이 맞는지조차 알 수 없다는 것을 깨달으니 앞날이 캄캄하기만 했습니다. 회사에서 말하는 새로운 비즈니스에 데이터가 끼어들 틈이 있는지조차 감이 오지 않았습니다.

하지만 C는 많은 고민 끝에 한 번 한 일을 두 번은 못하겠냐는 마음으로 한 번 더 직면한 상황을 이겨내보기로 결심했습니다. 우선 C는 새로운 비즈니스를 이해하고 여기에서 본인이 기여할 수 있는 부분을 탐색하기 위해 다양한 배경지식을 익힐 기회를 찾기 시작했습니다. 그는 새 비즈니스 관련 도메인을 이해할 수 있는 기초 과목을 인터넷 강의에서 찾아서 수강하고, 관련 분야의 책을 읽고, 기획 회의록을 읽으면서 이 분야의 데이터와 도메인을 더 깊이 이해할 수 있는 방법을 모색했습니다. 또한 인터넷을 통해 업계의 다른 사람들에게 손을 내밀었고 더 많은 경험을 가진 사람들에게 지도와 멘토링을 구했습니다.

C는 계속해서 배우며 성장해갔습니다. 동료는 C가 이전의 비즈니스 때부터 해왔던 노력을 알고 있고, 그가 새로 데이터 기반을 다지는 일을 적

극적으로 도와주었습니다. 기존에 했던 작업과 비슷한 작업은 훨씬 빨리 더욱 견고하게 진행되었습니다. C는 그간 다졌던 비즈니스에서의 데이터 지식과 새로운 도메인에 대한 지식을 결합해 새로운 비즈니스가 시작될 때 어떤 데이터와 지표가 필요한지를 빠르게 파악해 제공했고, 여러 데이터의 패턴을 식별해서 눈에 띄는 패턴을 사내에 공유했으며, 신규 비즈니스에서 가치를 창출하기 위해 데이터를 사용할 수 있는 방법을 고민할 수 있게 되었습니다. C는 그간 고민하고 발견한 내용을 동료에게 보여주었고, 그들은 C의 통찰력과 추진력에 깊은 인상을 받았습니다.

주변의 인정에 고무된 C는 계속해서 열심히 일해서 회사에 기여할 수 있으며, 본인도 더 만족할 수 있는 사람이 되기 위해 노력했습니다. 이렇게 꾸준히 성장한 C는 데이터를 실행 가능한 통찰력으로 전환하는 능력을 지속적으로 보여주며 해당 분야의 데이터 전문가가 되었습니다. C는 회사가 정보에 입각한 결정을 내리고 성장하도록 주도적으로 도우며 본인과 회사가 동시에 성장하도록 했습니다.

시간이 지나 C의 회사는 데이터 주도 의사결정으로 유명해졌고, 이를 앞서 지휘한 C의 명성은 회사 밖으로도 퍼졌으며, C가 예전에 했던 것과 비슷한 고민을 하는 저년차 데이터 과학자에게 멘토링을 요청받기도 했습니다. C는 열심히 일하고 배우고 성장하려는 의지가 있으면 누구나 어려움을 극복하고 위대한 일을 성취할 수 있다고 믿고, 인내심을 갖고 꾸준히 실현한 좋은 본보기가 되었습니다. C의 사례는 아무리 어려운 일이라도 배움에 대한 결단력과 헌신이 있다면 누구나 데이터 과학 분야에서 성장하고 성공할 수 있다는 사실을 우리 모두에게 일깨워줍니다.

세 우화의 교훈과 숨겨진 이야기

지금까지 '데이터 상황이 좋지 않은' 회사에서 일궈낼 수 있는 가장 훌륭한 데이터 과학자의 성공담인 세 데이터 과학자 A, B, C의 우화를 살펴보았습니다. 세 데이터 과학자는 각각의 어려운 상황에서 비현실적으로 느껴질 정도로 훌륭하게 상황을 타개하고 엄청난 성취를 거두며, 본인과 회사의 성장을 견인합니다. 세 데이터 과학자가 접했던 환경은 많은 데이터 과학자가 겪거나 들어본 적이 있는 상황일 겁니다. 이렇게 현실적이면서도 어려운 상황을 극복하고 성공을 쟁취한 이야기의 교훈은 매우 선명합니다. 이렇게 선명한 바른 문제 해결, 결단력, 인내심, 헌신 같은 교훈은 분명 정말로 중요하고 데이터 과학자로서의 성공에 반드시 필요한 요소지만, 이 이야기가 평범한 우화(교훈을 주기 위해 비유, 대입법 등을 사용해서 만들어내는 이야기)이고 굉장히 유려한 모범답안 같을 뿐 그다지 와닿지는 않을 겁니다.

이토록 아름답고 선명한 교훈을 주는 세 가지 이야기가 그다지 와닿지 않는 이유는, 이야기에서 공통적으로 사용되지만 현실에서는 쉽게 볼 수 없는 숨겨진 장치 때문일 겁니다. 우화를 보면서 불편한 부분이 있다면 무엇 때문이었을까요?

첫 번째 숨겨진 가장 중요한 장치는 시간, 바로 '시간이 얼마나 걸렸는가'입니다. 세 편 모두 '옛날 옛적에'로 시작한다는 것을, 읽으면서 혹시 인지하셨을까요? 데이터 과학자라는 직업이 옛날 옛적에는 존재하지 않았으므로, 이는 우화의 분위기를 살리기 위한 장치라고 생각할 수 있고, 물론 그런 역할을 수행하기도 합니다. 하지만 이 단어는 세 데이터 과학자가 현재 훌륭한 성취를 이루기까지 굉장히 많은 시간이 걸렸다는 것을 보여주기 위한 핵심적인 의도였습니다.

필자는 데이터 과학자로 지금까지 다양한 곳에서 일하면서 '데이터는 긴 호흡으로 이루어진다'는 예전 동료의 말을 항상 곱씹습니다. 데이터를 쌓고, 데이터 문화로 자리잡고, 회사에 전반적으로 데이터가 흐르게 하는 데까지는 오랜 시간이 걸립니다. 그래서 회사의 경영진이나 다른 부서를 설득할 때도 종종 사용하고는 했습니다.

이 세 우화의 주인공이 해온 일의 흐름은 짧게 요약되어 있지만, 간간히 시간에 관련된 단어들이 스치듯이 지나갑니다. 이는 당연한 일입니다. 데이터를 활용할 수 있는 기반을 다지는 일 하나하나에는 많은 시간과 많은 단계와 그 사이의 인내심이 필요합니다. 이 셋은 각각 어느 정도 수준이 높은 데이터 분석을 할 수 있게 되기까지 수많은 장벽을 넘어왔고, 각각의 장벽 앞에서 많은 것을 조사하고, 많은 사람을 설득하는 과정을 거쳐왔습니다. 이 과정에서 무수한 갈등과 고난이 있을 것은 명약관화합니다.

또한 이 세 사람은 항상 초반에는 잠시 좌절하고 방황하지만 결국에는 엄청난 인내심을 발휘합니다. 무슨 부귀영화를 누리겠다고 이렇게까지 인내하고 이겨내는가 싶을 정도입니다. 그리고 실제로 대부분의 데이터 과학자가 좌절하는 부분이기도 합니다. 이 셋은 결국 동료들의 인정을 받지만 여기까지 이르는 데는 데이터를 쌓는 것보다 더 긴 호흡을 버텨내는 '꺾이지 않는 마음', 즉 인내심과 무수한 눈총에도 본인이 하고자 하는 일을 이루어내겠다는 의지가 있어야만 겨우 써낼 수 있는 성공담이었습니다. 아마도 '옛날 옛적'부터 현재까지의 사이에는 정말로 기나긴, 아주 오랜 기간이 있을 겁니다. 그리고 이들이 역경을 겪은 시간은 일 분이 한 시간 마냥, 하루가 일주일 마냥 아주 천천히 흘러갔을 겁니다. 이 우화의 결말은 눈부시고, 이들의 행보는 깔끔하고 우아하게 진행되었습니다. 그런데 그 사이에 한 가득 쌓여 있던 시간과 호흡, 그리고 수많은 한숨은 눈에 잘 띄지 않아 놓치기 쉽습니다. 이 이야기에서 가장 중요한 것은 보이지 않았지만 무겁게 이야기를 지탱하고 있던 시간과 호흡과 한숨의 존재입니다. 그리고 우화에서 제시되었던 여러 시련보다, 밑바탕에 깔려 있던 시간과 호흡과 한숨을 이겨낸다는 것이 주인공의 존재를 더욱 비현실적으로 만듭니다.

이보다도 더 비현실적인 특징이 있습니다. 이들이 데이터 과학자로 성공하도록 뒷받침해준 마인드셋입니다.

우선 각 이야기의 주인공은 모두 시작하던 당시에는 주니어였고, 주변에 멘토링을 해줄 사람이 없는 데도 개의치 않고 각자 자신의 상황에서 무엇을 해야 하는지를 알고, 단계별로 실행해나갔습니다. 이는 매우 중요하며 놀라운 능력이며, 우화에서 가장 비현실적인 부분입니다. 세 데이터 과학자 모두 각각의 상황에서 (비록 약간의 좌절과 고민의 흔적이 있지만) 본인이 결과적으로 도달할 모습을 알고, 이를 위해서 어떤 일을 해야 하는지, 그리고 무엇이 필요한지를 항상 정확하게 인지하고 실행합니다.

현실에서는 험난한 상황에서 무엇을 해서 상황을 타개하면서도 본인과 회사의 성장을 동시에 견인해나갈 수 있는지를 명확하게 알고 추진해나가기란 굉장히 어렵습니다. 심지어는 어느 정도 익숙한 환경에서 커리어를 쌓아나갔던 경험이 있다고 해도 다시 진행하는 일조차 쉽지 않습니다. 익숙한 환경이라고 해도 사회는 빠르게 변화하고, 비즈니스에서는 그 변화가 더 크고 빠르게 다가옵니다. 심지어 비슷해 보이는 회사에서도 세부적인 상황은 늘 다릅니다. 예를 들어 A와 비슷한 상황을 맞닥뜨린다고 해도 '악마는 세부적인 부분에 숨어 있다'는 말처럼 각각의 상황을 방해하는 요소는 세부적으로 다를 것이고, 충돌이 발생하는 사람도 각각 다를 겁니다. A는 처음에 구글 애널리틱스 코드를 작성한 Z와 가벼운 마찰을 겪습니다. 하지만 D라는 분석가가 A와 비슷한 상황에 놓였고, D는 구글 애널리틱스 대시보드를 보고 그중 중요하게 보는 지표를 물어보기 위해 해당 프로젝트 담당자에게 갔다가, 지표가 이상하다며 마찰을 빚는 것부터 시작할 수 있습니다. 이렇게 시작점이 달라지면 이를 세부적으로 해결하는 커뮤니케이션 방법이나 업무 진행 방식도 달라질 수밖에 없습니다. 그래서 '이런 비슷한 상황을 겪었지!'라고 외치며 당당하게 어떤 상황에 발을 들인다고 해도 예전에 했던 방법이 통하지 않는 당황스러운 상황을 만나본 적이 있을 겁니다. 일을 진행하다가 되지 않아서 좌절할 때도 없잖아 있지만, 무엇을 할지 몰라서 방황하다가 아무것도 하지 못한 채 지치기만 할 때가 더 많습니다.

하지만 여기에 등장하는 주인공들은 그 누구도 이런 고난을 심하게 겪지 않습니다. 이 주인공의 시야는 명확하고 방향은 일관되어 있습니다. 어떻게 이런 것이 가능했을까요? 세 이야기는 다소 비슷해 보이는 만큼 비슷한 방식으로 일을 해나갑니다. 이 셋은 상황을 타개해나가는 데 있어서 모두 주어진 상황을 커다란 문제로 생각하고 이를 단계별로 해결해나가는 접근 방식을 취합니다. 물론 그 과정이 놀라울 정도로 연속적으로 진행되는 것처럼 보이고, 모든 과정이 다 성공적이라서 굉장히 부럽기도 하고 신기하기도 합니다. 하지만 문제를 조금씩 쪼개면서 조금씩 해결해나가다 보면, 나중에 돌아보면 처음 시작점에서 꽤 나아간 자리에 와 있는 경험을 분명 하게 될 것이라고 생각합니다. 문제를 단계적으로 해결해 가며 답을 찾아가는 일은 관점을 조금 바꿔보면 '데이터 과학자'가 잘 할 수 있는 일입니다.

그리고 이런 일련의 과정에서 많은 고민을 하지만 이 우화의 주인공은 일단 안 된다고 손을 놓지는 않습니다. 미래를 생각하면 아득하고 불안해지지만 현재에 집중하면 문제는 생각보다 크지 않습니다. 그리고 눈 앞에 당면한 문제에서 '뭐라도 해야지'라는 마음가짐으로 일을 해결해나갑니다. 그것이 흔히 우리가 '데이터 과학자'라고 말할 때 떠올리는 '데이터 과학자'가 할 법한 일이 아닌 것처럼 보이고, 주변에서 눈총을 받는다고 해도 개의치 않습니다. 각 우화에서 주인공은 온갖 일을 합니다. 수많은 사람과 이야기하고, 코드를 살펴보기도 하고, 데이터를 쌓는 일을 돕고, 회의를 다니고, 도메인 분야의 강의를 들으며, 정보 규정을 꼼꼼하게 검토합니다.

아마도 많은 데이터 과학자는 본인의 일에 이런 것이 포함되는지를 고려조차 하지 못할 겁니다. 그리고 혹자는 이런 일에 시간을 보내다 보면 본인의 전문성이 떨어지는 것이 아닌지 고민을 하다가, 결국 발을 빼기도 합니다.

물론 더 좋은 환경을 찾아서 더 빠르게 본인의 활로를 찾는 것도 좋은 전략일 겁니다. 하지만 많은 경우, 어디든 완벽한 환경은 없고, 부족함은 있기 마련입니다. 정착된 지 그다지 오래 되지 않았음에도 환상이 가득한 데이터 과학 분야는 더욱 그렇습니다. 그러다 보니 불완진한 환경을 접하기도 쉽고, 불완전함도 더욱 다양하고 천차만별입니다. 그래서 다른 곳으로 이동한다고 하더라도 그만큼의 위험부담이 있습니다. 그렇다면 본인의 자리에서 할 수 있는 데까지 나아가는 것도 다른 활로를 모색하는 것만큼 좋은 전략일 수 있습니다. 대부분 현재의 부족함을 깨닫는 것은 먼 미래를 내다보고 불안해하기 때문입니다. 물론 커리어 패스 등 본인과 회사의 미래를 고민하는 것은 좋은 일이지만, 그 미래의 비율이 크면 불안함도 함께 오기 마련입니다. 또한 모든 것은 변하고, 내가 생각하는 미래와 실제 미래는 맞지 않고, 그 거리가 클수록 생각과 다가오는 실제가 다른 정도도 큽니다. 특히 데이터 과학 관련 분야는 아직 정착된 지 얼마 안 된 분야다 보니 부족한 것도 많지만 그만큼 빠르게 변하기도 쉽습니다. 이런 특징은 사람들을 더 불안하게 하기도 하지만, 본인이 주도적으로 무언가를 진행하기에 좋다는 뜻이기도 합니다. 그러다 보니 데이터 과학 분야에서는 기존의 자원이 적을수록 본인이 무언가를 해서 본인이 원하는 대로 만들어나가는 방향이, 오히려 위험부담을 줄이고 보람을 느끼기에 더 나을 수도 있습니다.

무엇을 할지조차 몰라서 헤매는 것에서 조금이나마 나아가서 '뭐라도 한다면', 한동안은 '내가 여기서 무슨 부귀영화를 누리겠다고 기대하던 것과 한참 떨어진 이런 것을 하고 있나' 싶은 자괴감이 크게 올 수도 있지만 그래도 지나고 나면 무언가가 해결되고 있다는 것을 알 수 있게 될 수 있습니다. 그리고 데이터 과학자가 얻는 큰 성취는 이런 '해결'에서 옵니다. 데이터 과학자의 역할, 즉 '업(業)'이란 궁극적으로는 '문제를 해결하는 것'이기 때문입니다.

데이터라는 과거의 정직한 기록에 숨어 있는 도래할 문제를 해결할 단서를 찾거나, 이를 활용해서 답을 찾는 사람이 데이터 과학자입니다. 그래서 앞에 놓인 큰 난관을 헤쳐나가고자 '뭐라도 하는 것'이야말로 데이터 과학자 본연의 역할을 다 하는 겁니다. 본인이 그간 갈고 닦은 기술을 충실히 사용해서 데이터를 직접 활용해가며 '데이터 과학스러운' 문제를 해결하는 것도 좋겠지만, 밑바닥에서부터 뭐라도 하면서 조금씩 나아가서 넓은 범위의 문제를 해결하는 것도, 그에 못지 않은 훌륭한 데이터 과학자의 면모라고 생각합니다. 그리고 이런 면모를 가진 사람들이라면, 앞서서 소개한 세 데이터 과학자처럼, 어떤 환경에서도 꿋꿋이 버텨낼 수 있을 겁니다. 이 우화의 주인공들이 엄청난 능력을 처음부터 지니고 등장한 것은 아니지만, 마치 영웅처럼 어려운 일을 이겨내고 데이터 과학의 능력자로 우뚝 서게 됩니다. 여러분도 이 글이 주는 교훈을 생각하고, 이야기에 숨어 있던 많은 시간과 상황의 힘을 받는다면 우화같은 영웅 서사의 주인공이 될 수 있을지도 모르겠습니다.

저는 종종 영화 《인터스텔라》의 홍보문구였던 '우리는 답을 찾을 것이다. 늘 그랬듯이'라는 문장을 중얼거리곤 합니다. 데이터를 보려다 데이터는 커녕 예상하지 못한 상황들만 산적해 있을 때 이 문장을 중얼거리고 나면 조금 기운이 나는 것도 같습니다. 그리고 한숨을 쉬면서 또 생각합니다. '뭐라도 해야지. 내가 있는 이 곳이, 데이터가 어떤 상태든 우주보다는 낫겠지, 내가 당면한 문제가 영화처럼 극단적이지는 않겠지'라고 생각합니다.

그리고 '뭐라도 해야지'라고 생각합니다. 모든 당면한 상황은 하나의 커다란 문제라고 생각합니다. 문제 해결의 시작은 문제를 명확하게 정의하는 것이고, 이를 위해서 문제 범위와 개념을 정의하는 겁니다. 그렇다면 우리의 직업인 '데이터 과학자'부터 정의하면 어떨까요? 저는 데이터 과학자란 앞서 언급했던 것처럼 '데이터를 사용해서 문제를 해결하는 사람'이라고 생각합니다. 이것은 저의 '최우선 원칙'이기도 합니다. 이때 '데이터를 사용한다'는 것은 하나의 수단입니다. 우리가 알고 있는 '데이터 과학'처럼 '주어진 데이터'로 '주어진 문제'에서 잘 정제된 답을 찾는 문제라면 더할 나위 없이 좋겠지만, 현실에서는 문제와 수단이 예쁘게 주어지지는 않습니다. 하지만 여기가 우주보다는 나으니까 우선 어떤 상황에서든 답을 찾기 위해 노력하는 것이 우선이라고 생각해봐도 좋지 않을까요? 쉽지는 않지만 환경이 달라진다고 크게 달라질 것은 없습니다. 그저 다양한 연유로 '데이터를 사용하기가 쉽지 않을 뿐'입니다.

어떻게든 주어진, 혹은 다른 사람들보다 먼저 발견한 문제를 잘 정의하고 답을 찾고, 답을 발판 삼아 나아가는 과정만으로도 '데이터 과학자'의 타이틀은 충분하다고 생각합니다. 그리고 그 과정이 더 나은 데이터 분석과 활용을 위한 것이라면 더욱 '데이터 과학자'의 일에 포함이 되고, 데이터 과학자가 잘 풀 수 있는 그리고 잘 풀면 본인과 회사에 모두 좋을 일일 겁니다. 그렇게 되어 결과가 잘 진행되고 있다면 더욱 좋을 겁니다. 그 데이터가 내가 생각하던 데이터와 형태가 달랐을 수도 있고, '문제 해결' 방안이 생각하던 문제의 범위를 벗어날 수도 있습니다.

하지만 회사에서 디지털적으로 잘 관리된 반짝이는 빅데이터만이 데이터 과학자가 사용할 수 있는 데이터라는 생각에서 조금만 유연해진다면, 데이터 사용 기반을 다지는 것 역시도 데이터 과학자의 역할이라고 조금만 넓게 본다면, 우리는 데이터를 충분히 활용하기 쉽지 않은 환경에서도 '문제 해결사'로서 회사에서 제 역할을 충실히 할 수 있습니다. 그것이 비록 본인이 기존에 꿈꿔오던 '데이터 과학자로서의 기술적인 성장'과는 다소 괴리감이 있을 수는 있겠지만, 좀 더 유연하고 큰 그림에서 본다면 '데이터를 사용해서 문제를 해결하는 사람'에 분명 한 발짝 더 가까워진 자신을 발견할 수 있을 것이라고 생각합니다. 비록 폼나고 근사하며 기술적인 해결책은 아니지만 문제 해결에 논리와 근거가 잘 짜여져 있다면, 이는 회사의 성장에도 어느 정도 기여했을 것이고, 향후에는 분명 본인이 생각하는 데이터를 활용하는 업무에도 가까워질 수 있을 겁니다.

모두가 우화의 주인공처럼 훌륭한 데이터 과학 분야의 영웅이 될 수 없을 것이고 그럴 필요까지 있는지도 모르겠습니다. 이 근사한 세 데이터 과학자의 이야기는 그저 수많은 데이터 분야의 거품 가득한 이야기들마냥, 이룰 수 없는 우화로 남아도 괜찮을 것이고, 이렇게 되기를 누군가 요구한다면 매우 곤란할 겁니다. 하지만 어디서든 '데이터 과학자'라는 직업을 가지고 싶은데, 현재 위치에서 무엇을 할지 몰라서 헤매는 많은 사람에게 이 우화가 완전히 따라 할 수는 없어도 일부 방향성이라도 참고할 수 있는 청사진이 되었으면 하는 바람입니다. 또한 충분한 시간과, 그 시간을 지탱해줄 수 있는 인내심을 이해하고, 거기에서 데이터 과학자의 마음으로 현재 할 수 있는 일을 생각하고, '뭐라도 해야지'라는 마음가짐을 갖는다면 청사진과 완전히 동일하지는 않더라도 어떻게든 좀 더 자신이 꿈꾸던 방향, 어디서든 '데이터 과학자'라는 직업을 말할 수 있는 방향으로 나아가게 하는 원동력이 될 겁니다.

《데이터 분석가의 숫자유감》

어떤 상황에서 어떻게 숫자와 논리를 활용할 수 있는지, 간단한 데이터 사용이더라도 어떻게 활용하는 것이 옳은지를 만화로 에피소드와 함께 재미있게 전달합니다.

《데이터를 엮는 사람들, 데이터 과학자》

데이터 과학자로 일하며 실제로 경험했던 다양한 경험에 대한 생각과 자세를 책 전반에 걸쳐서 솔직하고 자세하게 설명합니다.

《이야기 수학퍼즐 아하!》

아무리 어려워 보이는 문제에도 뜻밖의 간단한 해결 방법이 있을 수 있습니다. 심리학자들은 갑자기 떠오르는 영감, 곧 문제를 짧고도 명쾌하게 해결해주는 영감을 '아하!(Aha!) 반응'이라 부릅니다. 이 책은 논리, 조합, 기하학, 수, 절차 단원으로 나뉘어 있어, 기본적인 수학 및 논리도 익히면서 획일화된 문제 해결 방식이 아닌 유연한 문제 해결에 대한 영감을 기르는 연습을 할 수 있습니다.

시작하는 데이터 과학자를
위한 개발과 운영 지침서

김영민 aldente0630@gmail.com
현) 아마존 웹 서비스 데이터 과학자
전) 현대카드 ML 엔지니어
전) 넷마블 게임즈 데이터 과학자
전) 신영증권 리스크 퀀트, CFA

금융공학으로 파생상품 가치를 평가하는 증권사 퀀트로 일했습니다. 2015년 커리어를 바꾸어 IT와 금융 업계에서 데이터 과학자 및 ML 엔지니어로 일하면서 다양한 ML 서비스 론칭에 기여했습니다. 현재 AWS에서 엔터프라이즈의 비즈니스 문제를 머신러닝으로 해결하면서 고객 성공을 지원합니다.

《머신러닝 시스템 설계》 공역

❶ fb.com/aldente0630

2012년 하버드 비즈니스 리뷰는 '데이터 과학자: 21세기 가장 섹시한 직업'이라는 글을 발표하면서 데이터 과학자는 인기 직업으로 자리 잡았습니다. 그러나 최근에는 많은 데이터 과학자가 번아웃을 겪으면서 커리어 전환을 모색하고 있다고 합니다. 한 데이터 사이언스 커리어 플랫폼이 실시한 설문 조사에 따르면 데이터 과학자의 평균 재직 기간은 1.7년으로 소프트웨어 개발자의 4.2년보다 훨씬 짧습니다. 이러한 짧은 재직 기간의 이유로는 데이터 파이프라인의 결함, 데이터 문제를 지속적으로 찾아내고 수정하는 작업, 회사의 비현실적인 기대치, 그리고 수치와 비난의 문화 등이 지목되고 있습니다.

많은 회사는 데이터 사이언스와 머신러닝이 비즈니스를 마술처럼 변화시킬 기술이라고 생각합니다. 미디어와 비즈니스 포럼에서는 이러한 기술의 중요성과 선진 기업의 성공 사례에 대해 끊임없이 이야기합니다. 이에 따라 많은 회사가 결단을 내리고 데이터 사이언스와 ML 관련 팀을 구성하며, 대규모 투자를 하고 외부에서 인재를 끌어들입니다. 그리고 이러한 투자로 인해 1~2년 안에 성과가 나올 것을 기대합니다.

그러나 많은 회사는 데이터 정합성이 엉망이고 내재된 정보의 양 자체도 많지 않은 상황에서 이러한 기술을 도입합니다. ML 실험을 통해 성공 가능성이 있는 영역을 파악하거나 미비한 점을 보완할 시간을 충분히 주지 않으며, 데이터 엔지니어링과 ML 시스템에 제대로 된 투자를 하지 않아 작업을 하는 데 많은 시간과 노력이 필요합니다. 이러한 상황에서 데이터 과학자는 번아웃에 빠지기 쉽습니다. 특히 분석 결과나 모델 예측 성능이 만족스럽지 않을 때 데이터 과학자는 자신의 역량이나 노력의 부족에서 원인을 찾아 자책하기도 합니다. 회사 상부에서는 데이터나 인프라 시스템, 그리고 개발 문화 안에 존재하는 문제점보다는 개개인의 능력에 집중해 상황을 판단하기도 합니다.

이 책의 원고를 청탁받았을 때, 제가 아직 원칙을 쓸 만한 능력이 되지 못함에도 제안을 받아들인 이유는 다음과 같습니다. '주니어 때 ML 작업을 하면서 흔히 하는 실수와 함정, 그리고 모범사례에 대해 미리 조언을 받았다면 불필요한 실수와 그로 인한 자책감을 덜 수 있었을 것이다. 만약 그랬다면 심리적인 함정에서 벗어나 데이터 확보와 품질 향상, ML 시스템과 조직 문화 개선에 더 큰 목소리를 낼 수 있었을 것이다.' 이런 생각으로 제 경험담과 다양한 책, 논문, 블로그에 적힌 유용한 팁을 모아서 한 편의 글로 엮어보았습니다. 이 글이 독자분들이 마주한 어려움을 이겨내고 더 높은 단계로 도약하는 데 조금이나마 도움이 되기를 바랍니다. 특히, 주니어 데이터 과학자들이 번아웃에 빠지지 않고 성공적인 커리어를 이어나갈 수 있기를 기원합니다.

문제 정의 단계

ML에서 문제 정의는 중요성이 과소평가되어 적은 작업 시간이 투입되는 단계입니다. 그러나 첫 단추를 잘못 꿰면 이후 단계는 모조리 잘못될 수 있습니다. 따라서 도메인을 이해하고 해결하려는 문제를 정의하는 데 많은 시간을 투자해야 합니다.

때로는 ML로 해결할 필요가 없다는 결론이 나올 수도 있습니다. 사용자 유입이 목표라면 추천 알고리즘보다는 훌륭한 사용자 경험을 제공해 이를 달성할 수도 있습니다. 또한 때에 따라서는 문제를 변형해 ML이 풀 수 있는 문제를 명확하게 만들기도 합니다. 예를 들어 민원을 사전 예측하는 모델을 만들 때 정확도가 좋지 않다면, 이미 발생한 민원의 영향을 최소화하는 ML 모델을 만들어 성과를 거두기도 합니다.

Don't ML을 사용할 수 없는 때에 ML을 사용하지 마세요

ML은 복잡한 학습 패턴이 존재하고 충분한 데이터를 사용 또는 수집이 가능하며, 대규모 예측이 필요하고 잘못된 예측으로 발생하는 비용이 낮을 때 사용하는 것이 좋습니다. 금융 기관에서 고객의 신용 점수를 예측하는 경우라면 많은 수의 데이터와 복잡한 패턴이 존재하므로 ML을 사용하는 것이 적합합니다. 또한 대규모 예측이 필요하고, 잘못된 예측으로 인한 손실은 리스크 한도 내에서 관리 가능하므로 ML이 적절합니다.

그러나 데이터베이스의 특정 컬럼을 정렬할 때는 ML이 비효율적입니다. 이러한 단순한 문제는 정렬 알고리즘으로 쉽게 해결할 수 있습니다. 또한 정부의 대규모 정책을 결정하는 데 ML을 사용하는 것은 부적절합니다. 이러한 문제는 다방면의 사례 분석과 전문가 위원회의 논의를 통해 결정하는 것이 더 나은 결과를 가져올 수 있습니다. 따라서 ML을 사용하기 전에 문제의 특성을 고려해 적합한지 여부를 결정해야 합니다.

Don't 사용하더라도 최초 단계부터 ML을 사용하지 마세요

데이터를 활용한 예측이 처음이라면 우선 휴리스틱으로 시작하는 것이 좋습니다. ML은 전문 인력과 시스템이 필요하고 잠재적인 오류를 발견하기도 어렵습니다. 앱에서 콘텐츠를 추천해줘야 한다면 우선 인기도 기반으로 제안하는 것이 좋습니다. 이렇게 하면 적은 노력으로도 준수한 베이스라인 성능을 얻을 수 있습니다. 그러나 휴리스틱이 복잡해지고 유지 관리하기가 어려워지면, 이제 ML 적용으로 넘어갈 시기입니다.

Do 도메인 전문가와 자주 상의하세요

ML 개발에는 도메인 전문가의 참여가 필수적입니다. 예를 들어 2018년 MIT가 공유한 딥러닝 코스에는 기흉의 위치를 예측한 엑스레이 사진이 포함되어 있습니다. 이를 통해 엑스레이 판독이 ML의 영역이 될 수 있을 것으로 보였으나, 현직 의사들은 해당 사진에서 ML이 찾은 위치가 의학 지식에 어긋난다는 점과 오버피팅 가능성이 있다는 점을 지적했습니다. 이처럼 도메인 전문가는 문제 정의, 피처 엔지니어링, 모델 설계, 성능 평가와 디버깅 등에서 주요한 역할을 합니다.

또한 ML 모델 개발 이전에는 연관 자료, 즉 논문, 서적, 비즈니스 사례 등을 조사하는 사전 단계가 필요합니다. 아마존의 응용과학자인 유진 양Eugene Yan은 ML 프로젝트의 기준으로 자료 검토에는 2주, 프로토타이핑 개발에는 48주, 제품화에는 36개월이 소요된다고 제안합니다.

Do 비즈니스 문제에 맞게 ML 문제를 구조화하고 전반적인 프로세스를 구상하세요

비즈니스 문제는 여러 세부 과제와 단계가 복잡하게 엉켜 있는 경우가 많습니다. 이를 적절하게 구분하고 ML로 해결할 수 있는 것을 선별해야 합니다. 예를 들어 공급망 관리는 수주, 조달, 생산, 유통 단계로 이뤄지며 이 중 수주 단계에 ML 수요 예측을 적용해 공급망 최적화를 꾀할 수 있습니다.

애플리케이션의 경우 ML과 연계되는 정책 계층이 필요할 수 있습니다. ML 작업 앞뒤로 필터링, 사전 및 사후 처리 단계가 종종 들어갑니다. 뉴스 피드 랭킹 모델을 만든다면 모델 성능을 높이더라도 선정적인 콘텐츠는 후보에서 미리 제외해야 합니다. 그 이유는 사용자 경험의 질적 하락과 평판 위험의 증가를 가져오기 때문입니다.

Don't ML로 비즈니스 목표를 어떻게 최적화할지 지나치게 고민하지 마세요

ML은 다양한 비즈니스 목표를 충족시켜야 하는 경우가 많습니다. 이 목표들은 서로 충돌할 수 있고 추적하기도 어렵습니다. 추천 시스템에서는 정확도뿐 아니라 커버리지, 신뢰도, 참신성Novelty과 의외성Serendipity, 다양성, 안정성과 강건성이 필요합니다. 그러나 ML을 개발하는 초기 단계라면 단순하게 유지하고, 가장 중요한 하나의 목표에 집중하는 것이 좋습니다.

이 주제는 논란의 여지가 있으며, 조직 문화로 수용될 수 있어야 합니다. 컴퓨터 과학자 앤드류 응Andrew Ng은 스탠퍼드 대학 강의에서 ML을 만드는 두 가지 접근 방식, 즉 매우 신중하게 설계한 다음 구현하는 방식과 프로토타입을 빠르게 만들고 진단하며 수정해나가는 방식을 소개합니다.

그는 조기 최적화와 지나치게 이론화하는 위험성을 들어 전자보다는 후자를 권장합니다.

`Do` 성과 측정 지표를 단순하고 관찰 및 개선 가능한 것으로 정하세요. 또는 직접 설계하고 구현하세요

ML의 목표는 비즈니스 목표를 대변하며 측정이 쉬운 프록시여야 합니다. ML을 적용하기 전에는 ML의 성과 측정 지표와 비즈니스 목표가 서로 연결되어 있는지 확인해야 합니다. 예를 들어 이메일 타깃 마케팅에서는 사용자가 이메일을 열고 웹페이지 링크를 클릭하는 경우를 예측 정확도로 측정할 수 있습니다. 그러나 이것이 원하는 전환 행동으로 이어졌는지 간접적인 효과를 A/B 테스트 등을 통해 확인해야 합니다. 2016년 넷플릭스에서는 추천 썸네일을 본 후 선택한 비율인 채택률Take Rate이라는 지표를 만들었습니다. 채택률이 높아질수록 추천 시스템의 성능이 향상되어 전체 스트리밍 시간이 증가하고 구독 취소율이 감소함을 입증하였습니다.

`Do` 보유 데이터에 존재하는 선택 편향에 유의하세요

관측된 모든 데이터로 예측 모델을 만드는 것이 최선이라는 보장은 없습니다. 마케팅 응답 모델링이 대표적인 사례입니다. 프로모션과 상관없이 구매하거나 반대로 하지 않는 고객이 있고 프로모션을 하는 때에만 구매하는 고객이 있습니다. 반면 프로모션에 반발해 구매 의사를 철회하는 고객이 있을 수도 있습니다. 이 경우 접촉한 고객 데이터만으로 구매 예측 모델링을 하면 선택 편향이 발생해 왜곡된 결과가 나올 수 있습니다. 대신 A/B 테스트를 통해 수집한 데이터로 프로모션을 제안할 때 구매할 확률과 제안하지 않아도 구매할 확률을 각각 모델링한 다음, 확률 차이가 큰 고객에게 프로모션을 제안해야 합니다. 이를 업리프트 모델링*이라고 합니다.

Do ML 모델의 기술적인 제약사항, 법률과 회사 규정 준수 여부 등을 미리 점검하세요

ML 모델링을 시작하기 전에 기술적인 제약사항을 미리 파악해야 합니다. 리소스가 제한된 IoT 디바이스나 웹 애플리케이션에서 추론 결과를 몇 밀리초 안에 제공해야 하는 경우, 모델 개발 초기부터 이러한 요구사항을 고려해야 합니다.

또한 법적 규제와 회사 정책을 준수하는 것도 초기 계획 단계에서 고려해야 합니다. 민감 정보나 이종 산업 간의 데이터를 결합하는 등의 불법적인 데이터 처리를 하면 서비스를 제공할 수 없을 뿐 아니라, 법적 문제가 발생할 수 있습니다.

---

*   uplift modeling. 마케팅 캠페인과 같은 직접적인 접근이 사람의 행동에 미치는 점진적인 영향을 예측하는 예측 모델링 기법. 이는 마케팅 및 전자상거래에서 특정 마케팅 캠페인에 반응할 가능성이 높은 고객을 예측하는 데 사용됩니다. 그러나 업리프트 모델은 단순히 어떤 고객이 구매할 가능성이 높은지 예측하는 것이 아니라, 특정 마케팅이 주어지는 경우에 한하여 어떤 고객이 구매할지 예측합니다. 업리프트 모델링은 상향 판매, 교차 판매, 그리고 잔존 등 고객 관계 관리에서 활용됩니다.

데이터 준비와 피처 엔지니어링 단계

데이터 과학자의 일과 중 70%는 데이터를 가공하는 데 사용한다는 말을 들어본 적이 있을 겁니다. 이는 사실입니다. 모델 예측 성능의 90%는 데이터에 의해 좌우된다는 점을 고려하면, 시간을 많이 들이는 것이 아닐지도 모릅니다. "Garbage In, Garbage Out"이라는 오랜 격언이 말하는 대로, 최신 모델이라 할지라도 목표 변수에 대한 정보가 피처에 많지 않거나 잡음이 심한 경우 모델 성능이 형편없을 수 있습니다.

가끔 외부 데이터를 가져오거나 시간 간격을 변경하는 것만으로도 큰 효과를 볼 수 있습니다. 고객 획득을 위한 예측 모델을 만들 때였습니다. 검색 또는 구매에 대한 1일 단위의 피처는 큰 의미가 없었습니다. 그러나 이를 10분 단위로 세분화하자 즉각적인 변화가 반영되어 모델 성능이 극적으로 향상되었습니다. 최근에는 AI 성능이 크게 발전하면서, 자체적으로 피처를 생성하고 학습하는 경우도 많아졌습니다. 예를 들어 2023년 3월 Alpaca라는 언어 모델은 ChatGPT가 생성한 지시 텍스트를 다시 학습해 7B 매개변수 만으로도 높은 성능을 달성했습니다.

Do 시간을 내어 데이터를 이해하고 검증하세요

데이터와 알고리즘의 중요성에 대한 논쟁이 있지만, 누구도 데이터 자체의 중요성을 부인할 수 없습니다. 그러나 데이터양이 모델의 성능을 보장하지는 않습니다. 모델의 예측 대상과 관련이 있는 양질의 데이터가 충분히 많아야 합니다.

- 데이터의 신호 대 잡음 비율을 평가해보세요. 자연과학 및 공학 데이터는 일반적으로 이 비율이 높고, 인간을 대상으로 한 측정값은 낮은 경향이 있습니다. 이러한 비율에 따라 데이터의 충분성이 결정됩니다.
- 요약 통계량은 중요하지만, 데이터 분포를 시각적으로 확인해보세요. 또한 관측치를 개별적으로 검토하는 것, 특히 이상치를 직접 확인하는 것은 번거로워 보일 수 있지만 매우 중요합니다.
- 데이터 수집 설정을 검토해보세요. 상식 및 다양한 방법을 사용해 데이터를 검증하세요. 게임 사용자의 하루 접속 횟수가 수만 번이라면 이를 확인해야 합니다. 사용자 로그의 경우, 본인의 행동이 예상대로 로깅되는지 테스트해보세요.
- 검증을 위한 쉬운 비교 대상은 과거 측정값입니다. 시간이 지나면서 데이터의 일관성을 확인하세요. 서로 다른 두 가지 로직으로 데이터를 상호 검증하기도 합니다. 예를 들어 매일 신규 가입자를 더해 구한 누적 가입자 수는 고유한 사용자 ID 개수와 동일해야 합니다.

Do 레이블링 작업은 많은 노력을 들여 신중히 수행하세요

현재 ML 작업에서는 여전히 지도 학습이 주류를 이루고 있으며, 모델의 성능은 레이블의 양과 질에 크게 의존합니다. 그러나 수요 예측이나 추천 시스템과 같이 자연스러운 레이블이 이미 존재하는 경우도 있습니다. 추천 시스템의 경우, 예측 후 피드백을 수집하는 데 걸리는 시간인 피드백 루프 길이를 고려해 레이블링 속도와 정확도를 결정할 수 있습니다. 또한 구매와 같은 경우는 피드백의 부재가 사용자의 비선호를 대변하지 않는 암시적 레이블이므로 별도로 처리해야 합니다.

반면 수작업 레이블링에는 비용과 시간이 많이 소요됩니다. 또한 어노테이터*가 동일한 샘플에 대해 서로 다른 레이블을 부여하는 레이블 다중성 문제가 발생할 수 있습니다. 이를 방지하려면 문제를 명확히 정의하고 충분한 시간을 투자해 어노테이터 사전 교육을 수행해야 합니다.

또한 학습할 레이블이 부족하거나 레이블에 잡음이 많이 있는 경우가 종종 있습니다. 이럴 때는 약한 지도 학습, 준지도 학습, 전이 학습, 능동적 학습 기법 등을 활용해 문제를 해결할 수 있습니다. 예를 들어 게임 사기 탐지와 같은 경우, 다양한 휴리스틱 규칙을 통해 사기 행위 레이블을 지정할 때 약한 지도 학습 기법을 사용해 휴리스틱을 통일성 있게 단일 레이블로 만들 수 있습니다.

Don't 가짜 상관관계가 있는 피처를 사용하지 마세요

가짜 상관관계란, 데이터 상에서는 피처와 목표 변수가 상관관계가 있어 보이지만, 실제로는 본질적으로 연관성이 없는 경우를 말합니다. 대표적인 예가 탱크 인식 문제입니다. 미군은 탱크를 인식할 수 있는 머신 러닝 모델을 학습하려고 했으나, 탱크가 있는 이미지와 그렇지 않은 배경 이미지는 서로 다른 기상 조건에서 촬영되었기 때문에 모델은 탱크의 존재 여부가 아닌 하늘의 시각적 특성에 초점을 두어 예측을 수행했습니다.** 이러한 문제를 완화하는 데 정교한 데이터셋 설계와 충분한 데이터

---

* 어노테이터는 머신러닝에서 사용되는 데이터에 대한 주석을 달아주는 사람을 말합니다. 이 주석은 모델이 데이터를 이해하고 분석할 수 있도록 도와줍니다.

** 실제로 이런 일이 발생했는지에 대한 논란이 있습니다(https://www.gwern.net/Tanks 참조).

확보와 증강 기법이 필요합니다. 모델의 높은 설명성과 해석 가능성 또한 문제 해결에 큰 도움이 됩니다.

Do 피처 엔지니어링은 반복 작업을 통해 점진적으로 완성해나가세요

피처 엔지니어링은 ML 모델링에서 매우 중요합니다. 그러나 완벽한 피처 집합을 한 번에 만들어내는 것은 어렵습니다. 다음은 이 작업을 수행할 때 유용한 조언입니다.

- 작업자의 판단 근거를 이해하고, 그것을 데이터로 정량화하는 방법을 고민해보세요. 이는 사람의 수작업을 ML로 자동화할 때 필수적입니다. 또한 기존의 휴리스틱이 있다면 이를 우선 고려해보세요.
- 모델링 최초 시도 이후에는 오류 분석을 통해 위양성 및 위음성 사례를 파악하고, 해당 오류를 해결할 수 있는 정보나 피처를 찾아보세요.
- 모델을 처음 만들 때는 다른 ML 학습에서 생성한 피처가 아닌 직접 관측된 피처부터 고려해보세요. 이는 모델 디버깅에 용이하며 운영에서도 부담이 적습니다.
- 모델 정확도와 강건성 사이에 트레이드오프 관계가 있을 수 있습니다. 이를 고려해 적절한 피처를 선택하세요. 예를 들어 앱 스토어에서 앱 다운로드 예측 모델을 만들 때 현재 앱 순위를 피처로 사용할 수 있습니다. 그러나 각 순위의 영향력은 시시각각 변하기 때문에 모델이 순식간에 쓸모없는 것이 되어버릴 수 있습니다. 이 경우, 순위를 1~10위, 11 ~ 100위, 101 ~ 1000위 등의 범주로 묶어서 피처를 만들면 정확도는 다소 떨어지지만 모델의 강건성은 올라갑니다.

- 피처 형태를 변형하거나 다른 것과 결합하는 것은 데이터 과학자 개인의 노하우이며, 때로는 효과 없는 미신일 수도 있습니다. 이러한 트릭의 예로는 텍스트 처리 기술인 TF-IDF나 n-그램, 날짜나 위경도 값의 안정적인 범위 변환 등이 있습니다.
- 구체적인 고객 주소나 개별 날짜와 같이 추상화가 불가능한 특성은 피처로 직접 사용할 수 없습니다. 다만 사용자나 아이템 ID는 추천 시스템과 CTR 예측 문제에서 직접 사용할 수 있습니다.

`Don't` 중요하지 않거나 사용하지 않는 피처를 계속 남겨두지 마세요

피처 중요도 기법을 사용할 때, 성능에 영향을 주지 않는 피처나 중복되는 피처를 주기적으로 제거해야 합니다. 피처가 많을수록 데이터 누수 가능성이 높아지고 연산 비용이 증가합니다. 또한 불필요한 피처는 환경 변화에 따라 업데이트를 해야 하므로 기술적 부채가 될 수 있습니다.

제거 기준으로 피처의 커버리지를 단독으로 사용하지 않는 것이 좋습니다. 어떤 이진값의 피처가 전체 데이터셋의 1%만 커버하더라도 해당 집단의 99%가 이 피처로 목푯값 판별이 가능하다면 이는 유의미한 피처일 수 있습니다. 따라서 피처의 유의미성을 단지 커버리지만으로 판단해서는 안 됩니다.

`Do` 데이터 전처리는 사용하려는 모델 특징에 맞게 적용하세요

데이터 전처리에는 결측값 처리, 정규화, 수치형 피처 이산화, 범주형 피처 인코딩 등이 있으며, 사용하려는 모델에 따라 반드시 처리할 필요가 있거나 따로 처리하지 않아도 되는 경우도 있습니다. 따라서 모델과 구현된 패키지의 특징을 잘 파악하는 것이 중요합니다. 예를 들어 XGBoost 1.5 이하 버전에서는 범주형 피처를 지원하지 않았습니다. 그래서 해당 모델에 범주형 피처를 사용하려면, 해싱 트릭 등을 이용해 미리 수치형 피처로 변환해야 했습니다. 이와 같이 모델에 따라 전처리 방법이 다를 수 있으므로, 모델과 패키지의 특징을 잘 파악해 데이터 전처리를 수행해야 합니다.

Do 예측 성능이 높다면 데이터 누수를 항상 의심하세요

데이터 누수는 훈련 데이터셋에서 레이블 정보가 새어나간 상황이며, 추론 시에는 해당 정보가 입력에 존재하지 않는 경우입니다. 특정 피처 또는 피처 조합의 예측력이 유난히 높다면 이러한 현상을 의심해봐야 합니다. 데이터 누수는 잘못된 방식으로 데이터셋을 분할하거나 전처리하는 때에 발생할 수 있습니다. 다음은 데이터 누수의 일반적인 원인으로 피할 사항들입니다.

- 시간적인 순서가 있는 데이터를 무작위로 데이터셋으로 분할한 경우 : 시간축에 따라 분할해야 합니다. 시간이 지나서 피처가 업데이트되었지만 이를 인지하지 못한 경우도 문제가 됩니다. 대표적인 예시는 재무제표 발표 후 나중에 정정하는 경우입니다.
- 데이터셋 분할 이전에 정규화, 피처 선택, 또는 결측값 대체 작업을 한 경우 : 데이터셋을 분할한 후, 훈련 데이터셋만을 사용해 통계치를 구한 다음, 이를 통해 테스트

데이터셋을 정규화하거나 결측값을 대체해야 합니다. 피처 선택도 마찬가지로, 훈련 데이터셋만을 사용해 피처를 선택한 다음, 테스트 데이터셋에 적용해야 합니다.

- 분할 전 중복된 데이터를 제대로 처리하지 않은 경우 : 훈련과 테스트 데이터셋에 동일한 샘플이 존재하면 데이터 누수가 발생할 수 있으니 주의하세요.

- 그룹 누수, 즉 강한 레이블 상관관계를 갖는 샘플들이 각기 다른 분할로 나누어 들어간 경우 : 예를 들어 동일한 환자에 대해 여러 차례 촬영한 폐 CT가 훈련 데이터셋과 테스트 데이터셋에 각각 존재하는 경우입니다.

- 테스트 데이터셋을 자주 참조해 최적 모델을 결정하는 행위도 데이터 누수의 원인이 될 수 있습니다.

Don't 데이터 증강 기법과 클래스 불균형 문제에 대한 리샘플링 기법은 검증 데이터셋과 테스트 데이터셋에 적용하지 마세요

ML에서는 부족한 레이블을 늘리고 일반화 성능을 향상시키기 위해 데이터 증강 기법을 많이 사용합니다. 특히 컴퓨터 비전 분야에서는 이를 더욱 많이 활용합니다. 그러나 검증 데이터셋은 모델과 하이퍼파라미터 선택을 위해, 테스트 데이터셋은 최적 모델의 예측 성능을 판단하는 데 사용됩니다. 따라서 데이터 증강 기법은 검증 데이터셋과 테스트 데이터셋에 적용해서는 안 됩니다. 그렇지 않으면 모델 성능에 왜곡이 발생할 수 있습니다.

또한 클래스 불균형 문제는 각 클래스에 속하는 샘플 개수가 상이한 경우를 의미합니다. 이 문제는 손실 함수 변경을 통해 완화할 수 있지만, 토멕 링크나 SMOTE*와 같은 리샘플링resampling 기법을 사용해 해결하기도 합니다. 그러나 리샘플링 기법도 검증 데이터셋과 테스트 데이터셋에 사용해서는 안 됩니다.

모델 개발과 평가 단계

데이터 과학자라면 피처 엔지니어링을 수행하며 모델을 개발하는 작업을 가장 즐거워할 겁니다. 그러나 이 작업에서 가장 흔한 함정은 첫 번째 시도부터 완벽한 모델을 만들고자 하는 욕구입니다. ML은 본질적으로 반복적인 개선 프로세스이기 때문에 더 단순한 모델부터 시작해 결과를 분석하고 점차 개선해나가는 것이 좋습니다. 또한 모델의 성능을 평가할 때는 성과 지표뿐만 아니라 개별 예측값도 주목해야 합니다.

예를 들어 과거에 OTT 콘텐츠 개인화 추천 모델을 만들었을 때, 최신 모델을 가져와 튜닝해도 인기도 추천을 이기기 어려웠습니다. 개별 추천건을 살펴보니 TV라는 가전 기기의 특성상, 어린이 채널부터 성인 콘텐츠까지 온 가족의 취향이 다 섞여 있어서 추천 결과는 잡음에 가까웠습니다. 이에 시청하는 시간대, 장소, 디바이스와 같은 맥락을 고려해 동일한 ID로 접속한 사용자를 구별하는 방식을 적용해 학습했더니 모델의 성능이 비약적으로 향상되었습니다.

---

*   토멕 링크(tomek link)는 매우 가깝지만 클래스가 반대인 인스턴스 쌍을 제거하는 언더샘플링 기법입니다. 각 쌍에 대해 다수 클래스의 인스턴스를 제거하면 두 클래스 사이의 공간이 늘어나 분류 프로세스가 용이해집니다. 반면에 SMOTE는 새로운 소수 클래스 합성 샘플을 생성하는 오버샘플링 기법입니다. 두 기법을 함께 사용할 수도 있습니다. 먼저 SMOTE를 적용하여 새로운 소수 클래스 합성 샘플을 생성하여 균형 잡힌 분포를 얻습니다. 그런 다음 토멕 링크를 적용하여 노이즈 샘플을 제거하는 식입니다.

Do 모델의 특성과 제약 조건을 정확히 파악하고 개발 후보로 선택하세요

모델의 고유한 특성은 어떤 형태의 피처와 레이블을 입력받는지, 모델 설명과 해석이 가능한지, 콜드 스타트* 예측 또는 퓨 샷이나 제로 샷** 예측이 가능한지 등에 따라 결정됩니다. 예를 들어 이피션트넷Efficient Net 같은 일반적인 이미지 분류 모델은 제로 샷 예측에 취약하며 분포 외 것을 추론할 때에도 높은 확률을 출력하는 과잉 확신 문제가 있습니다. 반면에 CLIP 같은 이미지-텍스트 대조 학습 모델은 자연어 기반이기 때문에 이런 문제에 좀 더 유연합니다.

모델을 훈련하거나 추론할 때 소비하는 CPU/GPU 연산량과 메모리 크기는 기술적인 제약 조건입니다. 대형 모델을 훈련하거나 웹 앱 애플리케이션 및 온디바이스 추론을 고려한다면, 처음부터 신경 써야 할 대상입니다.

손실 함수는 모델과 별개로 문제에 맞게 선택하거나 자체 개발해야 합니다. MSE나 교차 엔트로피 등이 널리 쓰이지만, 때에 따라서는 초점 손실*** 같이 특수한 함수 또는 다양한 손실 함수의 가중 합이 더 적합할 수 있습니다.

---

*   cold start. ML 알고리즘을 이전에 접하지 못한 데이터셋에 적용할 때 발생하는 문제입니다. 이는 새로운 데이터셋인 경우도 있지만, 데이터가 알고리즘에 맞지 않는 형식으로 제공되는 경우에도 발생할 수 있습니다. 이러한 문제는 추천 시스템에서 특히 중요한데, 이는 아직 충분한 정보를 수집하지 못한 사용자나 아이템에 대해 ML 시스템이 추론을 도출할 수 없기 때문입니다.

**   퓨 샷(few shot) 학습은 적은 양의 데이터로도 학습이 가능한 기술입니다. 제로 샷(zero shot) 학습은 훈련 데이터가 거의 또는 전혀 없어도 학습을 가능하게 하는 기술입니다.

*** focal loss. 객체 탐지(object detection)에서 클래스 불균형 문제를 해결하기 위한 손실 함수입니다. 교차 엔트로피의 클래스 불균형 문제를 개선한 개념으로, 어렵거나 쉽게 오분류되는 케이스에 대하여 더 큰 가중치를 주는 방법을 사용합니다.

                데이터 과학자 원칙

`Do` SOTA 대신에 단순한 모델로 시작하세요

최첨단 모델은 논문 속 연구 환경에서는 최고 성능을 발휘하지만, 다양한 프로덕션 환경에서 입증된 것이 아닙니다. 코드 품질이 낮거나 사용하기 불편한 형태일 수도 있습니다. 또한 오류가 발생해 디버깅할 때 ML 커뮤니티에 경험자가 적어 충분한 지원을 보장받기 어렵습니다.

GAN, GNN, 강화 학습과 같이 안정적인 수렴을 달성하기 어렵거나 작은 변화에도 결과가 크게 바뀌는 즉, 강건성이 낮은 모델은 최초 개발 후보로 고려할 때 주의가 필요합니다. 이종 모델을 혼합하는 모델 스태킹stacking은 운영 비용을 지수적으로 증가시키므로 사용하기 전에 신중히 고려해야 합니다.

반면에 단순한 모델은 배포하기 쉬워 빠르게 파이프라인을 테스트할 수 있습니다. 또한 설명성과 해석 가능성이 높은 경우가 많아 디버깅하기에 용이합니다. 더 나아가, 이러한 모델은 반복 개선의 베이스라인 지표로 활용할 수 있습니다.

`Do` 모델 오프라인 평가를 엄밀하되, 비즈니스 목적에 적합하게 수행하세요

데이터 과학자는 다양한 모델 성능 평가 지표를 알아야 하며, 상황과 문제에 따라 적절한 지표를 사용할 줄 알아야 합니다. 또한 예측 성능 향상이 반드시 비즈니스 성과 증대를 의미하지 않는다는 사실을 유념해야 합니다. 이를 위해 다각도로 분석을 해보는 것이 중요합니다.

- 모델을 평가할 때는 오류 간의 트레이드오프 관계를 고려해야 합니다. 판단 기준은 비즈니스 문제에 따라 다르며, 예를 들어 이진분류에서는 위양성과 위음성을 고려해야 합니다. 만약 주어진 문제에서 위양성보다 위음성의 비용이 훨씬 크다면, 위양성이 적은 모델을 선택할 수도 있고(예 : 지문 잠금 해제), 그 반대일 수도 있습니다(예 : 코로나19 선별 검사).

- 클래스 불균형 상황에서는 이에 맞는 평가 지표를 사용해야 합니다. 이진분류에서 특정 클래스 비중이 90%라면 단순히 해당 클래스로 예측해도 정확도는 90%가 됩니다. 따라서 정확도나 AUROC(Area Under ROC)와 같은 지표는 클래스 불균형 정도에 민감하며, 성능 판단에 오해를 불러일으킬 수 있습니다. 이를 방지하기 위해서는 클래스 불균형에 민감하지 않은 지표(예 : F1 점수, 코헨의 카파Cohen's Kappa, MCC 등)를 고려해야 합니다.

- 때로는 데이터의 하위 집합별로 성능을 평가해볼 필요가 있습니다. 암 검출 신규 모델이 전반적으로 정확도가 더 높지만 희귀 암에 대해서는 과거 모델 예측보다 형편없을 수 있습니다.

- 또한 모델이 내재적으로 확률적 변동성을 갖고 있는 경우가 있습니다. 즉, 모델을 훈련할 때마다 예측 결과가 조금씩 달라집니다. 이 경우 예측 성능을 여러 번 평가해 평균과 표준편차를 함께 기록하는 것이 좋습니다. 그러나 실행 시마다 결과가 크게 달라진다면 모델 구현을 검토해야 합니다.

Don't   비교 대상 없이 모델 예측 성능의 좋고 나쁨을 이야기하지 마세요

모델 성능을 평가할 때는 상대적인 비교 대상이 필요합니다. 서로 다른 맥락에서 평가한 모델을 절대적인 수치로 비교하는 것은 올바르지 않습

데이터 과학자 원칙

니다. 과거 모델의 정확도가 80%이고 새로 개발한 모델의 정확도가 90%라고 한다면, 이는 엄밀히 검증되어야 합니다. 이를 위해서는 동일한 데이터셋으로 모델을 훈련하고 오프라인 평가를 수행한 후, A/B 테스트를 통해 최종 결정을 내리는 과정이 필요합니다.

하지만 모델을 처음 개발하는 때에는 비교 대상이 모호할 수 있습니다. 이러한 때에는 무작위로 예측한 것을, 특히 분류 문제의 경우 샘플 비중이 가장 큰 클래스로 예측한 것을, 회귀 문제의 경우 평균값을, 시계열 예측의 경우 최신값을, 추천 시스템의 경우 인기도 추천을, 랭킹 모델의 경우 최신순 배열을 베이스라인으로 삼아볼 수 있습니다. 이러한 방법을 통해 초기 모델 개발 단계에서 성능을 평가하고 개선할 수 있습니다.

Do 배포 예정의 모델이라면 더 다양한 기준으로 모델을 검증하세요

대표성 있는 테스트셋을 통해 모델의 일반화 성능을 측정해 최적 모델을 결정한 이후에도, 해당 모델을 프로덕션 환경에 배포하기 전에 다양한 검증 단계를 거쳐야 합니다.

- 예측 값의 분포를 확인하며, 오류 분석을 통해 잘못 예측한 샘플에 일관된 패턴이 없는지 살펴보아야 합니다. 예측 사례를 눈으로 보면서 정성적 평가를 해보는 것도 좋습니다. 이 과정은 모델 개선 작업에도 매우 유용합니다.
- 또한 테스트셋에 임의의 잡음이나 변화분을 주입해 모델이 얼마나 강건한지 확인할 수 있습니다. 예를 들어 자동 음성 인식 모델을 위해 목소리 녹음에 다양한 소음을 넣어보는 식입니다. 또한 다양한 기간으로 생성한 테스트셋을 평가하면서 데이터

분포 이동에 따른 모델의 강건성 정도를 살펴볼 필요가 있습니다.

- 모델에 인구통계학적인 편향이 존재하지 않는지 검증해야 합니다. 예를 들어 대출 심사 모델에서는 단순히 성별을 이유로, 학력이 고졸이라는 이유로 대출을 거부해서는 안 됩니다. 관측 데이터에, 학습한 모델에 편향이 존재하는지 측정하는 방법론과 구현 라이브러리를 찾아보고, 민감 정보 값을 직접 바꿔가며 출력값이 변경되는지 확인해보는 것도 한 방법입니다.

- 마지막으로 모델의 설명과 해석 가능성이 높은 경우, 예측 결과가 우리의 직관 또는 원하는 방향과 일치하는지 살펴볼 필요가 있습니다. 이것이 어렵다면 입력을 특정 방향으로 변경했을 때 출력값이 예상하는 쪽으로 움직이는지 확인해야 합니다. 부동산 가격 예측 모델이라면 특정 주택과 초등학교와의 거리를 좁힐 경우 부동산 가격은 대체로 상승해야 합니다.

Do 딥러닝 모델을 튜닝하거나 디버깅하는 경우 최신 논문과 커뮤니티를 탐색하며 자신만의 노하우를 찾아나가세요

딥러닝 모델은 여전히 연구가 활발하게 이뤄지고 있으며, 발전 속도가 무척 빠릅니다. 그러므로 모델 튜닝 및 디버깅과 같은 어려운 작업을 효과적으로 수행하려면 최신 논문, 연구 또는 개발자 커뮤니티를 주로 참고하는 편이 좋습니다.

- 딥러닝 모델을 사용할 때, 최적 성능을 위해 사용 가능한 연산 자원을 최대한 활용하도록 모델 아키텍처 및 배치 크기 등 하이퍼파라미터를 선택하고 조정하는 과정은 어려우며 많은 시간과 노력이 듭니다. 잘 알려진 모델 아키텍처를 시작으로, 하이

퍼파라미터를 점진적으로 변경하면서 개선해나가는 것이 좋습니다. 2022년 구글은 자신들만의 튜닝 노하우를 담은 '튜닝 플레이북Tuning Playbook' *을 공개하였습니다.

- 딥러닝 모델을 디버깅하는 과정은 매우 까다롭고 느리기로 악명이 높습니다. 오류를 찾는 것 자체가 어려우므로, 데이터의 문제나 하이퍼파라미터의 적정 사용 여부를 먼저 확인해야 합니다. 단순한 모델부터 시작해 구성요소를 점진적으로 추가하면서 테스트하는 방법을 권장합니다. 또한 안드레아 카르파티Andrej Karpathy의 블로그 게시물 '신경망 훈련을 위한 레시피'**는 다양한 팁을 제공하고 있으니 눈여겨보기 바랍니다.

배포와 운영 단계

어렵게 개발하고 테스트한 모델을 프로덕션 환경에 배포할 차례입니다. 주피터 노트북과 같은 실험 환경에서 개발한 코드를 서버와 애플리케이션으로 이식하는 작업은 가슴 벅차지만 동시에 두려운 일이기도 합니다. 일반 소프트웨어와 마찬가지로 ML 운영 작업에도 개발 때와는 전혀 다른 다양한 잠재적 위험들이 도사리고 있습니다.

예전 직장의 추천시스템팀에서 일할 때, 5회 이상 클릭이 발생한 적이 있는 사용자나 아이템에 한정해 협업 필터링 모델을 개발했습니다. 추천 성능도 좋았기 때문에 배포를 결정했습니다. 그러나 현실은 클릭이 5회 미만인 사용자나 아이템이 80% 이상을 차지하는 롱테일 분포였기 때문

---

* https://github.com/google-research/tuning_playbook

** A Recipe for Training Neural Networks. http://karpathy.github.io/2019/04/25/recipe/

에 실제로 사용자가 느끼는 모델의 품질은 매우 형편없었습니다. 게다가 매일 몇 천 명이 넘는 신규 가입자는 추천 탭에서 빈 공간을 볼 수밖에 없었습니다. ML은 단순히 모델이 아니라 그 자체로 서비스이자, 유기적인 시스템입니다. 이 사실을 유념해야 합니다.*

Do 일반 소프트웨어 개발과 마찬가지로 ML 코드 품질을 높게 유지하세요

ML 코드의 품질을 유지하는 것은 일반적인 소프트웨어 개발과 마찬가지로 중요합니다. 응집도cohesion는 높고 결합도coupling는 낮은 방향으로 유지해야 합니다. 즉, 밀접하게 관련된 구성요소는 하나의 모듈로 묶고, 서로 다른 목적의 모듈은 상호 의존성이 낮도록 개발해야 유지보수 비용이 최소화됩니다.

화상 회의 영상에서 얼굴을 찾아내어 신원을 인식하는 모델을 개발한다고 가정하겠습니다. 이 모델은 영상 캡처에서 얼굴이 담긴 경계 상자를 잘라내고, 그 얼굴이 누구인지 분류하는 2단계로 동작할 겁니다. 만약 2개의 모델 코드가 하나의 모듈에 함께 들어 있다면, 분류 모델만 별도 업데이트하기가 까다롭습니다. 따라서 이러한 경우 각각의 모델을 별도의 모듈로 나누어서 개발해야 합니다.

또한 입력 데이터를 정의하고 DB에서 가져오는 로직과 같이 변하기 쉬운 부분과 범주형 피처 인코딩 로직과 같이 잘 변하지 않는 부분을 최대

---

* 엔비디아 연구자가 쓴 〈단순히 추천 모델이 아닌 추천 시스템〉(https://medium.com/nvidia-merlin/recommender-systems-not-just-recommender-models-485c161c755e 단축 url http://bit.ly/3Z2NMIp)을 읽어보세요.

데이터 과학자 원칙

한 분리해 관리하는 것이 좋습니다. 불필요한 실험 브랜치, 테스트 용도의 설정값, 작업 흐름 분기 등은 주기적으로 정리해줘야 부채로 남지 않습니다.

Do 첫 번째 모델은 단순하게 유지하면서 인프라를 검증하세요

ML 애플리케이션을 개발하면 테스트를 거쳐 운영 환경에 배포합니다. 하지만 프로덕션 환경에서는 데이터 입력 파이프라인 장애, 예기치 않은 트래픽 패턴, 의존성 및 하드웨어 오류 등 다양한 문제가 발생할 수 있습니다. 이러한 실패를 대비해 인프라, 소프트웨어 및 정책 등 다방면으로 비상 계획contingency plan을 준비해야 합니다. ML 모델 외에도 체크할 사항이 많기 때문에 첫 번째 모델은 검증이 잘되어 있고 안정적이며 비교적 경량인 것으로 배포하는 것이 좋습니다. 또한 ML 모델은 오류 메시지나 명시적인 중단 없이 조용히 실패하는 경우가 많으므로 항상 유념해야 합니다.

Do 학습-서빙 비대칭 현상을 유의하세요

학습-서빙 비대칭 현상training - serving skew은 모델 개발 시 예측 성능이 우수하나 배포 이후 실제 성능이 그렇지 못한 경우를 말합니다. 이는 ML 시스템 내 구현 오류 때문이거나 개발 데이터와 프로덕션 데이터의 간극 때문일 수 있습니다.

전자의 경우는 학습과 추론 파이프라인의 데이터 처리 방식의 차이 또는 학습과 추론 시점 사이의 데이터 변화 때문에 종종 발생합니다. 예를 들어 학습 시에는 결측값을 처리하고 이상치를 제거할 때 데이터셋 통계량을 사용했지만 추론 시에는 그렇지 않은 경우입니다. 학습과 추론 파이프라인의 구현에 불일치가 있는지 항상 주의깊게 살펴보아야 합니다.

후자의 경우는 개발 데이터에는 존재하지 않는 현실의 에지 케이스* 때문에 발생합니다. 예를 들어 얼굴 인식 모델에서 다른 사람의 얼굴이 프린트된 가면을 쓴 사람이 접근하는 경우입니다. 또한 시간이 지남에 따라 데이터 분포가 변화함으로써 훈련과 추론 데이터 간의 차이가 발생하는 경우도 있습니다. 이런 현상은 공변량 시프트, 레이블 시프트, 개념 드리프트** 등으로 분류되어 분석됩니다.

Do 퇴행성 피드백 루프 현상 발생을 미연에 방지하세요

퇴행성 피드백 루프degenerate feedback loop는 예측 자체가 피드백에 영향을 미치고, 이러한 피드백이 강화되어 모델의 다음 번 학습에도 영향을 미치는 현상입니다. 추천 시스템에서 예측값이 높게 나와 상단에 노출된 아이템이 더 큰 인기를 얻고 해당 피드백으로 재학습되어 더 상단에, 더 자주 노출되는 현상이 대표적입니다. 이러한 현상을 '인기도 편향'이라고도 부

---

*   edge cases. ML에서 에지 케이스란, 알고리즘이 처리하는 데이터의 값이 알고리즘 특성상 정상으로 간주되는 범위를 넘어설 때 발생하는 문제를 가리키는 용어입니다.

**   공변량 시프트(covariate shift)는 입력 데이터의 분포가 변화하는 경우, 레이블 시프트(label shift)는 출력 데이터의 분포가 변화하는 경우, 개념 드리프트(concept drift)는 시간이 지남에 따라 입력과 출력 데이터 간의 관계가 변화하는 경우를 가리킵니다. 이러한 분포의 변화는 ML에서 매우 중요한 문제입니다.

                    데이터 과학자 원칙

릅니다. 퇴행성 피드백 루프는 학습-서빙 비대칭 현상의 원인 중 하나입니다.

이 현상을 방지하는 몇 가지 방법이 있습니다. 하나의 방법은, 예측 순위가 높은 아이템만 보여주는 것이 아니라, 일부 아이템을 무작위로 노출하는 겁니다. 이렇게 하면 하위 아이템도 피드백을 받을 수 있으며 경쟁력을 유지할 수 있습니다. 또 다른 방법은 위치 피처를 사용해 노출 위치를 인코딩하는 겁니다. 예를 들어 어떤 추천 음악을 최상단에 보여줬는데 재생이 안 되었다면, 해당 음악은 더 큰 페널티를 받아야 합니다. 따라서 모델에게 위치 피처를 직접 알려줌으로써 위치를 통한 페널티를 자연스럽게 학습하도록 할 수 있습니다.

Do 다양한 MLOps 도구로 실험을 추적하고 데이터셋, 피처와 모델을 관리하고 배포 이후 데이터 분포 이동을 모니터링하세요

ML 프로세스는 보통 반복적으로 이루어집니다. 이 과정에서 유사한 입출력 데이터, 모델 파일과 아티팩트, 실험 결과 등이 대량으로 발생합니다. 그렇기 때문에 실험을 추적하고 데이터셋, 피처, 모델을 버전 관리하고 아티팩트를 별도로 관리하는 시스템이 없으면 주요 정보를 유실하거나 검색에 많은 시간과 노력이 들게 됩니다. 또한 수십 개 이상의 모델을 배포하고, 배포 이후 ML 시스템 장애와 데이터 분포 변화를 모니터링하고 연속 학습 프로세스를 도입해 자동화하는 흐름이 업계에 점차 정착되고 있습니다. 이러한 경향에 맞추어 언급한 작업을 편리하게 수행하기 위해 다양한 오픈소스 도구들이 등장하고 있습니다. MLOps 도구에 항상 관심을 두고 개발 및 운영의 비용을 절감할 수 있는 도구를 탐색해보세요.

금융 전문가 나심 니콜라스 탈레브는 자신의 저서 《스킨 인 더 게임》에서 '스킨 인 더 게임'을 하는 사람과 그렇지 않은 사람을 구분합니다. 전자는 자신이 하는 행동의 결과에 직접적인 이해관계를 갖고 있는 사람들이며, 대표적인 예로는 비행기 조종사가 있습니다. 비행기 조종사는 업무 태만으로 인해 비행기 사고가 발생하면 승객뿐만 아니라 자신의 생명도 위험합니다. 스타트업 창업자나 금융투자업계의 트레이더도 이러한 부류의 사람들입니다.

그러나 본인의 행동 결과에 직접적인 이해관계를 갖지 않는 사람들도 있습니다. 일부 정책 입안자, 컨설턴트, 언론인이 그러한 예입니다. 이들은 대리인으로 판단을 내리거나 전문가로서 조언을 주지만 결과로 발생하는 손실을 직접 책임지지 않습니다. 물론 이들 모두가 잘못되거나 다른 사람에게 해를 끼치는 것은 아니지만 탈레브는 사회가 내재적으로 이러한 불평등한 구조를 지니고 있고 거기서 무위험한 이익만 취하려는 가짜가 존재한다는 것을 비판합니다.

데이터 과학자 모두가 스킨 인 더 게임을 하는 것은 아닙니다. 일부는 비즈니스 성공과 상관없이 실험실 안에서만 연구하고 모델을 개발하며 얻은 성과를 그럴싸하게 포장해 보고합니다. 또한 비즈니스 리더 중 일부는 ML 결과를 사업 홍보와 기업 가치를 부풀리는 용도로만 사용합니다. 이들은 실제 결과의 좋고 나쁨에 연연하지 않으며 사용자 경험이 부정적

데이터 과학자 원칙

이라도 책임을 지지 않습니다.

반면에 다른 데이터 과학자들은 ML 애플리케이션의 사용자가 더 즐겁고 편리한 삶을 누리길 바라며, 이를 위해 다양한 비즈니스 성과 지표를 투명하게 측정하고 그를 통해 성공 여부를 판단합니다. 또한 실패를 책임지면서 향후 개선을 기약합니다.

따라서 진정한 전문가는 사용자와 비즈니스의 이익을 모두 고려하는 데이터 과학자라고 할 수 있습니다. 이들은 세상에 기여하는 사람으로서 책임감을 가지며, 실제 결과와 사용자 경험을 바탕으로 피드백을 제공받아 애플리케이션을 지속적으로 개선합니다.

ML 기술은 현재 사회 곳곳에서 활용되고 있지만, 이에 따라 편향성, 개인정보 오남용, 비윤리적인 결과 생성 등 다양한 문제들이 발생하고 있습니다. 이러한 문제들은 유해성 논란을 불러일으키며, 수많은 인력과 비용이 낭비되는 결과로 이어질 수 있습니다.

하지만 모든 것은 선택의 문제입니다. 기술 자체는 가치중립적이며, ML의 결과는 그것을 개발하고 운영하는 사람들의 선택에 달려있습니다. 따라서 독자 여러분이 스킨 인 더 게임을 하는 분들이기를, 현실 세계를 ML을 통해 더 공정하고 활기찬 곳으로 만들기 위해 따뜻한 열망을 지닌 분들이기를 바랍니다. 이러한 열망이, 노력과 선택이 우리 사회가 더 나은 방향으로 발전하는 데 큰 원동력이 될 겁니다.

《스킨 인 더 게임》

나심 탈레브의 저서 《스킨 인 더 게임》은 선택과 책임의 불균형이 가져올 파멸에 대한 해결의 실마리를 제시하는 책입니다. 일상 속 보이지 않는 19가지 위기를 면밀히 진단하며, 이 위기들이 가져올, 파멸에 가까운 엄청난 충격을 막기 위한 해법이 무엇인지 들려줍니다.

《머신러닝 시스템 설계》

칩 후옌의 《머신러닝 시스템 설계》는 머신러닝 모델을 개발하고 배포하는 과정을 다루는 책입니다. 복잡하고 다양한 구성요소를 가진 여러 이해 관계자가 존재하는 머신러닝 시스템에 대해 체계적으로 논의합니다. 프로젝트 범위 산정부터 프로덕션 배포 후 모니터링까지 MLOps를 완벽하게 해부합니다.

〈머신러닝 규칙 : ML 엔지니어링 권장 사항〉

구글에서 제공하는 머신러닝 개발자 가이드입니다. 머신러닝 제품을 출시할 때 핵심적인 고려사항들을 상세하게 다루고 있습니다.

`단축 url` http://bit.ly/3ZbRLSV

〈복잡한 대규모 데이터 세트의 분석에 대한 실무 조언〉

구글의 비공식 데이터 과학 블로그에 게시된 이 글은 데이터를 분석할 때 반드시 고려할 기술 프로세스, 커뮤니케이션 스킬에 대한 광범위하고 상세한 조언이 담겨 있습니다.

`단축 url` http://bit.ly/3LGgtYA

데이터 분석의
본질에 집중하기

.

김진환 hwanistic@gmail.com
현) 차라투 데이터 프로덕트 개발자
현) Udacity 데이터 사이언스 멘토
전) 피플펀드컴퍼니 데이터 분석가
전) 코드스테이츠 데이터 과학자

UNIST 생명공학 박사. 데이터 분석과 개발을 하는 데발자로 블로그와 요즘IT에 글을 씁니다. 생명과학과, 컴퓨터과학을 공부했지만 어쩌다 보니 데이터 분야에서 커리어를 시작했습니다. 여러 커뮤니티에서 다양한 사람을 만나며 데이터와 비즈니스를 경험했고, 최소한의 데이터로 세상에 기여하겠다는 마음을 갖게 되었습니다. 지금은 의학 연구자들을 위한 데이터 프로덕트를 개발하고 있으며, 독서와 글쓰기, 고양이를 좋아하고 CRAN 기여자로서 R과 Shiny의 부흥을 꿈꾸고 있습니다.

github.com/jhk0530
medium.com/@jhk0530
linkedin.com/in/jinhwan-kim

학부와 대학원 과정에서 생명과학을 전공하며 학계에서 주로 쓰이는 R을 사용했습니다. 첫 면접 전까지는 A/B 테스트라는 단어도 잘 몰랐고, 심지어 데이터 관련 자격증 시험에 떨어진 적도 있습니다. 데이터 분석가로 취업하기 전까지는 비즈니스라는 단어에 대해서 깊게 생각해본 경험도 없고, 인공지능의 트렌드는 어텐션Attention 이후로 따라가기도 버거웠습니다.

취업 후 협업에서 배운 것도 엄청 많지만, 여전히 부족함을 느끼며 지금은 데이터 프로덕트 개발자로 살고 있습니다. 내가 데이터 과학 전공자가 아니라서 이렇게 힘들고 어려운 것인가 생각도 많이 들었습니다.

저뿐만 아니라 실제로 데이터를 다루는 사람들은 꽤 다양한 경력을 가지고 저와 같은 고민을 하고 삽니다. 전공도, 데이터 분석을 시작하게 된 계기도, 주로 다루는 데이터의 특징이나 자주 쓰는 분석도, 프로그래밍 언어도 제각각인 사람들이 데이터 분석가입니다. 어쩌면 데이터를 더 잘 활용하기 위해서 고통을 받고 있다는 공통점만 존재하는지도 모르겠습니다.

저는 이렇게 된 배경을 3가지 정도의 이유로 생각했습니다.

1. 데이터 직군은 등장한 지 아직 오래되지 않았다. 그렇기 때문에 조직에서도 데이터 직군을 명확하게 구분하지 못했으며 이들을 활용하는 방법을 알아가는 중이다.
2. 데이터는 다양한 도메인에서 다양한 형태로 활용될 수 있다.
3. 데이터를 분석하려면 기술적 역량이 있어야 하지만 기술로는 표현되지 않는 해석의 리터러시*도 필요하다.

---

* 데이터를 활용해 문제를 해결하는 능력

하나 다행인 것은 진화론과 유전학에서는 한 집단은 유사한 구성원들로 이루어져 있을 때보다 다양한 형질로 이루어져 있을 때 생존에 더욱 유리하다고 말한다는 사실입니다. 구성원들이 유사하다면 공통의 약점으로 인해 한순간에 무너지기 쉽기 때문입니다. 데이터 분석가들은 '애매하다'고 표현될 정도로 각자의 시간에서 각자의 고민을 각자의 방법으로 풀어나가고 있습니다. 이 때문에 서로를 혼란스럽기도 하지만 다양성만큼은 확실합니다. 당장 채용공고만 보더라도, 아니면 옆에서 일하는 동료들을 보더라도 서로 다름을 금방 확인할 수 있으니 데이터 분석가의 다양성을 따로 증명할 필요는 없어보입니다.

이렇게 다양성이 매우 짙은 데이터 분석가로 살아가면서 또 한 가지 고민 덩어리가 있다면 하루가 멀다고 새로운 기법이 나타난다는 겁니다. 이 많은 것을 언제 어떻게 다 익혀야 할지 감이 오지 않고, 뒤처지는 기분에 사로 잡힌 데이터 분석가에게 데이터 분석의 본질을 꿰뚫는 4가지 초식을 소개합니다.

첫 번째는 '목적을 명확히 하고 과정을 살피자'입니다. 두 번째는 '익숙하지 않은 다양한 시도를 하자'입니다. 세 번째는 '더 잘 공감할 수 있는 사람들과 함께 성장하자'입니다. 마지막으로 '때로는 단순한 것만으로도 충분하다'입니다.

목적을 명확히 하고 과정을 살피자

저는 데이터 분석이 과업(비전)을 달성하는 데 필요한 문제를 정의하고, 해결하는 과정이라고 생각합니다.

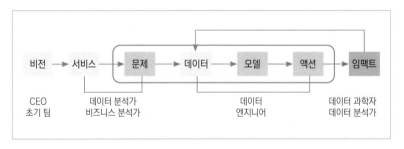

• 데이터 분석에서 문제 해결 과정 •

학교나 연구소에 속한 조금 특수한 상황이 아니라면, 데이터 분석가가 데이터 분석을 통해 이루고자 하는 궁극적인 목적은 서비스(혹은 프로덕트)로부터 수집된 데이터를 분석해 임팩트(매출)를 만드는 겁니다. 이 과정에서 사용자가 서비스의 어떤 부분을 마음에 들어 하고, 어떤 과정을 거쳐서 구매하고 사용했는지, 그 과정에서는 어떤 이슈가 있는지, 앞으로 개선해야 할 부분은 어디인지 등의 문제를 정의하고, 목적에 맞게 데이터를 수집한 뒤 분석하여 서비스를 개선해나가는 무한 반복 작업을 하게 됩니다.

궁극의 목표, 즉 데이터 분석의 본질인 '매출'을 만들어내려면 '데이터 기반 의사결정'을 도와야 하며, 그러려면 매출이 만들어지는 과정과 맥락에서 나오는 데이터 안에서 인과관계를 캐내야 합니다.

이제부터 인과추론 이야기를 (아주 얕게) 하겠습니다. '데이터 분석'이라는 요인으로 인해서 '매출 증가'라는 결과를 만드는 것이 목표라고 하겠습니다.

• 데이터 분석에서 요인과 결과 •

그런데 현실 세계에서 인과추론은 앞의 그림과 같이 간단하지 않습니다. 2021년《Environmental Science & Technology》에 실린 대기 환경과 COVID-19의 심각도에 대한 인과추론 모델은 다음 그림과 같습니다.

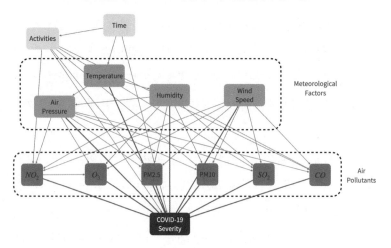

• 대기 환경과 COVID-19의 심각도에 대한 인과 추천 모델* •

적지 않은 수의 요인이 서로 영향을 주면서 결과에 영향을 만드는 것을 알 수 있습니다. 마찬가지로 데이터 분석과 매출 사이에도 수많은 요인이

---

*   출처 : https://pubs.acs.org/doi/10.1021/acs.est.1c02204

          데이터 과학자 원칙

서로 영향을 줍니다.

• 데이터 분석과 매출 사이 요인 •

분석	에러	분석이론	데이터	팀원	인프라	문제정의	분석기술	인사이트
액션	경영진	시각화	문화	사업이해	리포트			
매출	시장상황	BM	경쟁자	사용자	운	마케팅		

　이미 잘 아시겠지만 이외에도 수많은 요인이 있음에도 매출 성장에 기여한 수많은 성공 사례를 보면 종종 한두 요인만 과하게 집중하는 실수를 범하기도 합니다. 그리고 비즈니스에서도 역시 의도적이든 아니든 선택과 집중이라는 명목하에 주효한 영향을 미친 한두 요인을 탐구하게 되지만 보통은 많은 고생이 뒤따릅니다.

　한두 가지에 집중하여 데이터 분석 성공 사례를 만들어내는 것이 왜 어려울까요? 우리는 평범한 사람이기 때문에 성공적인 데이터 분석에 필요한 모든 것을 혼자서 전부 잘해내기가 어렵습니다. 데이터 수집도 잘하고, 인프라 구성도 잘하고, 문제 정의도 잘하고 뛰어난 인사이트도 가지고 있으면서 경영진과의 의사소통도 잘해내서 액션까지 끌어내는 것은 불가능에 가깝습니다.

　역량을 성장시킬 수 있는 총량이 정해져 있는 상태에서, (특히나 스페셜리스트라는 단어에 대한 오해로) 한 분야에만 상위 1%의 실력을 만들어낼 정도로 아주 많은 노력을 쏟는다면, 그 분야에서는 뛰어날 수 있지만 다른 요인들이 뒷받침되지 않아 성공적인 데이터 분석을 만들어내기가 어렵습니다.

그런데 한 가지를 상위 1%를 달성하기 위한 노력을 4개의 분야에서 상위 32%를 달성하기 위한 노력으로 바꿔서 행동해본다면, 들어가는 노력은 상대적으로 줄거나 비슷하지만, 내는 결과가 달라진다는 점에서 데이터 분석에 쓰이는 여러 요인을 적당히 잘하는 방향이 효과적일 수 있습니다. 이는 다음과 같은 수식으로 나타낼 수도 있죠.

$$(0.01)^1 = (0.32)^4$$

수학적으로는 말도 안 되는 수식이지만 제가 이 수식을 통해 말하고 싶은 내용은 '압도적인 수준'의 데이터 분석 능력으로 인사이트를 만들어내는 데이터 분석가만큼이나, 다양한 요인들에 대한 맥락을 잘 활용하는 데이터 분석가 또한 경쟁력 있는 데이터 분석가라는 겁니다.

많은 주니어 분석가들은 기술과 이론, 혹은 특정 지표와 방법론에 집착합니다. 그러다 보면 만족할 만한 결과를 만들어내기까지 정말 많은 노고를 쏟게 됩니다. 그 과정에서 수많은 실패와 자기반성 그리고 '나는 잘하는 걸까?', '데이터 분석가는 다들 이렇게 결과가 안 보이는 노력을 하는 걸까?', '나는 좋은 데이터 분석가랑은 거리가 먼 게 아닐까?'와 같은 고민들을 합니다. 그런 고민을 하시는 분께 전합니다.

"한두 가지 관점 말고 더 넓은 관점으로 데이터를 보세요. 목적을 명확히 알고 접근하면 충분히 좋은 결과를 도출할 수 있게 될 겁니다."

데이터 과학자 원칙

익숙하지 않은 다양한 시도를 하자

Multi Armed Bandit은 최적의 의사결정을 만들어내는 방법론 중 하나로 주로 MAB로 줄여 부릅니다. MAB는 새로운 경우를 선택하는 탐색exploration 과 기존의 검증된 경우를 선택하는 활용exploitation을 함께 사용합니다. 보통 추천시스템recommendation system에서 자주 언급됩니다. 더 좋은 의사결정을 만들어내는 또 다른 방법으로는 A/B 테스트도 있습니다. MAB는 A/B 테스트와 어떤 차이가 있을까요? MAB는 상대적으로 지속적으로 변화하는 상황에 더 유연하게 적응할 수 있다는 점이 다릅니다.

MAB가 중요한 방법인 이유는 데이터 분석의 특성에서 기인합니다. 다음은 캐글에서 데이터 분석과 현실에서 데이터 분석의 차이점을 나타낸 그림입니다.

• 캐글 데이터 분석과 실무 현실에서 데이터 분석 •

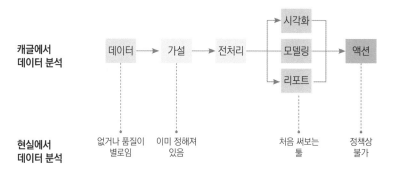

현실에서는 데이터 품질이 별로이거나 부족합니다. 가설도 이미 다른 사람에 의해서 정해져 있습니다. '우리 제품에도 요즘 유행하는 민트초코를 넣으면 잘 팔릴꺼야'처럼요. 또한 회사마다 프로젝트마다 상이한 도구를 사용해 시각화하고 모델링하고 분석 리포트를 만들어냅니다. 어렵사리 액션 계획을 세워도 회사 정책이나 팀 사정 등으로 아예 실행이 불가한 경우도 만나게 됩니다.

이런 상황에서 어떻게 하면 더 좋은 인사이트를 찾아 유의미한 액션을 만들어내는 데이터 분석가로 성장할 수 있을까요? 각 상황을 헤쳐나갈 4가지 능력이 있어야 가능합니다. 데이터가 부족하면 채울 수집 능력, 다른 방향을 제시할 줄 아는 능력, 새로운 도구를 바르게 학습하는 능력, 비즈니스 본질을 파악해서 적절한 액션을 세우는 능력 말이죠.

• 실제 데이터 분석 과정 •

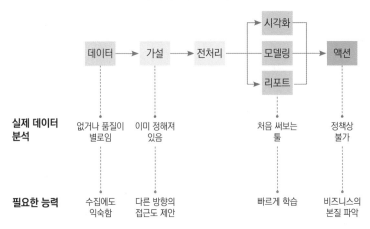

현실적으로 이 모든 걸 다 잘하는 유니콘 같은 데이터 분석가는 없을 겁니다. 다행히 책이나 유튜브, 블로그 아티클, 컨퍼런스, 논문 등 좋은 자료가 넘쳐납니다. 시간과 노력을 투자하면 필요한 기술을 빠르고 정확하게 습득할 수는 있습니다. 그런데 나머지 능력을 키우려면 습관을 바꾸고 경험을 채워야 합니다.

먼저 데이터를 수집할 때 만들어지는 과정이나 품질, 관리 체계 그리고 데이터 거버넌스, 데이터 퀄리티 같은 키워드들을 만족시키는 조금 더 넓은 데이터를 확보하도록 습관을 바꿔보세요. 데이터가 없으면 힘을 많이 낼 수 없는 데이터 분석가이기에 없으면 만들어가는 경험을 해야 합니다.

두 번째로는 동일한 데이터를 보고도 상황을 다르게 해석할 수 있는 경험을 얻어보세요. 숫자에서 드러나지 않는 맥락을 파악할 수 있는 도메인 지식이라고 표현하고 싶은데요, 이론보다는 사용자들이 만들어내는 현상과 상황을 많이 경험해야 쌓입니다.

마지막으로 목적을 달성하기 위한 비즈니스의 본질을 파악하는 능력을 기르려면 데이터 분석 프로젝트를 진행하면서 성공과 실패의 경험을 맛봐야 합니다. 창업이나 다른 직무를 경험해도 채울 수 있습니다.

경험을 통해 데이터를 다르게 해석했던 한 가지 예를 들겠습니다. 다음은 은행연합회 소비자포털*에서 제공하는 데이터 일부로, 2023년 3월의 은행별로 취급하는 신용대출의 금리구간별 비중을 보여줍니다.

---

*   portal.kfb.or.kr

• 2023년 3월의 은행별로 취급하는 신용대출의 금리구간별 비중 •

신용대출 금리구간별 취급비중 (단위:%) 엑셀 출력하기

은행	4%미만	4-5%미만	5-6%미만	6-7%미만	7-8%미만	8-9%미만	9-10%미만	10%이상	합계	평균금리	서민금융 제외 평균금리
KDB산업은행	-	-	-	-	-	-	-	-	-	-	-
NH농협은행	-	7.00	36.90	28.60	15.40	8.20	2.30	1.60	100.00	6.47	6.00
신한은행	-	20.40	46.00	20.40	4.00	5.50	2.20	1.50	100.00	5.89	5.57
우리은행	-	2.50	68.10	15.20	7.10	4.40	1.20	1.50	100.00	6.03	5.80
SC제일은행	-	-	40.60	18.30	14.30	10.30	6.30	10.20	100.00	7.06	6.86
하나은행	0.40	4.00	65.20	8.70	10.70	5.90	4.10	1.00	100.00	6.09	5.63
IBK기업은행	1.80	7.70	69.40	17.40	3.20	0.30	0.20	-	100.00	5.56	5.36
KB국민은행	-	15.80	29.10	27.00	12.70	4.70	4.90	5.80	100.00	6.47	5.98
Sh수협은행	-	26.30	46.70	25.00	1.50	0.10	0.20	0.20	100.00	5.58	5.55
DGB대구은행	-	0.20	5.60	12.40	29.20	22.10	15.40	15.10	100.00	8.36	9.19
BNK부산은행	-	4.80	13.30	36.40	29.40	7.80	3.20	5.10	100.00	7.06	6.53
광주은행	-	0.20	6.50	11.30	23.90	21.90	19.90	16.30	100.00	8.51	8.88
제주은행	-	-	28.20	36.20	18.90	3.20	4.50	9.00	100.00	7.20	7.11
전북은행	-	0.30	0.60	2.30	8.10	12.20	19.10	57.40	100.00	11.38	11.57
BNK경남은행	-	21.80	18.50	17.00	17.20	14.90	6.80	3.80	100.00	6.75	6.44
케이뱅크	-	24.00	33.70	22.40	12.10	5.00	2.70	0.10	100.00	6.10	6.11
카카오뱅크	0.50	66.70	14.70	6.00	2.10	5.50	2.10	2.40	100.00	5.34	5.11
토스뱅크	-	-	14.60	19.10	20.80	8.90	7.90	28.70	100.00	8.55	9.10

• 본 자료는 **2023년 3월**중 취급된 대출을 기준으로 작성한 자료입니다.

대출의 금리가 높으면 은행은 더 많은 이익을 얻을 수 있다고 생각할 수 있습니다. 무조건 높은 금리로 신용 대출을 내어주면 더 많은 이득을 볼 수 있을 것 같은데 왜 은행마다 최빈값이 다를까요? 저는 대학원생 때까지는 이 이유를 알 수 없었지만, 졸업 후 처음으로 전세금 대출을 받는 경험을 하고 난 뒤 맥락을 조금 더 다양하게 바라볼 수 있게 되었습니다. 대출을 한 번 받고 나서 상환하지 않은 채 새로 대출을 받으면 신용 대출의 금리가 올라간다는 사실을 알게 된 겁니다.

은행 입장에서는 이자로 이익을 얻는 것 이상으로 원금 회수가 중요합

데이터 과학자 원칙

니다. 예를 들어 1억 원을 이미 대출하고 추가로 5백만 원을 빌린 사람과, 처음으로 5백만 원을 빌린 사람이 있다고 가정하겠습니다. 대출을 갚지 않는 최악의 상황을 고려한다면 은행 입장에서 두 사람에게 지게 되는 리스크는 다를 수밖에 없습니다. 그러므로 리스크를 이자에 반영해 관리하는 것이 합리적인 겁니다. 즉 앞의 표에서 토스뱅크는 10% 이상의 높은 금리를 고객 28.7%에게 적용하여 더 높은 리스크를 감안하는 전략을, 반면 카카오뱅크는 더 안전한 고객에게 대출을 하는 대신 낮은 이자 수익을 갖는 전략을 선택한 것이죠. (그럴 일은 없겠지만) 만약 금융업에 종사하는 데이터 분석가가 이러한 맥락을 잘 알지 못한 채로 데이터를 봤다면, '전북은행이 단순히 높은 금리 고객들을 더 많이 가지고 있기 때문에 빅 4 은행들보다 더 큰 이익을 낼 것 같다'와 같은 해석을 할 수도 있게 되는 거죠.

데이터 분석을 통해 좋은 인사이트를 만들어내는 것은 크게 2가지 방향으로 구분할 수 있다고 생각합니다. 데이터에서 나타나는 맥락을 발견하는 것, 그리고 데이터에서 나타나지 않는 맥락을 발견하는 것.

우리 조직의 서비스를 사용해보는 도그푸딩을 해보고, 팝업스토어에서 브랜딩 경험도 채워보고, 요리나 카페 탐방, 등산, 여행 그리고 (데이터가 아닌) 사이드 프로젝트 등 다양한 것을 경험하고, 사람을 만나는 과정에서 스스로의 해석과 경험자의 해석을 학습하며 '아 이런 상황에서는 이렇게 되는구나'라는 (도메인) 경험치를 쌓는 것이 중요합니다. 그 과정에서 실패와 성공을 반복하는 것 역시 중요하고요.

MAB는 기댓값을 알지 못하는 여러 방법을 테스트하면서 결괏값이 높은 것의 비중을 점차 늘리되 여전히 기댓값을 알지 못하는 방법도 시도합니다. 유사하게 데이터 분석가는 익숙하여 결괏값이 높은 데이터 분석도 하면서 동시에 기댓값을 알지 못하는 분석 외의 다양한 경험도 시도해보는 것이 좋습니다. 이를 통해 데이터를 더 새로운 관점으로 바라볼 수 있게 됩니다.

"그러니 익숙하지 않고 알지 못하는 것들도 시도해보고 그 경험들을 기반으로 데이터 분석에서 시너지를 만들어가기 바랍니다."

더 잘 공감할 수 있는 사람들과 함께 성장하자

데이터 분석가는 필연적으로 같은 팀에 소속된 데이터 분석가부터 다른 팀의 팀원, 의사결정권자에 이르기까지 다양한 이해관계자를 만나게 됩니다. 이해관계자들은 각자의 상황에서 각자의 업무를 하는 만큼 다양한 수준의 데이터 리터러시를 지니고 있습니다. 그런데 대개는 함께 문제(고충)를 해결하는 협력자 역할보다는 어떻게든 설득해야 할 대상일 때가 많습니다.

데이터 분석가가 온통 설득 대상자한테만 둘러쌓여 있다면 참으로 고독할 겁니다. 고충을 공감하고, 방법을 함께 고민하거나 힌트를 공유하는 협력자를 만날 수 있는 방법이 필요합니다. 저는 커뮤니티 활동을 추천합니다.

저는 박사 과정 동안 네트워크 정보를 활용하여 유전체 데이터를 분석하는 연구를 진행했는데요, 그 당시에 R을 사용했는데 R에서 제공하는 네트워크 시각화 기능에 부족함을 느끼고 자바스크립트의 Cytoscape.js가 제공하는 기능을 R 패키지로 만들었습니다. 기능을 구현하고 나서 인터넷에 공개했는데 우연히 Shinykorea 구성원의 눈에 띄어 커뮤니티 오프라인 행사에서 발표까지 하게 되었습니다. Shiny는 R에서 웹 애플리케이션을 손쉽게 만들 수 있게 하는 라이브러리로, HTML/CSS/자바스크립트를 함께 활용하는 경우가 많았기 때문에 Shinykorea에는 제가 맛봤을 창작의 고통을 이해해주는 구성원이 많았던 탓인지 적지 않은 관심을 끌었습니다.

커뮤니티에 소속되어 활동을 하면 최근 동향과 기술, 트러블슈팅, 사용 사례들을 지속적으로 만날 수 있습니다. 데이터 분석가의 작업물은 대부분 사내 데이터를 활용하기 때문에 외부 공유가 어려운 경우가 많습니다. 커뮤니티 활동을 하면 어느 정도 가공되기는 했지만 타 조직의 데이터를 볼 수 있는 기회도 얻을 수 있습니다. 그 외에도 다른 도메인의 데이터 분석가와의 커피챗을 통해 실제로 해당 분야에서는 어떤 데이터를 사용하고 어떤 방법들을 활용해서 어떤 문제를 푸는 중인지 그리고 해당 업계에서는 어떤 것이 트렌드인지 등의 비밀스러운 이야기도 들을 수 있습니다. 그뿐만 아니라 커뮤니티에 발표할 기회를 얻게 되면 다시 한번 생각을 정리할 기회까지 얻게 됩니다. 개인 브랜딩으로 활용할 수 있다는 장점도 있습니다.

커뮤니티 활동을 적극적으로 하다 보면 데이터 이외에도 다양한 정보에 노출되기도 합니다. 많은 정보가 언젠간 도움이 될 수는 있겠지만 어떤 정보가 지금 내게 중요한지 구분하고, 휩쓸리지 않는 능력도 필요합니다. 가령 내가 속해 있는 조직은 이제 막 데이터를 수집하는 단계인데 다른 조직의 데이터팀에서 실험 플랫폼을 활용한다더라와 같은 이야기나, 활용하는 데이터의 도메인에서는 시계열 분석을 주로 다루는데 최신 인과추론 방법을 이용한 사례들에 과하게 몰입하는 것은 크게 도움을 주지 못합니다.

보통 커뮤니티에서 공유되는 사례 대부분은 '잘된 결과 중에서도 잘된 결과'들을 최대한으로 정리한 결과입니다. 그래서 사례가 성공하려면 갖춰야 하는 조건들이나 시행착오를 상대적으로 얇게 다루는 경우가 많습니다. 유독 데이터 분석가들이 이상을 쫓다가 흑화되는 경우가 많은 건 이러한 이유가 아닐까요.

커뮤니티가 개인의 이익만 추구하기 위해 활동하는 장은 아닙니다만, 전략적으로 활용하면 분명 도움이 됩니다. 특히 외부 활동이 조직 사업에도 부합하도록 신경쓰면 좋겠습니다.

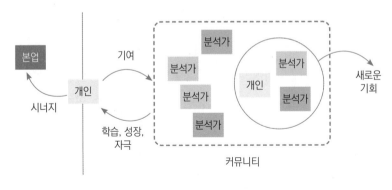

• 커뮤니티 활동과 본업의 선순환 구조 •

"조직이라는 우물 밖에서 나를 더 잘 이해하는 사람들과 교류해보세요. 조직 안에서 할 수 있는 성장과는 또 다른 성장을 이룰 수 있을 겁니다."

데이터 과학자 원칙

때로는 단순한 것만으로도 충분하다

오컴의 면도날은 '상황을 설명하는 여러 모델 중 가장 단순한 모델이 최선이다'라는 의미를 갖고 있는데, 이를 조금 더 변형해 '때로는 단순한 것만으로도 충분하다'라는 이야기를 해보려고 합니다.

데이터 분석은 데이터를 통해 상황을 설명하고, 더 나아가 예측해 대비하는 일련의 과정입니다. 그러다 보니 '이래서 이러할 것이다'와 같은 설명을 만들어내는 것에 길들여집니다. 한편 세상의 많은 상황은 수없이 많은 요인의 복잡한 상호작용이 만든 결과입니다. 데이터 분석에서 그 많은 요인을 모두 고려해야 하는 걸까요?

2023년 3월 《The New England Journal of Medicine》(이하 NEJM 저널)에 실린 〈Intravascular Imaging-Guided or Angiography-Guided complex PCI〉라는 논문을 하나 소개하겠습니다. 논문을 아주 간단하게 요약하면 '심혈관중재시술이라는 치료에서 쓰이는 기술 중 Angiography-guided 방법에 비해 Imaging-guided 방법이 위험성이 낮고, 효과도 좋다'라는 내용입니다. 데이터 업계의 예시로 비유하면 '빨간 버튼을 사용할 때가 초록 버튼을 사용했을 때보다 전환율이 좋았다'와 비슷한 맥락이죠.

NEJM 저널의 IF^Impact Factor는 176.079입니다. IF는 저널의 가치를 평가하는 주요 지표로써 피인용지수 혹은 영향력 지수라고도 불립니다. 학술 논문이 얼마나 자주 인용되었는가를 나타내어 값이 높으면 높을수록 다른 사람들의 연구에 많이 인용되었고, 그만큼 사회에 큰 영향력을 미친다라고 볼 수 있습니다. IF의 효용에 대해서는 논란이 있기도 하지만, IF가 높은 연구는 해당 도메인에 있는 사람이라면 반드시 알 가치가 있는 아주 멋진 연구라는 의미로 통상 인정됩니다. 참고로 생명과학계 학자들의 목표인 《네이처Nature》, 《셀Cell》, 《사이언스Science》의 IF는 각각 69.5, 66.850, 63.832입니다. 그렇다면 네이처와 같은 세계적인 저널의 IF보다 훨씬 높은 IF를 가진 〈Intravascular Imaging-Guided or Angiography-Guided complex PCI〉 논문은 얼마나 많은 데이터와 요인, 세련된 방법론들을 사용했을까요?

놀랍게도 실험에 쓰인 데이터 크기, 그러니까 환자 수는 약 1,600명 정도이고, 기존의 다른 의학연구에 대비해서 극단적으로 새로운 통계치나 지표들을 사용하지는 않았습니다. 다음과 같이 2가지 색상만 사용한 선형 차트를 핵심 시각화로 사용했을 뿐입니다.

• 〈Intravascular Imaging-Guided or Angiography-Guided complex PCI〉에서 사용한 그래프* •

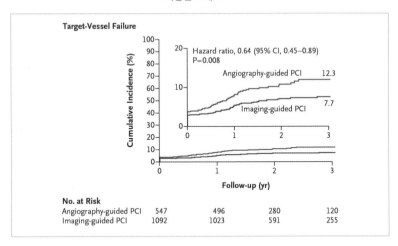

*　출처 : Lee, Joo Myung, et al. 〈Intravascular Imaging-Guided or Angiography-Guided Complex PCI〉, 《New England Journal of Medicine》 (2023)

제가 생각하는 이 연구(데이터 분석)가 좋은 연구로 인정받은 이유는 다음과 같습니다.

1. 2가지 시술 중 한 가지가 더 좋다는 주장을 하기 위해
2. 실험 설계를 단단하게 했으며
3. 설계된 프로토콜에서 벗어나지 않게 주의하며 연구진 이외에도 다양한 사람(많은 병원과 의사, 환자)들이 데이터 수집에서부터 기여했고
4. 그 결과는 아주 간단한 통계치로도 입증 가능했으며
5. 이로 인해 이후의 이 시술은 더 많은 사람의 생명을 살리는 것에 기여했다.

주장과 이를 뒷받침하는 방법과 근거가 명확하고 단순했으며, 그 결과로 큰 임팩트를 만들어냈습니다. 최신 기법과 복잡한 요인을 활용하지 않고도 클래식한 기술과 단순한 분석 방법으로 사회에 큰 기여를 했다는 사실에 주목할 필요가 있습니다.

데이터 분석은 설득 과정을 거쳐 액션에 영향을 줄 수 있어야 완성되는 겁니다. 언급한 사례처럼 데이터 분석의 과정이 명확하고, 결과도 잘 나온다면 설득도 쉬워질 겁니다. 그런데 현실의 데이터 분석은 제 경험상 이상적인 데이터 분석과는 어딘가 살짝 엇나갔습니다. 왜 그랬을까 고민을 해보았습니다. 그 결과 그 어떤 데이터 분석 과정보다 다음과 같은 3가지가 선행되어야 한다는 사실을 깨닫게 되었습니다.

1. 데이터 분석을 통해 달성하고자 하는 목적을 먼저 명확하게 정의한다.
2. 비즈니스 모델과 프로덕트/서비스에서 발생하거나 측정 가능한 데이터를 파악한다.

3. 도메인 인사이트로 데이터에서 나타나는 현상들을 맥락으로 이해한다.

많은 데이터 분석가가 이 3가지를 인지하지 못하는 경우가 많습니다.

그러다 보니 성과를 내야 하는 데이터 분석가로서 데이터 분석을 잘 보여주는 결과를 만들기 위해 새로운 지표를 정의하거나, 복잡한 분석 방법론을 적용한다거나, 화려한 차트를 쓰는 것 같은 '기술적인 접근'으로 채우려는 노력을 하기도 합니다. 이를 '데이터 흑마법'이라고도 표현하기도 합니다. 데이터 흑마법에서 생각 나는 몇 가지 예시는 다음과 같습니다.

- 여러 계산식과 지표 중 안 좋은 것들은 배제하고 좋은 것만 체리 피킹
- 데이터의 품질을 핑계로 결론과 다른 결을 나타내는 데이터를 취사선택 혹은 보정
- 원활하게 작동하기 위해 여러 조건이 필요한 (복잡한) 새로운 지표 활용
- 메시지가 더 명확하게 드러나게 차트와 그래프 가공

이 흑마법은 앞에서 언급한 이상적인 데이터 분석 과정 중 일부가 빠져 유의미하거나 설득할 수 있는 분석의 결과가 잘 나오지 않는 상황에서 이를 메꾸기 위해 자주 등장합니다. 이 방법은 단기적으로는 결과가 날 수 있지만 장기적으로는 언젠간 또 다른 문제에 봉착하는 결과가 생기게 됩니다. 좋은 데이터 분석 사례를 만들어내는 데이터 시니어 중에는 분석 기술이 뛰어난 테크니션 유형 외에도 큰 그림을 그리는 구루 유형도 있다는 것을 생각하면, 새로운 것을 학습하는 것만큼이나 사고력을 키우는 연습도 필요한 것이 아닐까라고 생각합니다.

오컴의 면도날은 '여러 가지 설명 중 가장 단순한 것이 좋은 설명이다'

데이터 과학자 원칙

라는 철학입니다(물론 오컴의 면도날이 항상 옳은 것은 아닙니다). 정확한 인용은 아니지만, 저는 위에서 언급한 의학 연구의 예시처럼 단순한 모델링이나 시각화로도 더 효과적인 인사이트와 전달이 가능하다는 사례들을 보며 단순함에 집중할 필요가 있다고 생각합니다.

"데이터 분석의 본질을 달성하는데 때로는 단순하고 명확한 결과와 설득 만한 것이 없습니다."

데이터 분석가들은 다양한 데이터 시간에 속해 있습니다. 데이터를 조직에 도입하는 초창기에 해야 하는 업무와 성장기에서 해야 하는 업무 그리고 황금기에 해야 하는 업무가 같을 수는 없습니다. 다음은 기술 수용 주기 모형을 응용해 만든 조직의 데이터 도입 시기별 필요한 데이터 분석가의 상황을 표현한 그림입니다.

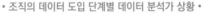

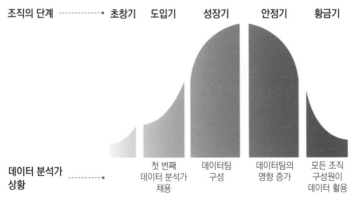

조직마다 다루는 데이터 도입 단계별 필요한 데이터 분석가가 다르다는 사실을 인지하고 이익을 만들어내는 맥락을 이해하는 것이 급선무입니다. 그래서 첫 초식으로 '목적을 명확히 하고 과정을 살피자'를 뽑은 겁니다.

미국의 유명한 투자자인 하워드 막스는 '다른 투자자들과 똑같이 행동하면서 더 나은 결과를 기대할 수는 없다'라고 말합니다. 데이터를 다루는 사람으로서 다른 사람들과 동일한 툴을 쓰고 같은 과정을 거쳐 유사한 분석을 한다면 같은 결과를 얻을 뿐입니다. '익숙하지 않은 다양한 시도를 하자'가 뒤따라야 더 나은 인사이트를 뽑아내는 데이터 분석을 할 수 있습니다.

데이터 분석가는 설득 대상이 가득한 외로운 직책이라고 합니다. 저는 생명과학을 전공한 데이터 분석가로서 교육과 금융과 의료 분야에서 살아남고자 같은 고뇌를 하는 많은 사람을 온라인 글쓰기 활동과 커뮤니티 활동에서 만났습니다. 그 덕분에 기술적인 어려움뿐만 아니라 정신적인 고통도 이겨낼 수 있었다고 생각합니다.

하수는 형식에 취중하고 고수는 본질을 꿰뚫는다고 생각합니다. 데이터 분석의 본질이 날마다 발표되는 신기술(형식)은 아닙니다. 비즈니스에 이바지하는 것이 본질입니다. 배움을 게을리해서는 안 되겠지만 본질에 충실하다면 분명 조직에 도움이 되는 데이터 분석가가 될 거라 생각합니다.

〈No Brand 노브랜드 This is not a brand〉

'브랜드가 아니다. 소비자다'라는 철학과 함께, 어느덧 9년째 사랑을 받으며 PB 브랜드 이상의 아이덴티티를 구축한 노브랜드가 만들어지는 과정을 담은 책입니다. 우리가 이것을 하게 된 계기, 어떤 목적으로 어떤 일을 하고 어떤 것을 안 할지 등을 다듬어가는 과정 또한 담고 있습니다. 업과 목적 등을 달성하는 과정에서 아이덴티티를 어떻게 만들어가는지 확인할 수 있습니다.

〈퇴사 준비생의 도쿄 2〉

업의 본질을 집중한 해석으로 시대가 변해도 꾸준히 고객의 사랑을 받는 사례들을 소개입니다. '데이터 분석의 본질'을 고민해보는 과정에 영감을 제공해줄 겁니다.

〈이것은 작은 브랜드를 위한 책〉

동일함에서 경쟁을 만들기보다, 자신만의 행복과 가치를 정의하고, 다르게 시작했지만 하나의 새로운 패러다임을 제시한 '작은 브랜드'를 소개합니다. 브랜딩 디자인을 할 일은 없겠지만 특별한 데이터 분석가로 성장할 수 있는 방법들을 엿볼 수 있습니다.

〈커뮤니티는 어떻게 브랜드의 무기가 되는가〉

개발자뿐 아니라 데이터 분석가들도 커뮤니티 활동은 성장에 도움을 줍니다. 커뮤니티 단순 참가자와 기여자/운영자 관점은 다를 수 있습니다. 이 맥락을 알면 커뮤니티로부터 얻어 갈 수 있는 것이 더 많습니다. 커뮤니티 운영과 활동에 관심을 갖는다면 이 책은 좋은 안내자가 될 겁니다.

〈성공하는 스타트업을 위한 101가지 비즈니스 모델 이야기〉

데이터 분석가가 매출을 더 만들어내기 위해선 숫자를 해석하는 능력만큼이나 숫자가 만들어지는 과정을 아는 것도 중요합니다.

유망한 스타트업 101곳의 핵심 제공 가치와 수익 공식, 핵심 자원, 핵심 프로세스를 확인할 수 있습니다.

〈Product Analytics〉

프로덕트 데이터 분석에 대한 사례와 이론들을 다룹니다. 꼭 프로덕트 데이터에 연관된 업무를 하지 않더라도 다양한 관련 지식을 얻을 수 있어 유용합니다.

데이터 과학자의
'기술 부채' 갚기

박준석 joonsuk.park@icloud.com

현) 미국 핀테크 회사 리서치 사이언티스트
전) Lowe's Home Improvement 데이터 과학자
전) Amazon.com 응용 사이언티스트

미 오하이오 주립대 계량심리학 박사. 대학에서는 양적 연구방법론을 연구하며 연구의 통계적 엄밀함과 재현성을 높이는 데 관심이 많았습니다. 업계로 오고 나서는 통계학과 기계학 방법론을 다양하게 응용하며 가치를 창출하는 일을 합니다.

《가짜뉴스의 심리학》 저
《데이터 과학자의 일》 저
《3일 만에 끝내는 코딩 통계》 저

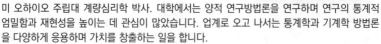

f fb.com/buckeyestatfisher

흔히 데이터 과학자는 데이터 분석에만 집중하면 된다고 생각합니다. 그것이 SQL이 됐든, R이 됐든 파이썬이 됐든 말이죠. 데이터 분석은 비즈니스 임팩트가 본질이고 엔지니어링은 그것을 달성하기 위한 수단이라고들 생각합니다. 그런데 말입니다, 데이터 분석도 일종의 엔지니어링입니다. 코드를 작성해 우리가 원하는 것(로직)을 달성한다는 것이죠. 그리고 엔지니어링에는 언제나 일종의 트레이드오프tradeoff가 있습니다. 바로 속도와 질이라는 두 가지 측면에서 말입니다. 대개 둘 다를 동시에 달성할 수는 없습니다. 속도를 향상시키려면 질을, 질을 높이려면 속도를 희생해야 합니다. 데이터 과학도 여기에서 예외일 수 없습니다.

문제는 현실에서의 데이터 과학자는 흔히 엔지니어링 퀄리티를 추구하기 힘든 상황에 빠진다는 겁니다. 위에서는 빨리 결과를 가져오라고 말하고, 프로젝트 데드라인은 닥쳐오는데 데이터베이스는 어떻게 그렇게 잘 '뻗어버리고', 원하는 간단한 데이터를 얻고자 날린 SQL 쿼리는 몇 시간을 지나도록 결과를 산출하지 않습니다. 천신만고 끝에 데이터를 얻고 분석하고 나면, 다른 직군 사람들이 알아들을 수 있게 전문용어를 쉽게 풀어써 가면서 긴 보고서를 써야 하죠. 이런 급박한 상황에서 엔지니어링의 퀄리티를 추구한다는 것은 사치처럼 느껴집니다. 파이썬 코드는 일정한 형식을 따르지 않고, 변수 이름은 엉망이며 그때그때 일단 박아놓은 임시방편들이 몇 개월, 심지어 몇 년 뒤에도 코드에서 살아 숨쉬며 그때의 긴박했던 상황을 말해주곤 합니다.

우리는 데이터 분석가, 과학자로서 이런 현실을 잘 알고 있습니다. 물론 이런 '기술 부채'들을 해결할 수 있는 충분한 시간과 자원을 허락하는, 파라다이스 같은 조직도 세상에는 있습니다. 저도 그런 조직을 한 차례 거쳐봤고요. 하지만 대부분의 조직에서는, 특히 개발을 전업이라 여기지는 않는 데이터 분석 조직에서는 기술 부채를 갚는 데 충분한 시간을 주는 경우가 드뭅니다. 그것보다는 눈앞에 닥친 비즈니스 기회를 잡기 위해 새로운 프로젝트에 착수하고, 새로운 결과를 내서 경영진에게 더 인정받는 데 주력하곤 합니다.

또 하나의 어려운 점은 데이터 분석가들은 흔히 개발이 아닌 분야에서 탄생한다는 사실입니다. 저만 해도 프로그래밍을 하지 않은 것은 아니지만 (사실 학부, 대학원을 거치면서 늘 어떤 종류의 코딩을 하고 살았지만) 프로그래밍을 자신있게 저의 '업'이라 말할 수 있느냐 하면 그렇지는 않습니다. 그리고 흔히 데이터 분석가/과학자의 요건을 말할 때 '대학원 학위'를 들곤 하는데 (저는 여기에 동의하지 않습니다만) 그때 '대학원'이라고 하는 전공에는 물론 공학도 있지만 자연과학, 심지어 인문사회과학도 포함됩니다. 그런 배경을 갖고 쭉 살아오다가 갑자기 개발자의 길에 뛰어든 사람이 소위 '베스트 프랙티스'를 한결 같이 추구하기는 힘든 것이 사실입니다. 개발자와 분석가는 비슷한 도구를 사용하지만 추구하는 바, 생각하는 바는 완전히 딴판인 것이죠.

이런 상황에서 분석가는 어떻게 할까요? 애초에 기술 부채를 갚으면서 일하는 게 맞기는 한 걸까요? 만약 그렇다면 어떤 '기술 부채'를 어떻게 갚아야 할까요? 이 장에서는 이런 이야기들을 하려 합니다. 결론부터 말하면, 저는 분석가도 (그 정도는 조직에 따라서 다를 수 있지만) '기술 부채'를 신경쓰고 살아야 한다고 생각합니다. 하지만 그 세부사항은 분석 내부에서도 어떤 일을 하느냐, 그리고 영단어로는 velocity라고 하는, 조직의 움직이는 속도에도 크게 의존한다고 생각합니다. 그러면 지금부터

데이터 과학자 원칙

이야기를 더 자세히 하겠습니다.

캐글과는 다른 데이터 과학자/분석가의 실제 하루

사람들은 다양한 경로를 통해 다양한 분야의 분석 직군에 입문합니다. 그중에는 저같이 대학원에서 학문적 훈련을 쭉 받다가 어떤 계기로 인해 인더스트리 데이터 과학자가 된 사람도 있고, 어떤 사람은 학사과정 초반부터 데이터 분석가를 목표로 삼고 꾸준히 노력해서 데이터 분석가가 되기도 합니다. 또 어떤 사람은 한동안 개발자, 프로덕트 매니저 등 다른 직군에 있다가 분석가로 전직하는 사람들도 있죠. 분석가의 배경은 실로 다양합니다.

하지만 한 가지 공통점이 있다면, 분석가가 되기 위해서는 이론만 공부해서는 충분하지 않다는 겁니다. 통계학, 머신러닝, 알고리즘 교과서만 백날 읽는다고 해서 절대 데이터 분석가/과학자 면접을 통과할 수 없습니다. 소위 '손을 더렵혀' 봐야 실력이 늘죠. 영어에도 get your hands dirty 라는 표현이 있습니다. 이론만 하지 않고 실제를 경험해보라는 뜻이죠. 아무튼 실제 데이터를 가지고 이리저리 만지고 뜯어보면서 분석 경험을 해야 분석 직군 실무 면접을 통과할 수 있다는 것은 이미 분석 직군 준비생들도 다 아는 사실입니다. 때에 따라 개발자들이 보는 자료구조/알고리즘을 초급 수준으로 테스트하기도 하므로, 분석가 지망생들은 흔히 자료 분석뿐 아니라 코딩 테스트도 조금씩은 준비하는 것이 일반적입니다.

여기까지는 좋습니다. 꿈에 그리던 분석가가 되기 위해 여러분은 각종 사이트를 돌아다니며 손을 더럽혀볼 데이터셋을 찾아다니기 시작합니다.

그러다 보면 마주칠 가능성이 가장 높은 웹사이트 중 하나가 캐글^{Kaggle}입니다. 캐글은 전 세계의 데이터 분석 지망생뿐 아니라 실력자들까지 모여들어 데이터 분석 실력을 뽐내는 장입니다. 그 유명한 질로우 집값 예측 경연대회*부터 시작해서 없는 데이터가 없다고 할 정도로 다양한 데이터가 공개되어 있고, 이것들을 사용해 만든 통계/머신러닝 모형의 성능에 기반을 둔 대회가 날마다 열리고 있습니다.

저도 데이터 과학자 취업을 준비할 때 이런 곳에 있는 자료들을 열심히 분석했던, 그리고 기껏 제출했더니 상위권에는 들어가지도 못했던 기억이 납니다. 꽤 자존심이 상하는 일이었습니다만, 저와 같은 경험을 한 분들이 꽤 많으리라 생각합니다. 세상은 넓고 고수는 많습니다. 순위권에 들어간 팀들을 보면 어마어마합니다. 때로는 GPU 같은 장비도 '넘사벽'급으로 사용하기 때문에, 애초에 개인으로서 이긴다는 것은 불가능해 보일 때도 있습니다.

또 다른 하나는 리트코드^{leetcode}입니다. 한국에도 비슷한 웹사이트가 있다고 알고 있지만, 세계적으로는 단연 리트코드가 코딩 테스트를 준비하는 1등 웹사이트라 해도 과언이 아닙니다. 리트코드에는 수많은 코딩 문제들이 있고, 여러분이 코드를 써서 문제들을 풀면 웹사이트는 제출한 해답을 실행해보고 걸리는 시간을 측정하면서 어떤 기준을 충족시키는지를 판단합니다. 이곳에도 세계 각지에서 몰려든 실력자들이 아주 많습니다. 그들의 현란한 코드를 보고 있으면 정신이 달아날 지경입니다. 프로그래밍 경력이 그렇게 짧지 않은 제가 봐도 이해하기 힘든 코드 조각들이 상

---

*   Zillow's Home Value Prediction. https://www.kaggle.com/c/zillow-prize-1

당히 많습니다. 아무튼 여러분들은 캐글, 리트코드, 한국에서 유명한 프로그래머스, 백준 등을 공부하면서 데이터 과학자의 꿈을 차근차근 키워 나갈 겁니다.

이렇게 천신만고 끝에 여러분은 현업 데이터 분석가가 됩니다. 지금까지 캐글, 리트코드, 프로그래머스, 백준 등에서 보았던 문제들을 떠올리며, 최강의 성능을 지닌 예측 모델을 개발해 인정받고 고속 승진을 하는 단꿈에 빠져 있습니다. 그런데 웬걸, 여러분에게 처음 던져진 프로젝트는 기존에 존재하는 SQL 쿼리를 약간 고쳐 새로운 자료를 추출하는 일입니다. '회사를 다니다 보면 소위 잡일도 할 수도 있지' 위로하면서 일단 일에 착수합니다. 처음에 데이터베이스 권한을 얻는 것부터 컬럼(변수)들의 의미를 파악하는 것까지 쉬운 게 하나도 없습니다. 천신만고 끝에 데드라인 안에 일을 끝내는 중인데 이제 또 다른 일이 몰아닥쳐 옵니다. 이번에는 보고서를 써야 합니다. 입사한 지 시간이 좀 지나니 이제 캘린더에 들어 있는 미팅 숫자도 하나둘 늘어나기 시작하고, 시간은 갈수록 부족해집니다. 당신이 예전에 써 둔 SQL 쿼리는 이제 자동화도 됐고, 기억에서 슬슬 잊혀져 갑니다.

이번에는 드디어 파이썬을 사용하는 프로젝트가 맡겨졌습니다. 그런데 캐글에서 많이 했던, 없는 모델을 처음부터 만드는 프로젝트가 아니라, 퇴사한 회사 동료가 예전에 이미 만든 모델을 고쳐서 개선하는 작업입니다. 이미 있는 모델이니까 어렵지 않겠지, 생각하면서 코드 보관소(리포지토리)를 랩탑에 복사(클론)한 다음 코드를 살피기 시작합니다. 그런데 웬걸, 변수 이름들이 하나같이 다 이상합니다. 의미를 전혀 알아볼 수 없는 것들로 가득 차 있고, 코드에 규칙이 전혀 없어서 매우 지저분하고 읽기 힘듭니다. 어떤 곳에서는 대문자로, 어떤 곳에서는 소문자로, 어떤 곳은 한 줄을 띄우고, 어떤 곳은 다닥다닥 붙여 쓰고, 일관성이 전혀 없습니다. 코드의 의미를 이해하려다가 며칠 날밤을 새웠습니다. 프로젝트 마감 시한은 다가오는데 아직도 코드 전체가 어떻게 돌아가는지 잘 이해가 되지 않습니다. 이런 상태에서 뭔가 건드렸다가 패키지 전체가 잘못 돌아갈까봐 함부로 고치지도 못합니다. 겨우겨우 땜질 식으로 약간의 보정을 해서 코드를 완성합니다. 프로젝트가 제대로 끝났는지 아닌지도 모를 정도로 정신없는 과정이었습니다.

몇 주 뒤, 드디어 바쁜 프로젝트 몇 개를 '쳐 낸' 당신은 예전에 써 둔 SQL 쿼리를 다시 볼 일이 생겨 코드를 열어봅니다. 그런데 분명 당신이 쓴 코드인데도, 이해되지 않는 부분이 몇몇 보입니다. 중간 테이블 이름도 급한 김에 아무렇게나 지었더니 나중에 봤을 때 어떤 테이블이었는지 몰라서 코드를 전부 다시 읽습니다. 이렇게 또 시간을 낭비했습니다. 이제는 두려움이 먼저 밀려옵니다. 내가 고친 파이썬 코드를 나중에 다시 봤을 때 이해할 수 있을까? 이제는 그 코드 관련 프로젝트가 당신에게 할당되지 않기를 바라는 스스로를 보며, 흠칫 놀라고 맙니다.

그 순간 분석가가 되고자 캐글과 리트코드에서 분전하던 지난 날을 돌이켜봅니다. 내가 이런 일을 하게 될 줄 그때는 알았을까? 애초에 그렇게 많은 시간을 코딩 연습에 할애해야 했을까? 이제는 데이터 분석가 선발 과정에 회의감이 들 지경입니다.

분석도 엔지니어링의 일부

지금까지 한 이야기는 제가 분석 실전에서 실제로 마주쳤던 문제점들을 다소 극단적으로 각색한 이야기입니다. 물론 현실에서 여러분들이 마주칠 사례는 이만큼 극단적이지 않을지도 모릅니다. 하지만 한 가지 자신 있게 말할 수 있는 것은, 여러분이 마주할 데이터 사이언스 프로젝트는 아마도 모든 면에서 완벽하지는 않을 것이라는 사실입니다. 회사는 언제나 현실의 어려운 문제와 마주하고 있고, 빠르게 그 흐름을 쫓아가야 하며, 완벽한 워크플로우를 만들기보다는 새로운 문제를 해결하는 데 주력하는 경우가 대부분이니까요.

하지만 이 모든 어려움에도 불구하고 변하지 않는 것은, 데이터 과학도 결국은 어느 정도 엔지니어링적인 요소를 포함하기 마련이라는 겁니다. 심지어 프로그래밍 언어를 사용하지 않고 엑셀 같은 도구를 사용해서 분석 프로젝트를 수행하는 때에도 똑같이 적용됩니다. 엑셀로 데이터 분석을 할 때도 온갖 함수와 매크로를 사용하고, 팀원 간에 문서를 주고받을 일이 생기며, 파일이 지저분하게 관리되면 나중에 다시 봤을 때 일하기가 힘들어지는 것은 변치 않는 사실입니다. 하물며 코드를 사용하는 직군에는 말해 무엇할까요. SQL을 사용하든, R을 사용하든 파이썬을 사용하든 다 엔지니어링적인 측면이 개입되게 마련입니다. 성격의 차이는 있을지언정 코드를 쓰고, 유지보수하며 사람들과 협업한다는 측면에서는 다 같은 측면을 공유한다는 말입니다.

한 가지 덧붙이고 싶은 것은 여기서 '다른 사람'이라는 것이 꼭 물리적으로 다른 사람을 의미할 필요는 없다는 겁니다. 놀랍게도 여기서 '다른 사람'은 '미래의 나'도 포함하는 개념입니다. 시간 간격을 어느 정도 두고 내가 쓴 코드를 다시 읽었을 때 느낀 이질감, 코딩을 조금이라도 해보신 분이라면 공감하시리라 생각합니다. 엔지니어링에서의 규범들은 과거의 내가 미래의 나와 소통하는 데 필요하기도 합니다.

관련해서 한 가지 이야기하면, 한때 모든 방면으로 뛰어난 유니콘 같은 존재로서의 분석가가 회자되던 시절이 있습니다. 코딩도 잘하고, 통계/ML 지식도 뛰어나고, 협업도 잘하고, 소통도 잘하고, 비즈니스 감각도 뛰어난, 아마도 세상에 거의 존재하지 않을 법한 그런 사람 말입니다. 시간이 꽤 지나서 분석 업계에 그런 사람이 거의 없다는 것이 알려진 지금은 유니콘이 멸종되었는지 찾는 사람마저 드물어지긴 했지만 말입니다. 그런데 그런 '유니콘'은 둘 중 하나입니다. 모든 방면에서 뛰어나거나, 모든 방면에서 고만고만하거나. 불행히도 현실 세계에는 저를 포함해 후자에 속하는 사람들의 비율이 압도적으로 높고, 그 결과 분석가 구인에서는 엔지니어링 스킬을 꼼꼼하게 따지기 힘든 경우가 많습니다. 특히 분석가 인력의 유입 경로 중 상당수가 엔지니어링 스킬보다는 경험과학이나 여타 이론적 성격이 강한 분야라는 사실이 그런 현실을 더욱 강화합니다. 회사에서 분석가를 선발할 때 코딩 능력이 특출난 사람을 선발하기 상당히 어렵다는 말입니다 (사실 코딩 능력이 특출나면 다른 쪽, 이를테면 통계/ML이 상대적으로 좀 비거나 할 가능성도 '상대적으로' 높고 말이죠). 그리고 코딩을 잘하는 사람들은 개발자라는 자연스러운 커리어 경로가 있기 때문에 굳이 분석 분야에 관심을 두지 않는 것도 사실이고요. 그래서 분석가들은 특히 커리어 초반에는 코딩 능력이 상당히 부실한 경우가 왕왕 있습니다. 저도 깃Git의 사용법이라든지, 파이썬 코딩 스타일 같은 것들을 인더스트리에 오고 나서야 어느 정도 익혔습니다만, 아직 매일 부족함을 체감합니다.

좋습니다. 분석가들이 엔지니어링에 약하지만 결국 하는 일은 궁극적으로는 일종의 엔지니어링이라는 사실을 이야기했습니다. 그러면 어떻게 해야 이 간극을 메울 수 있을까요?

모르면 배웁시다

한 가지 당연해 보이는 답은 '모르면 배운다'입니다. 그런데 이게 생각보다 잘 안 돼서 이야기해야겠다는 생각이 들었습니다. 분석가도 엔지니어링을 하는 이상, 엔지니어링에서 어떤 것들이 좋은 습관으로 간주되는지 관심을 갖고 배울 필요가 있습니다. 자잘한 것들, 예를 들어 프로그래밍에서 변수 이름을 어떻게 지을지 (이것도 사실 프로그래밍 언어마다 다 다릅니다), 함수나 메서드 등을 작성할 때 서로 몇 줄을 띄워야 하는지, 여러 줄에 걸친 코드를 작성할 때 줄바꿈은 어떻게 하는지, 주석은 어떻게 쓰는지 등에 관한 팀의 내규를 배울 필요가 있습니다. 특히 파이썬 언어에서는 띄어쓰기가 강제되는데, 이것을 스페이스로 할지 탭으로 할지도 흔히 정해져 있죠. 어기면 큰일납니다! 없다면 외부에서 잘 정리된 것을 배워서 팀에 도입하는 것도 좋은 생각이고요. 그런데 분석 업무만 해도 바쁘기 때문에 의외로 이런 것에 신경써서 일하는 것이 생각보다 쉽지 않습니다. 특히 업무 속도를 중시하는 팀에 있다면 이런 것들을 챙길 시간이 상당히 부족합니다. 그런 거 할 시간에 보고서나 한 장 더 쓰고 새 코드나 (물론 이런저런 것들을 따질 필요 없이) 한 줄 더 쓰라는 분위기가 알게 모르게 팀에 형성되어 있을 수 있습니다. 물론 제가 이런 팀들을 거쳐봤기 때문에 하는 이야기입니다. 해외 회사는 더 낫지 않냐고요? 겪어 보니 다 그런 건 아니더라구요.

지금부터는 제가 강조하고 싶은 몇 가지 추천사항입니다.

스타일 가이드

대부분의 현존하는 주요 프로그래밍 언어에는 스타일 가이드라는 것이 있습니다. 이것은 해당 언어에서 코드를 어떻게 써야 하는지에 대한 일반적인 가이드라인인데, 읽어보면 의외로 세세한 것들까지 규정하는 경우가 많습니다. 이런 게 존재하는 이유는 결국 엔지니어링 양식을 통일시켜, 코드를 깔끔하게 만들고 가독성을 높이며 협업 속도를 개선하기 위함입니다. 데이터 사이언스에서 많이 사용되는 언어인 파이썬, R 같은 언어에는 이미 잘 알려진 스타일 가이드들이 있습니다. 이미 팀에서 이런 것들을 도입해 쓰고 있을 수도 있지만, 그렇지 않다면 개인적으로라도 배우고 체화시켜보는 것을 권장합니다. 독자 여러분의 장기적인 커리어에 도움이 되리라 생각합니다.

코드 스타일에는 정답이 없고 주관이 많이 들어가기 때문에 자칫하면 갈등의 원천이 될 수도 있습니다. 대개 코드 스타일을 도입하는 팀들은 특정 철학에 기반해 많이 쓰이는 코드 스타일을 팀원들에게 권장 내지는 강제합니다. 어떤 팀에서는 린터linter를 일괄적으로 사용하기도 하는데, 린터는 틀린 문법이나 정해진 스타일에 맞지 않는 코드를 잡아서 지적하는 도구입니다. 처음 사용하는 입장에서는 꽤 짜증날 수도 있지만, 익숙해지면 그럭저럭 쓸 만합니다. 앞서 말했듯 코드 스타일 문제에는 정답이 없고 (특히 데이터 사이언스에서는 아마도 더) 팀별 약속의 문제이기 때문에, 애초에 팀원 간에 합리적 토론을 통해 결정하고 일단 정해졌으면 잘 준수하는 것이 중요합니다. 팀장 성향에 따라 일방적으로 주어질 수도 있겠지만요.

PyCharm이나 VSCode에서 파이썬을 사용한다면 린터 대신 Flake8이나 Pylama 같은 도구를 사용할 수 있습니다. 모두 귀찮으면 포매터^{formatter}를 사용하면 됩니다. 포매터에 따라 매우 빡빡한 기준을 적용할 수도 있다는 것을 유의해야 합니다. 이를테면 Black이라는 포매터는 스스로 깐깐한 포매팅을 한다고 광고합니다.

협업 도구(깃)

현대의 엔지니어링은 혼자 하는 경우가 없다고 해도 과언이 아닙니다. 특히 회사에서는 더욱 그렇습니다. 여러분은 거의 확실하게 누군가와 함께 코드를 작성하고 유지보수하게 될 겁니다. 이것은 일반적인 개발뿐 아니라 분석에서도 마찬가지입니다. SQL 쿼리라든지, R/파이썬 코드 등을 여러분은 다른 분석가나 심지어 PM 등 다른 직군의 사람들과 공유하게 될 겁니다. 이런 상황에서 코드의 유지보수를 도와주는 도구를 버전 컨트롤 시스템^{version control system}이라고 합니다. 버전 컨트롤 시스템을 사용하지 않으면 아무나, 아무렇게나 코드를 작성하고 고칠 수 있기 때문에 코드가 엉망이 됩니다. 그리고 뒤에서 설명할 코드 리뷰라는 것을 하기도 매우 힘들어집니다. 그래서 많은 회사가 개발뿐 아니라 데이터 분석에서도 버전 컨트롤 시스템을 도입해서 씁니다. 물론 그렇지 않은 회사도 있는데,

그런 곳에서는 코드를 가지고 남들과 협업하는 데 상당한 어려움을 겪을 수도 있습니다.

여러분의 회사에서 깃을 사용하든 말든 그냥 배워두시라고 권하고 싶습니다. 한 사람의 커리어는 긴 여정이고, 그 과정에서 아마도 여러분은 버전 컨트롤 시스템을 한 번쯤은 만나게 될 겁니다. 어쩌면 그게 첫 직장이 될 수도 있고요.

회사에 다니기 전에 분석가로서 깃을 접하는 게 다소 어려울 수도 있습니다. 특히 여러분이 비-엔지니어링 분야 출신이라면 더욱 그렇습니다. 심지어 그럴지라도 깃을 알아두고, 이력서에 깃을 할 줄 안다고 써놓는 것이 다음 면접 기회를 더 많이 열어줄 수 있습니다. 그만큼 깃은 중요한 기본기입니다. 코드를 원격 저장소('리파지토리')에서 불러오고(클론clone 또는 풀pull), 개인 랩탑이나 데스크톱 등에서 수정하고, 이를 확정한 다음(커밋commit) 코드 저장소에 다시 업로드하는 과정(푸시push)까지 어떻게 이루어지는지 잘 이해하면 큰 도움이 됩니다.

특히 많은 초보자는 깃을 사용하다가 잘못된 변경 사항을 만들어서 코드 리포지토리 전체를 날리곤 합니다. 그런데 자꾸 실수를 해봐야 늡니다. 초년 시절 실수는 이해받기도 쉽고, 실수를 거치지 않으면 배우기 어려운 것들도 종종 있습니다. 그리고 이건 비밀인데, 날아간 리포지토리는 웬만하면 복구할 수 있어요!

좀 과장 섞어서 말하면, 깃을 알기 전후로 여러분은 다른 세상을 경험하게 될 겁니다.

코드 리뷰

서로가 쓴 코드를 검사하고, 수정 사항을 제안 및 수용하며, 최종 승인이 떨어져야 수정 사항들을 코드 보관소에 반영하는 과정을 코드 리뷰code review라 부릅니다. 제가 지금까지 거친 분석 조직들에서는 코드 리뷰를 하는 곳보다 안 하는 곳이 더 많았습니다. 굳이 나누어보자면, 머신러닝과 자동화가 더 많이 도입된 곳일수록 코드 리뷰를 소위 더 '빡세게' 진행할 가능성이 높습니다. 코드의 질이 낮으면 결국 어느 시점에서는 코드가 '부러질' 가능성이 높기 때문입니다. 반대로 사람이 개입하는 과정이 많고 수동적인 작업이 많을수록 코드 리뷰는 상대적으로 더 널널할 가능성이 높습니다. 사실 코드 리뷰를 하지 않는 조직도 꽤 많습니다.

코드 리뷰는 때로는 자존심 싸움이 되기도 합니다. 코드 리뷰는 대개 한 명의 팀원이 수정 사항을 제안(퍼블리쉬)하고, 지정된 리뷰어들이 살펴보는 것으로 출발하는데, 서로 다른 사람 사이에서 코드 작성에 대한 서로 다른 의견들이 있을 수 있습니다. 이런 것들이 완전히 조율되는 것은 거의 불가능합니다. 사실 이런 의견 불일치를 줄이는 데 앞서 말한 코드 스타일 가이드가 큰 도움이 됩니다. 적어도 자잘한 것들을 가지고 싸울 일은 현저하게 줄어드니까요. 그래도 코드 리뷰에서 은근한 신경전이 다 사라지지는 않겠지만 말입니다.

가독성

처음에는 대개 '일단 돌아가게' 만드는 게 목적일 때가 많습니다. 특히 시제품을 만들 때 더욱 그렇습니다. '제품'이라는 말이 좀 어색하게 느껴질 수도 있겠지만 데이터 과학자도 엄연히 제품을 생산하는 사람입니다. 데이터 관련 코드 또는 모델이 무형이라는 게 다를 뿐이죠. 영어로는 시제품을 minimum viable product, 줄여서 MVP라고 부릅니다. 말 그대로 간신히 살아남을 수 있는 제품이라는 뜻입니다.

그런데 '시제품'은 속도전 상황이거나, 그 정도까지는 아니더라도 빠르게 데이터 제품을 생산해 반응을 살펴볼 목적으로 제작하는 경우가 많습니다. 이 과정에서 수많은 기술 부채가 생성됩니다. 그리고 그 과정에서 가독성은 희생당하는 1순위 덕목입니다. 그런데 코드도 일종의 글입니다. 기계만 읽을 수 있고 사람이 읽지 못하는 코드는 기계어지 우리가 아는 언어로 작성된 코드가 아니죠. 따라서 코드도 동료들이나 미래의 내가 읽을 수 있게 작성해야 하고, 논리적 흐름이 있어야 합니다. 그런데 코드를 이렇게 쓰려면 품이 꽤 많이 듭니다. 앞에서 잠깐 언급한 스타일도 따라야 하고, 주석도 적절히 달아야 하고, 변수 이름도 이해할 수 있게 지어야 합니다. 그런데 빨리빨리 속도전으로 작성된 코드는 이런 규율을 완전히 무시합니다.

제가 과거에 일했던 팀 중 하나에서 있던 사례를 들겠습니다. 이 팀도 소위 속도전에 항상 시달렸습니다. 비즈니스 관련 요구사항을 빠르게 구현하고 결과를 배달하는 데 익숙한 팀이었죠. 그에 비해 경험과 실력이 겸비된 엔지니어 수는 턱없이 부족했습니다. 이런 환경은 주니어들에게는 오히려 좋은 측면이 있기도 합니다. 성과를 낼 수만 있으면 인정받고 승진할 수 있는 기회가 되기도 하기 때문입니다. 반면 이런 팀에는 뚜렷한 단점이 있습니다. 바로 기술 부채가 쌓인다는 것인데, 이 팀에서는 특히 가독성이 문제였습니다. 더 구체적으로 말하면 다음과 같은 문제들이 있습니다.

변수들의 이름으로는 어떤 정보를 담고 있는지 전혀 파악할 수 없었습니다. 아마 데이터 과학자라면 모두 '데이터프레임dataframe'이 무엇인지는 알고 있을 겁니다. 그런데 시제품을 만드는 과정인 프로토타이핑prototyping 과정에서 급하니까 데이터프레임을 담은 변수 이름을 아무렇게나 짓는 경우가 꽤 흔합니다. 이를테면 데이터프레임의 철자 dataframe을 줄여 쓴 df, 그리고 여기다가 이런저런 조작을 한 다음 df2, 그다음은 df3, 뭐 이런 식입니다. 이렇게 하는 것이 가끔 필요할 때도 있습니다. 변수 이름을 짓는 것은 사실 정교한 기술의 영역에 들어가고, 어떤 사람들은 변수의 내용을 정확히 기술하지만 너무 긴 변수 이름을 좋아하지 않기도 합니다. 그래서 프로토타이핑을 할 때는 좀 대충 지을 수도 있습니다.

문제는 그다음입니다. 일단 돌아가는 코드를 천신만고 끝에 짜고 나면, 그다음에는 변수 이름들을 다시 보면서 주의깊게 지어줘야 하는데 이게 꽤 귀찮은 작업입니다. 다른 바쁜 일들도 있기 때문이 이 일은 잠시 뒤로 밀리고 결국 영원히 잊혀집니다. 그리고 시간이 좀 지나고 나서 팀 동료가 쓸 일이 있어서 이 코드를 읽게 되면 무슨 생각을 하게 될까요? df, df2, df3 이런 이름을 보면 대체 이 데이터프레임들은 무슨 작업을 통해 생성된 것일까 궁금해하면서 일일이 무슨 작업이 이루어졌는지 파헤칠 수밖에 없습니다. 저도 이 팀에 처음 합류했을 때 이런 코드를 보면서 각 데이터프레임들이 무엇을 의미하는지 알아내는 데 한참을 코드와 씨름했던 기억이 납니다. 다행히 대부분은 간단한 작업이었기 때문에 알아내는 것이 그렇게까지 어렵지는 않았지만, 커다란 코드베이스 한 구석에 꽁꽁 숨겨져 있는 함수나 메서드 등이 적용된 경우라면 이를 알아내기 위해 코드의 바다를 한참 헤엄쳐야 하는 경우도 종종 생겼습니다.

또한 주석이 필요한 자리에 거의 존재하지 않았습니다. 주석도 꽤 귀찮지만 읽었을 때 이해할 수 있는 코드를 작성하려면 꼭 달아야 합니다. 아주 간단한 함수가 아니라면 말입니다. 특히 어떤 타입의 변수가 들어가고 어떤 타입의 변수가 나오는지는 최소한의 설명이라도 있어야 합니다. 그렇지 않으면 사용자는 함수의 입력값으로 무엇을 주어야 하고, 무엇이 나오는지 전혀 기대할 수 없기 때문에 이 또한 함수의 구현을 한참 찾아보고 나서야 알 수 있게 됩니다. 그리고 이 과정 또한 코드의 바다를 헤쳐나가는 작업이므로 상당한 시간이 소요됩니다. 심각할 때는 아무렇게나 함수나 메서드를 사용하다가 타입 에러가 납니다.

사실 이 문제는 R, 파이썬 같이 데이터 과학 주류 언어에서 더 심각하다고 할 수 있는데, 함수를 정의할 때 타입을 반드시 지정해야 하는 C, 자바 등의 언어와는 달리 R, 파이썬은 함수를 정의할 때 입출력 타입을 따로 지정할 필요가 없습니다. 이를 동적 타이핑 언어라고 부르는데, 타입에 대한 제약이 적다는 것은 빠르게 MVP를 만들 때는 꽤 편리한 부분이지만 유지보수 측면에서 문제가 될 소지가 많습니다. 입출력이 불분명할 수 있기 때문입니다. 이런 이유로 일부 프로그래머는 동적 언어 자체를 다소 불신하기도 할 정도니까요. 아무튼 이런 문제를 막기 위해 파이썬 같은 언어는 몇몇 장치를 심어 두었는데, 변수의 타입을 표기하는 '타입 힌팅type hinting' 같은 방식이 대표적입니다. 꼭 이런 방식이 아니라도 주석 등을 사용해 변수가 어떤 타입인지(pd.DataFrame인지 np.array인지 파이썬 내장 리스트인지 등)를 분명히 해두는 것이 좋습니다.

그리고 물론 타입도 문제지만 어떤 내용을 담고 있는지도 중요합니다. 예를 들어 데이터프레임을 사용한다면 어떤 열column 또는 변수들을 담고 있는지 확실히 표시해두는 것이 좋습니다. 그래야 나중에 다른 누군가가 코드를 봤을 때 그 데이터프레임에서 어떤 열을 사용할 수 있는지 파악할 수 있겠죠? 간혹 머신러닝 코드 같은 곳에서 사용하는 데이터프레임은 수백 개의 피처feature를 갖고 있습니다. 그럴 때는 열마다 일일이 주석을 다는 일이 어렵기도 합니다. 하지만 되도록이면 별도의 문서를 통해서라도 기록해두는 것이 도움이 될 겁니다.

다른 타입의 변수들도 마찬가지입니다. 설령 int와 float처럼 기본적인 데이터 구조라도 구체적으로 담고 있는 자료가 무엇인지를 함수나 메서드의 주석 부분에 간단하게라도 써놓으면 도움이 됩니다. 그런 설명이 전혀 없으면 독자는 변수명에서 알아내거나, 코드 흐름을 보면서 '아 이 변수가 어떤 정보를 담고 있겠구나'하고 일종의 추리를 할 수밖에 없는 상황에 빠집니다. 그리고 이 추리가 틀리는 날에는 대형 버그가 생길 수도 있습니다.

불행히도 제가 일했던 팀에서는 함수/메서드에 주석이 충분하지 않은 경우가 매우 많았습니다. 이런 코드는 당장에는 돌아가겠지만, 나중에 수정 및 유지보수를 하려 들 때 매우 골치 아파집니다. 입출력이 어떤 의미인지 코드를 일일이 읽어보고 큰 틀에서 이해해야 하기 때문입니다. 그냥 대충 돌아가게만 고칠 수도 있겠지만 그런 코드는 결국 시한폭탄입니다. 충분한 주석을 통해 코드 독자들이 입출력이 무엇인지 분명히 알 수 있게 하는 것이 좋습니다.

문서 작성

대개 프로그래머는 문서 작성을 싫어합니다. 코드를 작성하면서 뭔가 돌아가는 시스템을 구현하는 것은 굉장히 흥분되는 작업이지만, 문서를 쓰는 것은 그런 느낌을 별로 주지 않으니까요. 이것도 기술 부채에 해당되는지는 다른 항목들보다는 다소 불분명할 수도 있지만, 엄연히 영어 위키백과에 등재돼 있는 항목입니다. 코드를 쓰고 나서 써야 할 문서를 쓰지 않는 것도 결국에는 나중에는 갚아야 할 '빚'이기 때문입니다. 그리고 이런 문서가 없으면 나중에 동료나 내가 코드를 다시 봤을 때 의도나 구조를 파악하기 매우 어렵습니다. 특히 배배 꼬여 있는 구조를 가진 소위 스파게티 코드를 읽을 때라든지, 구조가 매우 복잡한 층위를 이루고 있는 큰 코드베이스를 읽을 때는 더욱 그렇습니다. 그러므로 문서 작성도 제때제때 해두는 것이 좋습니다.

그리고 문서 작성만큼 문서 정리도 중요합니다. 정리되지 않은 문서는 다시는 세상의 빛을 보지 못할 수도 있습니다. 어디 있는지 어떻게 찾아야 하는지 그 누구도 써놓지 않았기 때문입니다. 힘들게 공들여 쓴 문서가 실종돼서 누군가 불필요한 고생을 하고 문서를 처음부터 다시 쓴다면 엄청난 낭비를 초래하는 겁니다.

현업에서 문서 작성은 그리 '빛나지' 않는 업무입니다. 팀에 내가 어떻게 기여했는지 입증하는 것이 어려울 수 있습니다. 그러므로 관리자가 관심을 갖고 문서 작성 시간을 할애해주고, 그 결과로 작성된 문서를 성과로 인정하는 것이 중요합니다. 그렇지 않고서 문서 작성을 개개인에게만 맡겨두고 짬짬이 틈나는 대로 작성하게 개인에게 맡겨두면 아무도 문서 작성을 제대로 하지 않을 것이기 때문입니다. 사실 이것은 문서 작성에만 적용되는 게 아니라 소위 '잡일'로 취급되는 온갖 자질구레한 일들에 똑같이 적용됩니다.

유닛 테스트

유닛 테스트unit test, 단위 테스트는 코드의 특정 모듈이 의도한 바 대로 작동하는지 검증하는 과정입니다. 데이터 사이언스 코드는 다른 종류의 코드와 다르게 실험적인 요소가 매우 많고, 재사용성이 비교적 떨어지는 경우가 흔합니다. 특히 탐색적 자료 분석exploratory data analysis에는 주로 주피터 노트북Jupyter Notebook을 사용하는데, 유닛 테스트 코드가 존재할 가능성이 매우 희박합니다. 그보다는 자료의 가공, 시각화, 도표화 등이 주된 목적입니다.

하지만 재사용할 가능성이 높은 코드를 작성한다면, 특히 머신러닝 파이프라인 같은 경우 유닛 테스트가 중요합니다. 코드를 변경했을 때 구축한 파이프라인이 깨지지 않을 것임을 보장하는 데 유닛 테스트 코드가 큰 도움을 줍니다. 아쉽게도 데이터 과학에서 유닛 테스트의 사용은 다른 분야에 비해 떨어지는 듯하지만 강건한 코드를 만들어나가려면 한 번쯤 고려해볼 만한 사항임은 분명해보입니다.

버전 관리

데이터 사이언스에서는 매우 인기있는 몇 개의 라이브러리가 있습니다. R에서는 타이디버스tidyverse라는 패키지 모음, 파이썬에서는 넘파이 Numpy, 판다스Pandas, 싸이킷런Sklearn, 파이토치Pytorch 등을 주로 사용합니다. 언급한 라이브러리에 대한 의존도는 매우 높아서, 이것들을 사용하지 않고는 데이터 분석을 할 수 없다고 해도 과언이 아닙니다. 문제는 이 라이브러리들이 지속적으로 버전업된다는 겁니다. 그래서 유지보수가 필요합니다. 하지만 바쁜 업무 때문에 어쩔 수 없이 기존에 쓰던 버전에 철썩같이 달라붙어 애용하는 경우가 생기는데, 이 역시 일종의 기술 부채입니다. 새로 출시되는 도구들은 새 버전을 사용할 것이므로, 호환성 문제로 언제까지나 구 버전을 사용할 수는 없기 때문입니다. 결국 어느 시점에는 업그레이드를 해야 하는 순간이 옵니다. 그리고 R이나 파이썬 자체의 버전도 계속 바뀌므로, 언젠가는 새 버전으로 마이그레이션해야 합니다. 그런데 이런 것은 미루면 미룰수록 일이 커집니다. 하나를 바꾸면 연결된 모두를 다 업데이트해야 하기 때문입니다. 저는 버전 업그레이드를 늦추다가 업그레이드 비용이 계속 커져서 아예 외면하는 조직을 간혹 보았습니다. 이런 상황을 피하려면 적절한 시점에 도구들을 업그레이드해야 합니다. 개별 구성원의 의지만으로 되는 것이 아니므로, 조직 수준의 규약이 필요할 수도 있습니다.

지금까지 데이터 과학에서 갚아야 할 기술 부채들의 항목, 그리고 그에 대한 대처법을 간략히 이야기해보았습니다. 아마 거의 모든 데이터 과학자들은 자신이 겪어본 기술 부채 항목 하나쯤은 있을 겁니다. 소프트웨어

데이터 과학자 원칙

엔지니어링과 데이터 과학은 다른 점이 많지만 비슷한 점도 상당히 많고, 공유하는 기술 부채 항목도 많습니다. 데이터 과학 고유의 특성도 물론 존재하므로, 개발 분야에서 준수되는 규약을 그대로 적용하기에는 현실적인 어려움이 있는 것이 사실입니다. 하지만 '기술 부채'의 기본적인 의미를 되새겨 본다면, 데이터 과학에서도 기술 부채는 엄연히 존재하며 해결해야 하는 대상입니다. '응당 할 기술적인 일들을 처리하지 않고 미루는 일'은 어디에나 어느 정도는 있습니다. 데이터 과학자라 해서 기술 부채에서 자유롭다고 생각하면 큰 착각입니다.

모든 기술 부채가 나쁜 것은 아닙니다. 기술 부채를 전혀 갖고 있지 않은 조직을 다르게 보면 실행 속도가 느린 조직이라고도 할 수 있겠죠. 예를 들어 매우 빠르게 변화하는 비즈니스 상황에서 유지보수보다 꼭 필요한 비즈니스 로직을 먼저 구현하는 일이 잘못은 아닙니다. 실제로 현업에서 이런 일은 비일비재하게 일어납니다. 하지만 주기적으로 부채를 정리하는 시간도 있어야 합니다. 그렇지 않으면 지속 가능한 데이터 과학을 하기 힘들어질 수도 있습니다.

기술 부채를 방지하고 해결하는 데는 앞서 이야기한 것처럼 배워야 할 일이 꽤 많습니다. 귀찮다고 생각할 수 있지만, 이것도 데이터 과학 업계에서 일종의 '시민'이 되어가는 과정이라 생각하면 좀 덜 고통스러울 겁니다. 한 번 익숙해지면 자전거 타기처럼 자연스러워지는 것들이기도 합니다.

데이터 과학이 초창기를 벗어나 성숙기에 접어들고 있는 지금, 데이터 과학 고유의 엔지니어링 워크플로우에 대한 관심이 필요할 때입니다. 기술 부채에 대한 관심도 그러한 항목일 겁니다.

《Pro Git》

깃Git 입문에는 단연 이 책을 추천드립니다. 책 전문이 무료 pdf 로 공개돼 있고 웹에서 바로 읽을 수 있습니다. 종이책도 판매 합니다. 2, 3, 6장에서 기초를 잘 알아줍니다. 저도 데이터 과학 자를 처음 시작할 때 이 책으로 공부했습니다.

• https://git-scm.com/book/en/v2

《Learning the vi and Vim Editors》

《Practical Vim》

AWS 등 클라우드 환경에서 텍스트 에디터를 써야 하는 경우가 간혹 생깁니다. Vi/Vim이라는 도구는 리눅스에서 많이 사용되 는 텍스트 에디터인데 배워두면 도움이 됩니다. 하드코어 유저 들은 IDE를 일부러 안 쓰고 Vim을 사용하기도 합니다. 이 책들 은 Vi/Vim을 빠르게 훑는 데 도움이 됩니다. 두 번째 책은 초보 자를 위한 책은 아니기 때문에 Vim을 좀 배운 뒤에 읽으시는 게 나을 겁니다.

《실용주의 프로그래머》

《클린 코드》

이 책들은 코딩이나 프로그래밍 언어 자체보다는 소프트웨어 엔지니어링 일반을 더 잘하기 위한 원칙을 다루는 고전들입니 다. 개발자들에게는 거의 필독서나 다름없는데, 데이터 과학자 들에게도 도움이 됩니다. 개발 관련 실용적인 팁을 많이 다루 고 있습니다.

07

메타인지와 액션으로 점진적으로 성장하기

변성윤 snugyun01@gmail.com

현) 카일스쿨 데이터 코치
전) 쏘카 데이터 과학자, 데이터 조직 Engineering Manager
전) 레트리카 데이터 분석가 겸 데이터 엔지니어
전) 스타트업 그래두(Gredoo) 창업

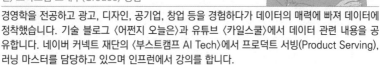

경영학을 전공하고 광고, 디자인, 공기업, 창업 등을 경험하다가 데이터의 매력에 빠져 데이터에 정착했습니다. 기술 블로그 〈어쩐지 오늘은〉과 유튜브 〈카일스쿨〉에서 데이터 관련 내용을 공유합니다. 네이버 커넥트 재단의 〈부스트캠프 AI Tech〉에서 프로덕트 서빙(Product Serving), 러닝 마스터를 담당하고 있으며 인프런에서 강의를 합니다.

《구글 빅쿼리 완벽 가이드》역

- zzsza.github.io
- youtube.com/c/kyleschool
- www.instagram.com/data.scientist

여러분은 지금까지 어떤 삶을 살아오셨나요? 저는 데이터 커리어를 시작한 지 이제 7년이 되었습니다. 경영학을 전공하고 석사를 하지 않은 제게 많은 분이 어떻게 데이터 분석가로서 커리어를 만들 수 있었는지를 질문합니다. 질문을 자주 듣다 보니 답변을 모아 〈데이터 사이언티스트가 되기 위해 진행한 다양한 노력들〉*이라는 글을 작성해두었습니다. 7년 동안 데이터 관련 다양한 경험을 하며 저만의 원칙이 생겼고, 그 원칙을 여러분에게 공유드리려고 합니다. 여러 주제의 원칙 중에 제가 뽑은 큰 테마는 메타인지입니다. 메타인지는 **자신의 인지 과정(인지 능력, 지식, 자신에 대한 이해)을 인식하고 이해하는 능력으로 자신에 대해 잘 이해하고 어떤 것을 아는지 모르는지를 분석해 개선 방안을 모색하는 과정입니다.** 개선 방안을 모색하는 과정엔 자신의 생각, 감정 및 행동을 성찰하고 분석하는 과정도 포함해야 합니다. 메타인지 역량을 상승시키면 더 효과적으로 학습할 수 있고, 효과적으로 문제를 해결할 수 있습니다.

사람마다 원칙이 다르기 때문에 제가 세운 원칙이 정답이라는 것을 말씀드리려는 것은 아닙니다. 원칙이 생기게 된 배경도 같이 공유드릴 예정이니, 맥락 위주로 봐주면 좋을 것 같습니다. 10가지 원칙과 메타인지를 넓히는 데 도움이 된 방법을 공유드리겠습니다.

1. 의도적으로 남다른 선택해보기
2. 주기적으로 일하는 목적 찾기
3. 제너럴리스트, 스페셜리스트 이분법으로 생각하지 않기

---

* https://zzsza.github.io/diary/2019/04/05/how-to-study-datascience/

4. 업무도 메타인지하며 목적 중심으로 생각하기

5. 나의 세상 정의하기

6. 회사에서 필요한 일과 내 흥미를 일치시키기

7. 팀 현황을 파악해서 개선점 만들기

8. 더 나은 커뮤니케이션 능력 기르기

9. 비즈니스 모델과 데이터의 접점 분석하기

10. 지금 힘들다면 여유가 있는지 생각해보기

의도적으로 남다른 선택해보기

여러분들의 대학 생활은 어떠셨나요? 저는 입대하기 전인 대학교 2학년까지 주변 사람들이 하는 선택을 따라 하고 있었어요. 선배들이 자격증이 중요하다고 하면 자격증 공부를 하고, 영어가 중요하다고 하면 영어 공부를 하고, 축제를 즐기고, 술을 마시는 등 주변 사람들의 선택을 군중심리에 이끌리듯 따라했어요. 그러다가 다른 사람들처럼 2학년을 마치고 군입대를 했는데 이때 변화의 계기가 찾아왔습니다. 바로 '나는 어떻게 살아왔는가'를 일기로 정리한 겁니다. 뒤돌아보니 '다른 사람과 비슷한 선택을 하며 살아온 삶'이더라구요. 그래서 복학할 때는 다짐을 했습니다.

"다른 사람들이 보편적으로 하지 않는 선택을 의도적으로 해보자."

이렇게 다짐하고 의사결정을 하는 과정에서 원칙을 적용했습니다. 보편적으로 하지 않는 선택이므로 리스크가 존재할 텐데, 이 리스크를 뛰어넘으면 내가 더 많이 성장할 수 있을 것이라 생각했습니다.

데이터 과학자 원칙

복학 후, 대학생 연합 광고 동아리에 지원서를 넣었습니다. 당시 광고 동아리에는 기획, 카피, 디자인, 영상 부서가 있었는데 제 전공인 경영학은 기획 또는 카피 부서와 관련이 깊었습니다. 반면 디자인과 영상은 제 전공과 가장 멀었습니다. 디자인과 영상은 다른 두 부서와 달리 소위 전공자만 할 수 있는 부서라는 인식이 있었습니다. 저는 "지금은 내가 디자인 능력이 없지만 여기서 시간을 잘 보낸다면 디자인 경험을 할 수 있을 거다"라는 생각으로 디자인부에 지원했습니다. 지원 당시 디자인 역량이 없지만, 디자인부를 왜 신청했는지를 자세히 작성해 전달했습니다. 면접 과정에서 "경영학과인데 왜 디자인부에 지원했느냐"라는 질문을 받았고, 디자인이 단순히 시각적인 것만 하는 것이 아닌 더 넓은 개념이라 답했습니다. 다행히 원하는 디자인 부서에 합격할 수 있었습니다. 디자인 부서에서 활동하면서 자신의 이야기를 시각적으로 전달하는 역량을 얻었고, 디자인 툴과 영상 툴을 활용할 수 있는 역량을 익혔습니다. 이 경험들은 이후에 제가 발표를 준비하는 과정인 발표 자료 디자인, 스토리텔링에 큰 도움을 주었습니다.

또한 데이터 분석가 커리어를 시작할 때도 같은 원칙을 적용했습니다. 첫 회사에 데이터 분석가로 입사했는데, 데이터 엔지니어링을 백엔드 개발자 분이 맡고 있었습니다. 백엔드 개발자 분이 리소스 이슈로 데이터 엔지니어링까지 계속 맡을 수 없다며 저한테 업무를 맡아달라고 요청했습니다. **이때 '아 업무가 왜 더 늘어나지?'라는 생각보단 '데이터 분석을 잘하려면 데이터 엔지니어링을 알아두면 좋겠네! 그런데 처음이라 뭘 어떻게 해야 할지 모르겠어, 어떻게 잘할 수 있을까?'** 이런 생각을 했습니다. 백엔드 개발자 분에게 어려움이 있을 때는 도움을 편히 청해도 되는지 물어보았고 승

낙을 받았습니다. 그 뒤로 백엔드 개발자 분이 1주일에 1시간 정도 어려움을 같이 해결하는 시간을 가져주었습니다. 그당시 옆에서 백엔드 개발자 분이 디버깅하는 광경을 보면서 문제를 해결하는 과정이 이런 거구나를 깨닫고, 저도 디버깅하는 과정을 체화할 수 있었습니다.

그러나 혼자 데이터 엔지니어링을 경험하며 어려움이 많았습니다. 이 시기는 2017년인데 데이터 엔지니어링 프레임워크로 대부분 회사가 하둡Apache Hadoop이나 스파크Apache Spark를 사용했습니다. 그런데 제가 다니던 회사는 구글 클라우드의 빅쿼리BigQuery를 사용했습니다. 빅쿼리에 대한 자료가 많지 않았던 시절이라 구글링해봐도 원하는 내용을 찾기가 쉽지 않았습니다. **'보통의 회사에서는 업무 관련한 내용을 사수나 동료에게 물어보는데, 나는 회사 안에 물어볼 사람이 적고 사수도 없다. 그럼 회사 바깥에 있는 사람들에게 자문을 구하면 어떨까?'**라는 생각이 들었습니다. 이왕 하는 김에 더 적극적으로 해보자 마음을 먹었습니다. 먼저 제가 진행하는 업무와 관련된 발표나 글을 찾아 학습하고 해당 콘텐츠를 작성한 분을 페이스북이나 슬라이드쉐어, 링크드인에서 찾아 친구 추가를 했습니다. 그러고 나서 공유해주신 자료가 업무에 도움이 되었다는 감사 인사를 드렸습니다. 그 후, 혹시 시간이 괜찮으시면 제가 고민하는 부분에 대해 도움을 구할 수 있을지 확인하고 나서야 궁금한 사항을 문의했습니다. 다행히 답변을 주신 경우가 많았고, 이 경험으로 문제를 해결할 수 있었습니다. 답변을 주신 분들에게는 꼭 감사 인사를 남겼습니다. 이런 관계를 구축하니 추후에도 반갑게 연락을 주고받을 수 있게 되었고, 저도 도움을 드릴 수 있는 때에 도움을 드리곤 했습니다. 돌이켜보니 요즘 커뮤니티에서 종종 언급되는 단어 '랜선 사수'를 만들고, '함께 자라기'를 고민한 것 같습니다. 적극적인 자문 구하기 활동은 두 가지 면에서 유익했습니다. 첫째, 회사에선 알 수 없는 모범 사례를 더 많이 그리고 더 깊게 알 수 있었습니다. 둘째, 저를 도와주신 분들처럼 저도 다른 분들을 도와야겠다 생각이 들었고 이후 실천하게 되었습니다. 그 결과로 교육을 진행하고, 블로그와 유튜브에 도움을 줄 수 있는 컨텐츠를 만들고 있습니다.

주기적으로 일하는 목적 찾기

여러분은 왜 일하나요? 사회 초년생 때는 졸업 후에 당연히 일을 해야 한다고 생각하고, 돈을 벌기 위해 일한다고 생각했습니다. 이런 생각이 틀리다고 생각하지는 않지만, 왜 일하는지에 대한 이유를 생각하면 좋습니다. 일하는 이유가 명확하면 중요한 의사결정을 할 때 기준으로 활용할 수 있고, 내가 하는 일이나 나의 장기적 커리어와 연결해 생각할 수 있습니다. 일하는 이유는 평생 같지 않으며 시기나 연차에 따라 달라지곤 합니다. 매번 일하는 이유가 변하는 것도 괜찮으니 지금 시기의 일하는 이유를 만들어보면 좋습니다.

제가 가지고 있던 일하는 이유를 연차별로 공유하겠습니다. **신입부터 3년차까진 자신의 성장을 위해 일을 했습니다.** 실력이 부족했기에 이런 목적을 설정했고, '성장할 수 있는 일이라면 무엇이든 해보자'라는 생각으로 일에 접근했습니다. 데이터 분석과 데이터 엔지니어링 영역에서 마치 게임 속 사냥터에서 몬스터를 해치우고 레벨업한다는 생각으로 다양한 업무를 진행했습니다. 되돌아 보니 데이터 분석부터 데이터 엔지니어링을 모두 경험한 덕분에 더 넓은 관점으로 업무를 바라볼 수 있게 된 것 같습니다. 예를 들어 데이터 분석, 머신러닝 모델링 등을 진행할 때 데이터가 어떻게 쌓이는지부터 점검해볼 수 있었습니다. 데이터가 저장된 형태를 확인해 데이터 분석에서 편하려면 앞단에서 데이터의 형태를 어떻게 저장해야 하는지 등을 생각하며 데이터 엔지니어링 작업을 먼저 수행할 수 있었습니다. 나의 목적에 맞는 방식이면 무엇이든 해보자라는 원칙을 정하지 않았다면 '왜 내가 이것까지 해야 하지?'라는 불만만 토로했을지도 모릅니다. 일하는 목적이 분명했기에 발전적으로 나아가려면 무엇을 할지에 집중할 수 있었습니다.

시간이 흘러 3년차에 팀장 업무를 하게 되었습니다. 3년차에 팀장 업무가 이르다고 판단되었지만, 이 또한 자신의 성장에 도움이 된다고 생각해 수락했습니다. **팀장 업무를 하면서 왜 일하는가에 대한 기준이 변했습니다. 예전엔 자신의 성장에 집중했다면, 이젠 일하는 목적이 '팀의 성장'이 되었습니다.** 팀이 어떤 방식으로 일하고 있고, 팀원들이 어떤 감정을 느끼며 일하는지, 다른 조직과 어떻게 협업할지, 어떤 업무를 해내야 비즈니스적으로 임팩트를 낼 수 있을지 등을 고민했습니다. 팀에서 어려운 의사결정을 할 때, 제가 왜 일하는가를 생각하며 의사결정을 했습니다. 팀의 성장에 도움이 되는 방향으로 결정하고 그 결정이 더 좋은 결과를 받을 수 있도록 했으며, 팀의 성장에 도움이 되지만 팀원분들이 여력이 없어 챙기지 못하는 업무를 진행했습니다. 어떻게 보면 당연한 팀장의 업무라고 볼 수 있지만, 3년차에 팀장 역할을 하며 역할 갈등을 겪고 있던 시기엔 당연하지 않았습니다.

저도 팀장 업무를 처음 할 때는 실무를 계속 잡고 있었습니다. 다행히 일하는 목적에 기반해서 생각하는 습관이 생겨 팀의 성장을 위한 결정을 할 수 있게 되었습니다. 팀장 업무를 하면서 사람들의 이야기를 들어주고 코칭하는 것을 즐기게 되었고 저와 대화를 한 분들이 성장하는 모습을 보는 것에서 내적 동기를 얻었습니다. 이런 내적 동기를 확대하기 위해 2년 후인 5년차부터 30~40명의 데이터 조직을 코칭하는 역할을 맡아 매달 30~40명과 면담하고, 개별적인 성장 방식을 제안하며 큰 조직 차원에서 가야 하는 다음 과정을 준비했습니다. 꾸준히 학습하는 조직 문화를 만들기 위한 노력도 진행했으며, 이제 막 팀장이 되신 분들을 밀착해 코칭하기도 했습니다. **조직에서 필요한 코칭 업무를 하면서 이젠 일하는 이유가 '팀의 성장'을 넘어선 '조직의 성장'이 되었습니다.**

이렇게 저의 일하는 이유는 **'나의 성장 → 팀의 성장 → 조직의 성장 → 회사의 성장'**으로 확장되었습니다. 성장하면서 미치는 영향력도 **'나 → 팀 → 조직 → 회사'**로 확장된다고 볼 수 있습니다. 그러던 도중, 영향력의 범위를 넓혀 회사가 아닌 사회에 영향을 미치고 싶다는 생각이 들었고, 현업에 필요하지만 아직 교육 시장에 나오지 않은 주제가 눈에 보였습니다. 고민 끝에 사람들이 시행착오를 덜 겪을 수 있도록 제가 가진 경험을 공유하기로 결정했고, 교육과 코칭을 해야겠단 생각으로 퇴사를 결행했습니다. 퇴사 후 만든 첫 강의는 'PM을 위한 데이터 리터러시'를 주제로 삼았습니다. PM 직무나 제품을 만드는 개발자, 디자이너분들이 데이터를 활용하고 싶을 때 어떤 방식으로 무엇을 생각하면 되는지 경험적인 내용을 다루었습니다. 이론보다 적용하면서 겪는 내용, 다른 강의에서 다루지 않는 로그 설계, 실험 설계 등을 알려드려야 더욱 실용적이라고 생각했습니다. 책을 쓰는 **2023년에는 '왜 일하는가'라는 질문에 '회사를 넘어서 더 많은 사람을 돕기 위해'라고 답합니다.**

제너럴리스트, 스페셜리스트 이분법으로 생각하지 않기

업력 3년차 즈음이면 커리어에 대한 고민을 누구나 합니다. 저 또한 마찬가지였고, 저는 하나를 깊게 판 스페셜리스트가 아닌 제너럴리스트라고 볼 수 있습니다.

처음엔 스스로 정체성을 어떻게 정의할지 어려웠습니다. 데이터 분석가인가? 데이터 엔지니어인가? 머신러닝 엔지니어인가? 첫 회사에서 세 가지를 모두 경험했지만, 깊이는 부족했습니다. 일을 잘하는 사람들의 특징도 잘 몰랐고, 커뮤니케이션이나 비즈니스 모델도 잘 모르고 기술적인 관점만 생각하며 1~2년차를 보냈습니다. 그러다가 다니던 회사를 퇴사했습니다. 퇴사 후 바로 이직하는 것이 아닌 갭이어Gap Year를 갖기로 했습니다. 길을 다시 잡고 싶어서 4개월간 많은 것을 학습했습니다. 데이터 엔지니어링을 위해 스파크, 에어플로Airflow, 도커Docker 등을 더 학습하고 비즈니스 모델 분석, 딥러닝 등에도 많은 시간을 투자했습니다. 하나의 길에 올인하지 않고 여러 길을 열어두고 분산 투자를 했는데, 리스크를 줄일 목적으로 이렇게 진행했습니다. 그런데 너무 이것저것 하다 보니 딱맞는 채용공고가 많지 않았습니다. "아 잘못 생각했나? 하나를 깊게 팠어야 했나?"라는 생각이 들었습니다.

면접관 관점으로 생각해 발상을 전환해보았습니다. 여러 가지를 다하는 제너럴리스트보다는 한 분야의 스페셜리스트이면서 필요할 때 여러 업무를 할 줄 아는 사람이 좋아보일 것 같다는 생각이 들었습니다. 바로 이력서를 수정했고, 서류 면접에 통과해 대면 면접을 치를 수 있었습니다. 면접에서 하나의 업무에 집중할 수 있다는 점을 수렴에 비유해 언급하고, 필요할 때 여러 기술로 발산해서 확장할 수 있는 사람임을 공유했습니다. 그 결과 모빌리티 회사인 쏘카로 이직을 할 수 있었습니다. 합격한 후 현장에서 업무를 하다 보니 '면접에선 스페셜리스트를 뽑는 것처럼 보이지만, 입사하고 난 후 업무는 제너럴리스트에 가까운 일을 하는 게 아닌가?'라는 생각이 들었습니다. 즉, 회사의 상황에 따라 어떤 일을 하는지가 매번 변경되었습니다. 여러 경험을 했던 지난 세월의 흔적이 강력한 무기가 되어 주었습니다. 입사 당시엔 데이터 웨어하우스로 빅쿼리를 선정하고 막 파이프라인을 만들던 시기였습니다. 빅쿼리를 첫 회사에서 다루었기 때문에 빅쿼리 관련해서는 바로 업무를 할 수 있었습니다. 결과적으로 파이프라인을 만드는 일에 기여할 수 있었습니다.

어느날 회사에서 신사업인 타다^{TADA} 서비스에 데이터 분석 및 모델링이 필요한데, 참여할 의향이 있는지 조직장께서 물어봤습니다. 새로운 서비스에서 직무 상관없이 일을 하는 것은 '나는 왜 일하는가'에 대한 스스로의 대답과 맞아떨어지기 때문에, 기꺼이 하겠다고 대답했습니다. 이 시기에 데이터 파이프라인 구축부터 데이터 분석, 머신러닝 알고리즘 개발 등 다양한 업무를 진행했습니다. 과거에 제너럴리스트라 걱정했던 저의 단점이 또한 번 큰 강점이 되어주었습니다. 제품이 아직 없는 0 to 1 상황에서는 주어진 시간에 최대의 퍼포먼스를 내야 합니다. 시장 상황은 빠르게 변하기 때문에 유연하면서도 빠른 알고리즘을 구현하고 분석도 빠르게 진행할 수 있는 구조를 만들어야 합니다. '우리에게 주어진 시간이 얼마나 있지? 그걸 구현하는 방법으로 무엇이 있지? 그 방법들은 각각 얼마나 시간이 소요되고 장점과 우려점은 무엇이지?' 이런 생각을 하며 사고를 확장할 수 있었습니다.

돌이켜보면 제너럴리스트와 스페셜리스트는 무엇을 먼저 하느냐의 차이지 조직에서는 둘 다 경험하게 되는 것 같습니다. **회사에는 제너럴리스트도 필요하고, 스페셜리스트도 필요합니다.** 다만 회사의 비즈니스 상황에 따라 어떤 사람이 필요한지가 다를 뿐입니다. 0 to 1 상황에서는 제너럴리스트가 여러 가지 업무를 수행할 수 있고, 1 to 100일 때는 스페셜리스트가 하나에 대해 더 깊게 생각하는 과정이 필요합니다. 다만 시기와 상관없이 제너럴리스트와 스페셜리스트가 조직에 골고루 있으면 시너지를 낼 수 있습니다. 스페셜리스트가 일에 집중하도록 제너럴리스트가 기반을 만들어 공생하고, 빠르게 이터레이션하는 방식으로 개선하기 좋은 여건을 만들 수 있습니다. 여러분의 욕구가 무엇인지 생각하면서 어떤 것을 먼저 경험할지를 생각해보셔도 좋습니다.

하나의 역량을 잘 진행할 수 있는 확률이 임의의 숫자 0.2%라고 가정할 때, 3가지를 모두 잘할 확률은 0.2%^3 = 0.008%. 즉, 0.008%입니다(모두 독립이라는 가정하에 계산했습니다). 이처럼 여러 경험을 통해 역량을 섞으면 새로운 가치를 만들 수 있습니다. **여러 가지를 잘한다는 것은 결국 또 새로운 분야의 스페셜리스트가 탄생한다는 의미입니다.**

최근 데이터 직무로 추가된 애널리틱스 엔지니어_{analytics engineer}는 데이터 분석가와 데이터 엔지니어의 연결점 역할을 합니다. 데이터 분석가와 데이터 엔지니어 역할을 모두 했던 분들이 분화된 직무로 볼 수 있으며, 데이터를 활용하는 사람들이 어떻게 더 데이터를 쉽게 활용할 수 있을까를 생각하며 일합니다. 또 다른 예로 MLOps는 머신러닝 개발을 하다가 머신러닝 인프라를 한 분, 또는 데이터 엔지니어링이나 백엔드 개발을 하다가 머신러닝을 알게 된 분이 분화된 직무로 볼 수 있습니다. 점점 업계가 발전하면서 직무가 분화되고 제너럴리스트 직무가 스페셜리스트로 변한다고 볼 수 있습니다. 그러니 자신의 경험을 잡부라고 말하는 것보단, 이런 경험이 나의 고유한 강점을 만든다고 생각하면 어떨까 합니다. 그 과정에서 하나를 깊게 팔 수 있는 상황이라면 깊게 파고, 여러 가지를 경험할 수 있다면 여러 가지를 경험해보세요. 제너럴리스트지만 욕구가 특정 내용을 깊게 알고 싶은 거라면, 깊게 공부하는 습관을 만들어 달성할 수 있는 겁니다. 여기서 **중요한 점은 자신의 현 상황과 자신의 욕구를 파악하고 그 방향으로 가려면 어떤 경험을 해야 할까를 생각하고 실제로 실행하는 겁니다.** 이런 경험들이 쌓여 여러분만의 무기가 될 거에요.

업무도 메타인지하며 목적 중심으로 생각하기

데이터 분석을 할 때 어떤 방식으로 진행하나요? 데이터 분석의 목적으로 "인사이트 찾기"라는 말을 많이 합니다. 말은 쉽지만 인사이트 찾기는 쉽지 않습니다. 특히 업무에 방향성이 없을 때 제일 어렵습니다. 방향성이 없는 업무를 할 때 어떻게 인사이트를 찾아갔는지 경험을 공유하겠습니다.

먼저 인사이트란 무엇인지 알아보겠습니다. 위키백과에서는 인사이트를 "understanding of a specific cause and effect within a particular context"로 정의합니다. 우리말로 특정 상황에서 **특정 원인과 결과를 이해하는 것** 정도로 해석할 수 있습니다. '특정 상황'에서 '원인'과 '결과'를 파악하는 것이 핵심입니다. 특정 상황, 원인, 결과에 대한 관점을 다르게 표현하면 "그 문제는 어떤 상황에서 발생하고 어떤 결과가 생기는가?"로 표현할 수 있습니다. 이렇게 문장을 만들어보니 데이터 분석가가 업무에서 늘 하던 가설을 세우는 과정 같습니다. 현업에서는 업무를 제시하는 사람이 가설을 거의 제공하지 않고, "인사이트를 주세요"라고 합니다. 가설을 세우기도 어렵지만 어떻게 해야 인사이트를 찾아낼지는 더 어렵습니다. 신입 시절을 돌아보면 저는 혼자 생각하며, 제 관점에서 인사이트라고 생각할 수 있는 결과물을 찾아낼 때가 있었습니다. 그러다가 본질을 잃고, 재밌어 보이는 데이터 위주로 살펴보기도 했습니다. 이렇게 분석한 인사이트를 공유해도 사람들이 "재미있네요"라는 말만 할 뿐, 액션이 생기지 않았습니다. 이 경우엔 인사이트 업무를 제시한 사람의 관점과 다른 경우가 많았습니다. **데이터 분석을 왜 해야 하는지 목적을 명확히 하지 않았고, 업무를 제시한 관련된 분의 관점을 듣지 않았기 때문입니다. 서로의 사고방식이 달랐던 겁니다.**

데이터를 파악할 때 무엇에 집중하느냐에 따라 사고방식이 달라집니다. 대표적으로 그래프 중심 사고, 데이터 중심 사고, 목적 중심 사고가 있습니다. 저는 여기에 호기심 중심 사고도 추가하곤 합니다. 우리는 왜 데이터를 활용할까요? 의사결정에 도움을 주기 위해서입니다. 데이터 기반 의사결정을 하고 나서, 무언가 액션action을 취해서 지표를 개선하고 싶어 하지요. **정리하면 인사이트를 내라는 업무를 전달받으면 지금 해결해야 하는 문제와 알고 싶은 것을 목적으로 만들고 관련 데이터를 수집해 결론을 내야 합니다. 그래서 우리는 'So What?', 즉 '무엇을 해야 합니다'라는 액션을 도출해야 합니다.**

해결해야 하는 문제를 구체적으로 정의하기 어려운 경우라면 어떻게 할까요? 상급자나 이 문제를 제일 많이 고민했을 분에게 찾아가 자문을 구해보세요. 그분들은 어떤 고민이 있을까요? 저는 그분들의 요즘 고민이 무엇인지 물어보고, 회의에서 많이 언급되는 주제가 무엇인지 물어보곤 합니다. 이런 내용을 들으면 문제 해결을 위한 힌트를 얻을 수 있고, 거기서 인사이트를 위한 가설을 만들 수 있습니다. 예를 들어 "코로나로 인한 인사이트를 알려달라"는 요청을 받았다고 합시다. 이면에는 코로나로 인해 고객의 사용률이 줄고 매출이 예전보다 적어진 것 같으니 뭔가 해결방안을 달라는 의도가 숨겨져 있습니다. 이럴 때는 코로나로 인해 전체 사용률은 줄었지만, 기존보다 더 사용하는 서비스(또는 많이 팔리는 제품)가 있는지 확인해서 확장을 제안할 수도 있습니다. 데이터 분석가라면 누구나 가설을 만들고 데이터를 들여다보며 어떤 패턴인지 확인합니다. 패턴을 발견하면 멈추지 않고 '우리는 그래서 무엇을 할 수 있지?' 액션 아이템action item을 생각해야 합니다. 그러다 보면 '이 가설을 해결하면 무엇을 할 수 있을지'로 이어지고 처리하는 속도가 더욱 빨라집니다.

단, 데이터는 정답을 알려주지 않다는 사실에 주의해야 합니다. 흔히 데이터에 답이 있다고 말하지만 데이터는 스스로 말을 하지 않습니다. 데이터는 의사결정을 도와주는 도구일 뿐입니다. 불확실성을 줄여주는 도구로써 데이터를 생각하고, 리스크 관리 관점으로 바라보면 좋습니다. '이 액션을 취하면 우리에게 얼만큼의 리스크가 생길까? 리스크가 생기지 않는다면 매출을 얼마나 만들 수 있을까?'처럼 생각을 이어가야 합니다. 또한 데이터 분석 분야뿐 아니라 어떤 분야라도 '목적'은 중요합니다. 만약 목적을 잘 모르겠다면 상급자나 업무를 같이 하는 동료와 충분히 대화를 나눠 목적을 명확히 이해하고 나서 분석을 시작해야 합니다. 일의 맥락을 이해하고, 목적을 파악하는 것이 시작입니다. 목적이 항상 고정되었다는 생각이 아닌 상황에 따라 바뀔 수 있다고 생각하며 주기적으로 목적을 확인하는 것을 추천드립니다. 자신에 대한 메타인지처럼 업무에 대한 메타인지 역시 필요합니다.

나의 세상 정의하기

저는 종종 내가 어떤 세상에서 살고 있는지 고민해보곤 합니다. 자주 접하는 정보, 자주 지나가는 거리, 자주 가는 장소, 만나는 사람들, 사용하는 언어 습관 등을 파악하며 나의 세상을 정의해보려고 합니다. 회사를 다니면 점점 삶의 패턴이 '회사 → 퇴근 → 회사 → 퇴근'으로 고정되어 단조로워집니다.

삶의 패턴이 고정되자 어느샌가 제 사고의 세상도 한정되었습니다. 급기야 회사의 업무나 삶 전체가 고정된 세상에 갇히게 되었습니다. 예를 들어 업무를 할 때 더 노력할 수 있는 상황임에도 불구하고 '이건 이 정도면 괜찮아'라고 생각하고, 여행을 많이 가지 않던 저라서 '여행 가는 것보단 집에서 쉬는 게 더 좋지' 같은 생각에 갇히게 되었습니다.

사람마다 삶의 형태가 다르기 때문에 모두 자신의 세상을 넓혀야 하는 것은 아닙니다. 다만, 나의 세상을 정의하고 내가 가고자 하는 방향에 맞게 세상을 바라볼 필요가 있다고 생각합니다. 저는 세상을 4가지 항목으로 바라봅니다.

- 접하는 정보
- 업무 외 시간

데이터 과학자 원칙

- 언어 습관
- 익숙한 거리

접하는 정보

데이터 분석, 개발 업무를 하다 보니 접하는 정보가 모두 IT 정보가 되었습니다. 과거엔 디자인, 문화나 예술 관련 내용도 많이 접했는데, 데이터 커리어를 시작하고 너무 데이터와 개발에만 몰두했습니다. 물론 커리어를 시작하는 시기엔 이렇게 집중적으로 정보를 습득해 성장을 가속해야 했습니다. 전문성이 강화되는 것은 좋은 현상이지만 커리어가 전부가 아니라는 생각을 했습니다. 제가 과거에 좋아했지만 요새 자주 접하지 못하는 것이 무엇인지 생각하고, 시도하고 싶었던 버킷리스트도 다시 확인했습니다. 일주일에 1번 정도는 IT 지식이 아닌 정보를 습득하자는 생각이 들어 문화 체험 일정을 추가했습니다. 다양한 문화나 예술을 접하다 보니 새로운 영감이 떠올랐고 이를 데이터 분석에 반영하는 일도 생겼습니다. 한 번은 한창 영향력에 대해 고민하던 시기에 포르투칼 포르투에 가서 FC 포르투와 아틀레티코 마드리드의 챔피언스리그 예선 경기를 관람했습니다. 이전에는 축구를 직관한 적이 없었고, 축구를 안 본 지 꽤 되어 경기장이 낯설었습니다. 축구가 시작되니 열광하는 사람들 모습에 '저렇게 뜨겁게 마지막으로 열광한 게 언제더라'라는 생각이 들었습니다. 축구 선수 22명이 경기장 5만 명에게 강렬한 영향력을 미치는 광경을 보면서 나를 돌아보았습니다. 나는 몇 명에게 영향력을 미칠 수 있을까? 복귀한 후에 더 많은 사람에게 영향력을 미치려면 어떻게 해야 할까를 생각하게 되었습니다.

업무 외 시간

업무 외 시간에 무엇을 하느냐도 나의 세상을 결정합니다. 하루 일정을 소화하고 남은 업무 외 시간에 무언가를 계획하고 시도하는 것이 처음에는 어려웠습니다. 그래서 유튜브 쇼츠나 인스타그램 릴스를 보며 시간을 보내고 했는데, 볼 때는 재미있지만 보고 나면 지나간 시간이 아쉬웠습니다. 그래서 이 시간을 더 유용하게 보낼 수 있는 방법을 고민했습니다. 우선 테니스를 시작했습니다. 운동을 통해 스트레스가 해소되고, 운동 실력이 늘어나는 것을 보며 운동에서의 자신감도 얻을 수 있었습니다. 그리고 자주 사용하는 앱을 유튜브나 인스타그램이 아닌 지식을 습득할 수 있는 앱으로 만드는 시도를 했습니다. 저는 새로 나온 제품을 찾아보고 써보는 것을 즐기는 성향이 있어서 새로 나온 제품에 대한 정보를 알려주는 'Product Hunt'라는 앱을 설치했습니다. 이 앱을 사용해 예전보단 업무 외 시간을 잘 활용하고 있습니다.

언어 습관

언어 습관도 내 세상을 한정합니다. 혹시 무의식에서 '나는 비전공자라서... 나는 석사를 안 해서...'라는 생각을 혹은 말을 한 적은 없나요? 말이 나의 인지에 영향을 미치곤 합니다. 저는 '전공 지식이 도움은 되겠지만, 현업에서는 내가 해냈는가, 해내지 못했는가의 문제가 더 중요하지 않은

가? 비전공자라고 이야기하는 것은 합리화가 아닐까'라는 생각이 들었습니다. 그래서 저는 자신을 한정하는 단어를 최대한 사용하지 않으려고 노력합니다. **자신의 세상을 한정할 수 있는 언어보단 자신의 세상을 확장할 수 있는 언어를 사용하려고 합니다.**

그래서 "그럼에도 불구하고"라는 말을 자주 합니다. 어떤 생각이나 행동에 항상 "그럼에도 불구하고"를 붙이며 생각하는데, 그러면 새로운 해결 방법을 고민할 수 있게 됩니다. 또한 의도적으로 다른 생각을 할 수 있게 되기 때문에 의사결정을 할 때 도움이 됩니다. '그럼에도 불구하고 해보자! 해보지 않으면 모르기 때문에 일단 경험해보고 그 후에 이 시도가 좋았는지 회고해보자!' 이런 생각을 하게 됩니다. 긍정적인 점을 찾아 자신의 세상을 확장하는 효과를 낼 수 있었습니다.

익숙한 거리

회사에 다니며 출퇴근 길만 익숙해지는 저를 보았습니다. 이게 왜 익숙해졌는가 생각해보니 저는 앱에서 알려주는 최단 거리나 최소 시간 거리만 다녔습니다. 목적지로 가는 길은 여러 갈래인데 너무 최단 거리, 최소 시간 거리만 고집한 것이 아닐까라는 생각이 들었습니다. 그래서 여유가 있는 때는 평소에 타보지 않은 교통 수단을 사용하거나, 가보지 않은 길을 다니며 동네를 구경했습니다. 이런 경험을 하다 보니 업무에서도 다른 방법을 생각하는 습관이 생겼습니다. "항상 사용하던 방법 말고 다른 방법은 없을까" 말이죠. 같은 데이터라고 해도 회사의 비즈니스 모델에 따라 같은 방법을 적용해도 다른 결과를 얻는 경우가 많습니다. 또한 데이터 분석이나 머신러닝 분야는 지금 이순간에도 굉장히 빠르게 발전합니다. 그러니 한 가지 방법론만 고집하지 않는 유연함이 필요합니다.

이렇게 4가지를 기준으로 내 세상을 정의하고 스스로를 객관화했습니다. 또한 월마다 정기 회고를 하면서 어떤 것을 경험했는지 기록하며 액션 플랜을 구체화했습니다. 자기 객관화를 통해 내 세상을 잘 파악하고, 어떻게 해볼지 계획하고 실천하는 원칙이 생겼습니다.

회사에서 필요한 일과 내 흥미를 일치시키기

신입 시절(2017년)에 특정 도구를 회사에 도입하자고 제안한 적이 있는데 거절당했습니다. 거절에 굴하지 않고 수차례 설득 과정을 거쳐 끝내 도입했던 기억이 있습니다. 그당시 도입을 제안한 도구는 현재 데이터 엔지니어링 업계에서 표준으로 쓰고 있는 아파치 에어플로Apache Airflow입니다. 여러 이유가 있겠지만 여러분도 저 같은 반대에 부딪힌 기억이 있을 겁니다. 그런 상황이라면 어떻게 대처해야 할까요?

먼저 ❶ 회사에 필요한 일과 ❷ 내가 흥미를 가지는 것을 구분해야 합니다. 회사라면 회사의 성장과 전략 달성을 위해 해야 하는 과제가 있습니다. 이것이 바로 회사에 필요한 일입니다. 회사에 필요한 일을 할 때는 당연히 조직에서 사용하기로 합의한 도구나 기법을 사용해야 합니다. 그런데 일을 하다 보면 새롭게 나온 특정 프레임워크가 조직에 큰 도움이 될 것이라는 생각이 들 때가 있습니다. 이런 부분을 '내가 흥미를 가지는 것'이라고 표현하겠습니다.

'회사에 필요한 일'과 '내가 흥미를 가지는 것'의 방향성은 생각보다 중요합니다. 둘 사이에 방향성을 화살표로 표현하겠습니다.

둘 사이에 방향이 다르면 시간이 갈수록 간극이 더 커질 겁니다.

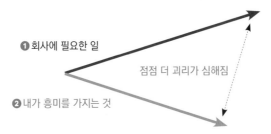

이런 상황이 계속되면 업무 만족도가 떨어지고, 번아웃이 오거나 퇴사를 결심하게 될 수도 있습니다. 이 괴리를 어떻게 조절하는지가 중요합니다. 사람은 하나의 흥미만 가지고 있지 않고, 여러 가지 흥미를 가지고 있을 수 있습니다. 여러 흥미 중에 회사에 필요하다고 생각하는 일을 먼저 진행하면 어떨까요? 그렇게 회사에 필요한 일과 내가 흥미를 가지는 것의 방향을 맞추는 것이지요.

그렇게 하면 내 흥미도 채우면서 일을 할 수 있게 됩니다. 시간이 지나도 괴리가 적기 때문에 간극이 클 때보단 일의 보람을 더욱 느끼고 있을 겁니다.

❶ 회사에 필요한 일

❷ 내가 흥미를 가지는 것

조직에서 나의 영향력이 형성된다면 '내가 흥미를 가지는 것'을 수월하게 도입할 수 있습니다. 그러려면 평소에 주어진 업무를 잘 수행해 신뢰를 얻어야 합니다. 그래서 저는 팀에서 필요한 일을 먼저 한 후에 제가 하고 싶은 것을 제시했습니다. 쌓아둔 신뢰가 영향력을 발휘하면 설득이 한층 쉽습니다. 내 팀에 성공적으로 안착하면 조직 전체로 확산할 차례입니다. 이렇게 단계적으로 진행하면 거절을 당하는 비율이 적어집니다.

지금은 데이터를 다루는 조직에서 MLOps가 당연시 여겨지지만, 이 용어는 2019년에 막 등장했습니다. MLOps를 접하고 나서 전사에 적용하고 싶었지만, 그당시엔 MLOps가 왜 필요한지에 대해선 공감을 얻지 못했습니다. MLOps를 잘하려면 우선 머신러닝 모델이 필요하고, 머신러닝 모델이 비즈니스에 임팩트를 내면서 모델이 더 많아져야 MLOps를 도입할 수 있을 것 같다고 생각했습니다. 그래서 먼저 매출을 증가시킬 수 있는 머신러닝 모델과 사람의 시간 리소스를 줄여주는 머신러닝 모델을 만드는 업무를 진행했습니다. 시간이 지나 머신러닝 모델이 점점 많아졌습니

데이터 과학자 원칙

다. 조직에 MLOps를 체계적으로 진행해 많은 모델을 효과적으로 운영해야 한다고 제안했습니다. 단 몇 줄로 표현한 이 과정에 1년이 넘게 소요되었습니다. 결과적으로 점진적 방식을 취한 덕분에 MLOps 조직을 꾸리고 MLOps 제품들을 만들어갈 수 있습니다. 여러분도 먼저 회사에 필요한 일을 해주어 신뢰를 얻고 자신이 원하는 업무를 점진적으로 도입해보기 바랍니다.

팀 현황을 파악해서 개선점 만들기

위에서 말씀드린 원칙들은 개인 관점의 원칙입니다. 이제 원칙을 개인이 아닌 팀으로 확장하겠습니다. 우리 팀에 대해 생각해봐야 하는 이유는 팀 단위의 협업도 많고, 회사에선 세포처럼 팀끼리 연결되어 있기 때문입니다. 목적 조직이든 기능 조직이든 혼자 모든 것을 할 수 있는 팀은 거의 없고, 서로 협업하며 업무를 진행합니다. 우리 팀의 업무는 어떤 팀에게 영향을 미치나요? 혹은 우리가 어떤 일을 진행할 때 다른 팀의 도움이 필요한가요? 그 팀에 계신 분들과 관계는 어떤가요? 우리 팀이 잘 하고 있다는 것을 지표로 나타내면 어떻게 정의할 수 있을까요?

팀의 주 업무가 SQL로 데이터를 주로 추출하는 것이고, 사람들이 '데이터 = 데이터 분석팀'이 하는 일이라고 생각하는 경우를 가정해 데이터 분석팀의 역할을 지금부터 알아보겠습니다.

팀이 하는 업무를 한번 분류해봅시다. "이런 데이터 필요해요"라는 타부서 요청이 있으면 SQL로 데이터를 추출하는 일을 주로 합니다. 이런 팀에서는 데이터를 얼마나 빠르게 추출하는지를 중요하게 생각합니다. 조직의 규모에 따라 효율성을 추구해 조직한 팀이지만 SQL로 필요한 데이터를 추출하는 업무가 주가 되면 데이터 분석팀은 "우리가 데이터 분석팀이 맞나? 아니면 데이터 추출 머신인가?"라는 회의감이 들게 됩니다. 일반적으로 데이터 분석팀의 목적은 데이터 분석을 많이 하고, 데이터 기반 액션을 하면서 의사결정을 잘 할 수 있는 문화를 만드는 겁니다. 그 과정에서 데이터 추출 요청에 응할 수는 있지만, 데이터 추출 업무가 너무 많으면 주객이 전도되어 팀원들의 사기가 떨어지게 됩니다.

또한 데이터란 단어가 들어가면 무조건 데이터 분석팀에 문의하는 경우도 있습니다. 단어를 보면 그렇게 생각할 수 있지만, 데이터 활용은 최근 많은 직무에서 요구되는 역량입니다. 데이터 관련 일은 데이터 분석팀이 다 해야 한다는 생각은 오늘날 업무 경향과 맞지 않습니다. 그럼에도 '데이터 = 데이터 분석팀'이라는 인식이 보편적인 것이 사실입니다.

이런 상황에 데이터 분석팀이 일을 잘하기 위해선 무엇을 해야 할까요? 팀에 대한 인지인 팀 메타인지를 가지고 액션 계획을 세우면 됩니다. 먼저 우리 팀이 진정 무엇을 하고 싶은지 논의해야 합니다. 팀원들이 이 회사에 입사하게 된 계기, 이 회사에서 달성하고 싶은 목표, 어떤 일을 많이 하는지, 어떤 일을 해보고 싶은지 등을 이야기해서 각자의 바라는 모습을 모아 팀 차원의 바라는 모습을 정의합니다.

그 후엔 우리의 문제 상황을 하나씩 살펴봅니다. 데이터 요청이 너무 많다면, 요청을 많이 하는 조직이 어느 팀인지 확인하고 반복되는 패턴이 있는지 파악합니다. 또는 우리 도메인에서 자주 봐야 하는 중요한 이벤트를 정의하고 이벤트 단위로 데이터를 정리합니다. 예를 들어 주문 데이터가 중요하다면, 주문 데이터와 관련된 데이터를 모두 모아두고 데이터 마트*를 만드는 겁니다. 반복되는 SQL 패턴은 데이터베이스에 테이블로 만들어서 간단하게 처리할 수 있게 만듭니다. 이런 식으로 데이터 인프라, 데이터 분석 환경을 개선하면서 데이터 추출에 드는 시간을 줄일 수 있습니다.

구성원들의 인식도 바꿔야 합니다. 동료가 '데이터 = 데이터 분석팀'으로 인식하는 이유는 데이터에 익숙하지 못하고, 데이터 기반 의사결정을 하는 환경을 경험하지 못했기 때문일 가능성이 큽니다. 데이터 활용 방안을 알려주는 과정에서 교육과 실습이 효과적입니다. 조직마다 상황에 따라 다르지만 일반적으로 데이터 리터러시 역량 전파, SQL과 데이터 도구** 사용 방법 등을 주제로 교육합니다. 이런 교육은 모두 수강생들의 업무에 데이터를 활용하도록 돕는 것이 목적입니다(그러면 인식은 조금씩 바뀝니다).

이 과정은 데이터 문화를 만드는 과정으로 볼 수 있습니다. 데이터 문화를 만드는 과정에서 사람들이 겪은 문제를 직접 이야기하는 시간도 충분히 가져야 합니다. 문화는 단기간에 형성되지 않습니다. 조급함을 버리고 점진적으로 형성해나가야 합니다. 지난 달 대비해서 얼마나 변화했는가를 확인하면서 액션 계획을 세워 실천하면 더욱 좋은 문화를 만들 수 있을 겁니다.

만약 여러분이 팀원이여도 팀에 대한 생각을 하면, 여러분의 메타인지를 향상시킬 때 도움이 됩니다. 팀원이지만 팀에 대한 생각을 하면, 팀장님은 여러분을 인상 깊게 바라보게 될 겁니다. 자신의 처한 상황을 넘어서

---

*   data mart. 데이터 웨어하우스에서 특정 팀이 데이터를 쉽게 사용할 수 있도록 가공한 데이터

**   Amplitude, Redash 등

팀에 대해 생각하기에 조직에서 필요한 사람이 될 수 있습니다. 팀 단위로 생각하는 것이 어렵다면, 팀장님 또는 상급자가 평소에 무엇을 하는지를 물어보고, 어떤 지식을 습득하고 있는지 물어보세요. 팀장님과 생각의 결을 맞출 수 있다면, 팀 단위로 생각할 수 있게 될 겁니다. 이런 과정을 통해 우리 팀의 개선점을 하나씩 만들 수 있습니다.

더 나은 커뮤니케이션 능력 기르기

업무를 하다 보면 커뮤니케이션 역량이 필요한 경우가 많습니다. 그렇다면 어떻게 커뮤니케이션을 잘할 수 있을까요?

제가 경험한 커뮤니케이션을 잘하는 사람들은 다른 사람이 말하는 포인트를 잘 파악하고, 사람에 대한 이해를 잘했습니다. 다른 사람이 어떤 이유로 그 말을 했는지 빠르게 파악하며, 그 정보를 토대로 적절한 방향으로 이야기를 이끌어내어 모두의 만족을 이끌어냅니다. 저도 이런 사람이 되기 위해 여러 시도를 했습니다. 먼저 말을 잘하는 것보단, 사람을 잘 이해하며 관계를 쌓는 것이 중요하다 생각했습니다. 사람과 사람 사이에 생기는 상호 신뢰 관계를 의미하는 용어인 라포Rapport를 잘 쌓고, 동료들을 이해하기 위한 커피챗을 요청했습니다. 커피챗을 하면서 동료가 어떤 생각을 하고 살고 있는지, 과거에 어떤 경험을 했는지, 요즘 어떤 고민이 있는지 등을 들으며 동료를 이해합니다. 이런 시간이 쌓여 동료들의 욕구나 고민을 알 수 있었고 업무를 진행할 때 동료들의 욕구를 참고해 대화를 이어나갈 수 있었습니다.

커뮤니케이션에서는 화법도 중요합니다. 같은 말을 하더라도 어떤 화법을 하느냐에 따라 대화를 듣는 사람이 다르게 받아들일 수 있습니다. 제가 자주 활용하는 방법은 비폭력대화입니다. 비폭력대화는 판단, 비난, 폭력이 들어가지 않은 말을 사용해 갈등을 겪지 않고 평화로운 관계를 유지하면서 대화하는 기술입니다. 핵심 요소는 관찰, 느낌, 욕구, 부탁이 있습니다. 상대방의 말과 행동을 그대로 관찰한 후, 그 행동을 보았을 때의 느낌을 말하고, 그 느낌이 어떤 욕구와 연결되는지 찾아냅니다. 그 후 욕구를 해결하기 위해 다른 사람이 어떻게 해주길 바라는지를 표현합니다.

또한 동료들과 업무에 대한 상담을 해야 하는 경우도 있습니다. 이런 상담을 잘 진행했는지 평가할 때 사용할 수 있는 방법으로 동기면담*이 있습니다. 동기면담은 내담자와 대화하며 내담자의 변화하고자 하는 동기를 증가시켜 스스로 변화를 위한 행동을 할 수 있도록 돕는 내담자 중심의 면담 방식입니다. 상담에서 사용하는 방법이지만 문제를 겪는 동료와 대화할 때, 변화의 의지를 부여할 목적으로 사용할 수 있습니다. **동기면담은 총점global scores과 행동 점수behavior counts라는 두 가지 구성요소가 있으며, 면담가와 내담자의 대화를 녹음한 후, 이 대화를 부호화하는 코더가 대화를 들으며 항목을 측정합니다.**

총점은 면담가와 내담자의 대화 상호작용 특징을 5점 척도로 표시합니다. 세부적으로 변화하고자 하는 변화 방향을 계속 만드는지를 파악하는 **변화대화 일구기**, 현 상황을 적게 이야기해서 변화의 방향으로 이끄는지를 파악하는 **유지대화 완화하기**, 상호 커뮤니케이션하며 동등한 파트너끼리 대화하는지를 파악하는 **파트너십**, 면담가가 내담자의 생각을 적극적으

---

*   MITI. Motivational Interviewing Treatment Integrity

로 이해하고 노력하는 정도를 파악하는 **공감**으로 구성됩니다.

행동 점수는 내담자의 특정 행동 수를 세는 것을 의미합니다. 동기면담에서 측정하는 면담가의 행동은 총 10가지가 있습니다.

• 동기면담에서 측정하는 면담가의 10가지 행동 •

중립적 관점

1. 정보 제공(Giving Information, GI) : 면담가가 가치 판단을 하지 않고 정보를 제공할 경우

2. 질문(Question, Q) : 질문을 할 경우

3. 단순 반영(Simple Reflection, SR) : 내담자가 느낀 것을 면담가가 말하며 공감하는 경우

4. 복합 반영(Complex Reflection, CR) : 내담자가 느낀 것을 추가적인 의미를 부여하며 공감하는 경우

5. 허락하에 설득하기(Persuade with Permission, Persuasion with) : 설득하는 동안 협동을 구하거나 자율성을 강조하는 경우

동기면담 일치 행동(=선호 행동)

1. 자율성 강조하기(Emphasize Autonomy, Emphasize) : 변화를 위해 내담자의 행동이 필요하다고 이야기하는 경우

2. 협동 구하기(Seeking Collaboration, Seek) : 면담에 내담자를 참여하게 하려고 행동을 취하는 경우

3. 인정하기(Affirm, AF) : 내담자가 노력하거나 시도한 부분을 인정하고 칭찬하기

> 동기면담 불일치 행동(=비선호 행동)
>
> 1. 직면하기(Confront) : 내담자의 말을 반박하고 내담자가 틀렸다고 말하는 경우
> 2. 설득하기(Persuade, Persuasion) : 면담가가 설득하는 톤으로 정보를 제공할 경우

대화 하나하나에 행동 점수를 세면서, 이번 대화에서 정보 제공이 얼마나 있는지, 단순 반영이 몇 번 발생했는지 등을 파악합니다. 동기면담 일치 행동이 많고 동기면담 불일치 행동이 적을수록 좋습니다.

데이터 분석을 어려워 하는 동료와 대화하는 동기면담 예시를 공유해 드리겠습니다. 변화의 목표는 데이터에 대한 두려움을 없애고, 자신이 하는 업무에 데이터를 활용하는 계획을 1개 만드는 겁니다.

• 면담가와 내담자의 대화 •

면담가 : 어떤 고민이 있으신가요?

내담자 : 데이터 분석이 너무 복잡하고 어디서부터 시작할지 모르겠어요.

면담가 : 어디서부터 시작할지 어려우셨군요. 어려워서 답답함이 있겠어요. 어떤 부분이 제일 어려우신가요?

내담자 : 어떤 부분부터 시작해야 할지 모르겠어요. 어떤 것을 해야 할까요?

면담가 : 너무 어렵다면, 데이터에 대한 생각이 아닌 업무에서 겪고 있는 문제에 대해 생각해볼까요? 업무에서 제일 해결하고 싶은 것은 무엇인가요?

내담자 : 유저가 제품을 많이 사용했으면 좋겠어요.

면담가 : 오, 유저가 제품을 많이 사용하면 좋겠다고 생각하는군요. 그렇다면 유저가 어떤 행동을 하길 바라시나요?

내담자 : 유저가 앱에 진입해서, 주문 페이지까지 가서 주문을 많이 하면 좋겠어요.

면담가 : 오 좋은 아이디어네요. 그 내용을 데이터로 표현할 수 있을 것 같아요.

내담자 : 오 그러네요!

면담가 : 그렇다면 이제 할 수 있는 것은 무엇이 있을까요?

내담자 : 음... 위에서 말한 앱에 진입해서, 주문 페이지까지 가서 얼마나 주문을 하는지 확인할 수 있을 것 같아요.

면담가 : 오 좋은 방법이에요. 그러면 그걸 하기 위해 어떤 것을 해봐야 할까요?

내담자 : 우선 제가 데이터에 대해 익숙하지 않으니 사내에 데이터 대시보드에서 확인해본 후, 데이터를 보며 추가 가설을 만들어야겠어요.

면담가 : 좋아요! 내담자분께서 직접 데이터를 보며 고민해보고, 하나씩 행동해보는 것부터가 데이터를 잘 활용할 수 있는 시작일 거예요.

내담자 : 감사합니다! 바로 할 수 있는 아이디어가 떠올랐어요.

실제 회사에서 발생할 수 있는 위 대화를 다시 보며(녹음했다면 들으며) 부호화합니다. 위에서 공유드린 10가지 행동을 얼마나 했는지 개수를 파악합니다. 이때 면담가의 대화 한 줄 한 줄을 보며 부호화합니다.

　　　　　　　　　　　　　　　　　　데이터 과학자 원칙

면담가 : 어떤 고민이 있으신가요? **(질문)**

내담자 : 데이터 분석이 너무 복잡하고 어디서부터 시작해야 할지 모르겠어요.

면담가 : 어디서부터 시작해야 할지 어려우셨군요. 어려워서 답답함이 있겠어요. 어떤 부분이 제일 어려우신가요? **(복합 반영)**

내담자 : 어떤 부분부터 시작할지 모르겠어요. 어떤 것을 해야 할까요?

면담가 : 너무 어렵다면, 데이터에 대한 생각이 아닌 업무에서 겪고 있는 문제에 대해 생각해볼까요? 업무에서 제일 해결하고 싶은 것은 무엇인가요? **(질문)**

내담자 : 유저가 제품을 많이 사용했으면 좋겠어요.

면담가 : 오, 유저가 제품을 많이 사용하면 좋겠다고 생각하시는군요. 그렇다면 유저가 어떤 행동을 할 바라시나요? **(단순 반영)**

내담자 : 유저가 앱에 진입해서, 주문 페이지까지 가서 주문을 많이 하면 좋겠어요.

면담가 : 오 좋은 아이디어네요. 그 내용을 데이터로 표현할 수 있을 것 같아요. **(정보 제공)**

내담자 : 오 그러네요!

면담가 : 그렇다면 이제 할 수 있는 것은 무엇이 있을까요? **(질문)**

내담자 : 음... 위에서 말한 앱에 진입해서, 주문 페이지까지 가서 얼마나 주문을 하는지 확인할 수 있을 것 같아요.

면담가 : 오 좋은 방법이에요. 그런 생각을 스스로 하셨네요! 그러면 그걸 하기 위해 어떤 것을 해봐야 할까요? **(인정하기)**

내담자 : 우선 제가 데이터에 대해 익숙하지 않으니 사내에 데이터 대시보드에서 확인해본 후, 데이터를 보며 추가 가설을 만들어야겠어요.

면담가 : 좋아요! 내담자분께서 직접 데이터를 보며 고민해보고, 하나씩 행동해보는 것부터가 데이터를 잘 활용할 수 있는 시작일 거에요. **(자율성 강조하기)**

내담자 : 감사합니다! 바로 할 수 있는 아이디어가 떠올랐어요.

행동 코드를 확인하며 몇 개인지 카운트합니다. 질문 3회, 복합 반영 1회, 단순 반영 1회, 정보 제공 1회, 인정하기 1회, 자율성 강조하기 1회입니다. 동기면담 일치 행동, 불일치 행동이 얼마나 되는지 파악해 면담을 판단할 수 있습니다. 그 외에 총점에서 말씀드린 변화대화 일구기, 유지대화 완화하기, 파트너쉽, 공감 각각의 점수가 0~5점 중 몇 점인지 측정합니다.

이 개념을 처음 익혔을 때는 대화를 데이터화하는 느낌이 들었습니다. 데이터를 통해 자신의 대화를 확인하고, 무엇을 해볼지 나아갈 수 있었습니다. 수치로 확인하니 어떤 부분을 개선하면 좋을지 스타일을 고민할 수 있었습니다. 동기면담이라는 분야를 간단히 소개드렸는데, 이 내용이 전부는 아닙니다. 자세한 내용은 제가 블로그에 작성한 〈MITI 동기면담 워크샵 후기〉*를 참고해주세요.

언어 습관은 하루 아침에 변화되는 게 아닙니다. 비폭력대화, 동기면담을 공부해도 현실에서 적용할 때는 기존 관성을 따르는 경우도 있고, 마음처럼 잘되지 않습니다. 계속 의식적으로 연습하려고 노력했고, 때로는 미팅 자리에서 참여자의 동의를 얻고 대화를 녹음했습니다. 녹음한 음성 데이터를 분석하며 제가 어떤 방식으로 이야기를 하고, 그 말을 어떤 목적으로 했는지, 듣는 이가 이 말을 들을 때 어떤 감정일지를 생각했습니다. 그 후에 개선 액션을 수립하고 실천해 제 언어 습관이 점점 변하는 것을 느낄 수 있었습니다. 이처럼 커뮤니케이션 과정에서 사람을 이해하려고 노력하고, 커뮤니케이션을 잘하는 방법을 학습하며 액션을 수립하고

---

*   https://zzsza.github.io/etc/2020/08/15/miti-workshop-review/

               데이터 과학자 원칙

실천하면 더 나아질 수 있습니다.

비즈니스 모델과 데이터의 접점 분석하기

이젠 팀을 넘어서 회사 차원에서 메타인지와 액션을 생각해봅시다. 여러분 회사의 비즈니스 모델은 어떻게 되나요? 자신의 업무와 회사의 비즈니스 모델이 어떤 관련이 있나요?

회사는 제품이나 서비스를 통해 매출을 발생시키며 지속적으로 성장합니다. 이런 흐름에서 매출이 어떻게 발생하는지, 비용은 어떤 것이 있는지 확인하면서 비즈니스 모델을 이해해야 합니다. 예를 들어 라이드 헤일링 서비스*를 제공하는 우버의 비즈니스 모델을 확인하려면 어떻게 해야 할까요? 우버는 굉장히 많은 사업을 진행합니다. 대표적으로 우버 라이드Uber Ride, 우버 잇츠Uber Eats, 우버 에어Uber Air, 우버 프레이트Uber Freight 등이 있습니다. 각각에서 어떤 서비스를 제공하고, 어떻게 돈을 얻는지 확인합니다. 비즈니스 모델이 이해되지 않는다면 '회사의 이름 + business model'이라고 검색해 도식화된 자료를 찾아보세요. 제가 찾은 'uber ride business model' 검색 결과 이미지는 다음과 같습니다.

---

*   ride hailing service. 원하는 위치와 시간에 승차 서비스를 제공하는 호출형 승차 공유 서비스

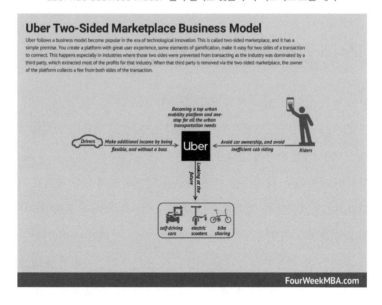

그림을 해석해보겠습니다. 우버 라이드는 이동이 필요한 라이더와 유연하게 수입을 얻고 싶은 드라이버가 공존하는 양방향two side 마켓입니다. 라이더(승객)가 이용한 만큼 우버에 비용을 지불하면, 우버는 드라이버(운전수)에게 수수료를 제외한 금액을 지급합니다. 운행 건을 늘려야 돈을 버는 비즈니스 모델입니다. 이런 비즈니스 모델에서 수익을 늘리려면 어떻게 해야 할까요?

우버는 라이더가 드라이버를 기다리는 시간인 ETAEstimated Time Arrival를 줄여야 운행 건이 늘어난다고 가설을 세웠습니다. 데이터를 확인하니 실제로 ETA가 길어지면 취소할 확률이 높아졌습니다. 그래서 ETA를 줄일 액션을

---

* 　출처 : https://fourweekmba.com/uber-business-model/

생각해냈습니다. ETA에 영향을 미치는 요소는 여러 가지지만 그중에 드라이버가 가장 중요한 요소입니다. ETA를 줄이려면 호출지 근처에 드라이버가 많이 활동해야 합니다. 드라이버가 많이 활동하게 하려면 어떻게 해야 할까요? 비가 오는 날처럼 운전이 어려운 상황에도 드라이버가 활동할 수 있게 할 방법은 무엇일까요? 이런 고민 끝에 우버는 탄력 요금제^{dynamic pricing}를 도입해 운행료를 수요 공급 상황에 따라 조절합니다.

데이터 기반 의사결정을 하는 조직이라면 우버처럼 비즈니스 모델에서 매출이 발생하는 요인을 확인해 가설을 세우고 데이터를 파악해야 합니다. 비즈니스 모델의 매출과 데이터가 밀접하게 연결되어 있다면, 데이터 기반 액션을 취하기 수월합니다. 반면 비즈니스 모델과 데이터가 상관없다면 데이터 기반 액션에 대한 중요도가 적을 수도 있습니다. 따라서 데이터에 투자를 덜 할 수도 있습니다. 여러분도 회사의 비즈니스 모델을 도식화해보세요. 그리고 비즈니스 모델과 데이터가 밀접한 관계인지 확인해보세요. 밀접하다면 비즈니스의 성과를 내기 위해 여러 시도를 해보세요.

저는 이직을 준비하는 분들에게 가고 싶은 회사의 비즈니스 모델을 분석해 데이터와의 밀접도를 확인하라고 조언합니다. 이런 과정을 통해 회사 비즈니스 모델을 이해할 수 있고, 데이터의 가치와 활용 방법에 대한 능력도 키울 수 있습니다. 더 나아가서 가고 싶은 회사의 비즈니스 모델과 여기서 생성되는 데이터에 대한 글을 작성하는 것을 추천합니다. 이런 글을 통해 비즈니스 모델 분석 역량을 키우면 지원한 회사에서도 인상 깊은 지원자로 생각하게 될 겁니다. 비즈니스 모델 분석에 대한 자세한 내용은 〈비즈니스 공부법 – 데이터 분석가, 데이터 사이언티스트도 비즈니스를 알아야 합니다)*에서 확인할 수 있습니다.

비즈니스 모델을 파악하면서 회사의 비즈니스 레벨도 확인하면 좋습니다. 비즈니스 레벨에 따라 필요한 데이터 분석과 업무가 달라집니다. 성장기 시점엔 고객 확보 및 시장 점유율 확보에 중점을 두는 반면 성숙기 시점엔 수익성 개선, 효율 극대화에 중점을 둡니다. 따라서 비즈니스 레벨에 따라 적절한 데이터 분석 활동이 이루어져야 합니다.

• 〈PM을 위한 데이터 리터러시〉 강의 일부 – 회사의 비즈니스 레벨별 집중해야 하는 영역 •

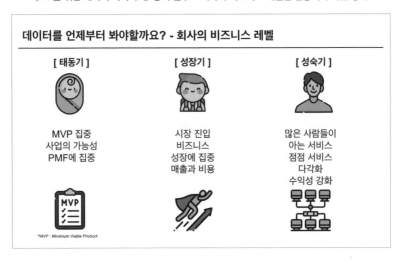

회사마다 비즈니스 레벨이 다르기 때문에 '다른 회사는 어떤 분석을 한다, 특정 AI를 사용한다'라는 이야기를 듣고 흔들릴 필요가 없습니다. 만약 우리 회사가 성장기이고 다른 회사가 현재 성숙기라면, 성숙기 회사가

---

*   https://zzsza.github.io/diary/2020/08/02/how-to-study-business/
       단축url http://bit.ly/3y5FowC

데이터 과학자 원칙

성장기 시절에 어떤 분석을 했는지 물어보고 당시에 사용한 분석을 고려하면 됩니다. 데이터 분석에서 자주 나오는 코호트* 관점으로 회사와 업무를 바라봐주세요.

지금 힘들다면 여유가 있는지 생각해보기

멘토링을 하면 여유가 있는지를 멘티에게 꼭 물어봅니다. 이를 물어보는 이유는 여유의 여부에 따라 관점을 다르게 가질 수 있기 때문입니다. 여유를 만들어야 한다라는 말은 당연한 말 같지만, 많은 분들이 놓치고 있는 부분입니다. 여유를 만들기 위한 저의 시도를 소개합니다.

먼저 자신이 얼마나 여유를 챙기고 있는지 파악해야 합니다. 학교에서는 쉬는 방법을 알려주지 않습니다. 저 역시 대개 사람이 그렇듯 게임이나 영상 관람, 운동 등을 할 뿐이었습니다. 하지만 더 잘 쉬는 것이 잘 일하고, 잘 사는 것이라는 생각으로 이어지자 쉼에 대해 진지하게 고민하게 되었습니다. '왜 쉼에 대해 고민할까? 더 행복해지고자 쉼에 대해 생각하고 있지. 그렇다면 나는 언제 행복감을 느낄까?' 생각이 여기까지 이르자 지치고 힘들 때 무엇을 하면 행복감이 상승하는지 기억을 더듬었습니다. 살면서 여러 형태의 쉼을 해본 적이 있을 겁니다. 그런 쉼 중에 제일 큰 효과를 준 쉼이 무엇인지를 나열해봅니다. 예를 들어 해외 여행을 가서 새로운 국가를 여행할 때가 제일 큰 효과를 주었다고 생각하면, 제일 효과가 좋은 카테고리에 추가하는 겁니다. 다만 여행이 제일 큰 효과를 준

---

*   cohort. 특성을 공유하는 그룹

다고 매일 여행할 수는 없기에 빈도를 추가해 일상에서 얼마나 경험할 수 있는지도 나타냈습니다.

쉼에 대한 생각을 정리해 '쉼 프레임워크'를 만들었습니다. 쉼 프레임워크는 쉼을 표현하기도 하고, 부정적 감정을 긍정의 감정으로 승화하는 프레임워크기도 합니다. 단순히 휴식이란 의미를 넘어 제 생각을 긍정적으로 만들기 위한 일상의 시도를 포함합니다.

1. 일상의 소소한 쉼(효과 : 중, 빈도 : 높음)

    a. 운동(테니스), 요리, 빨래, 산책, 게임

2. 과부하가 올까 말까 하는 시점의 쉼(효과 : 상, 빈도 : 높음)

    a. 번아웃이 오면 일단 "나 열심히 했구나를 인정해주기"

    b. 잠 많이 자기

    c. 본가 내려가서 가족 만나기

3. 진짜 심각한 상황일 때의 쉼(효과 : 최상, 빈도 : 적음)

    a. 강릉 안목해변 가서 새벽에 모래 위에 누워서 바다 파도 소리 듣기

    b. 강릉 안목해변 파도한테 내가 힘든 거 토로하고 외치면서 가져가라고 하기

    c. 강릉 안목해변 4층 커피숍에서 내가 힘든 이유와 어떻게 해볼지 생각 정리하기

    d. 해외나 자연 경관이 좋은 곳 가서 계획 없이 시간 보내기

이처럼 나만의 쉼 프레임워크를 만들어, 여유를 의도적으로 챙기려고 노력했습니다. 효과에 대해 수치적으로 정의할 수 있다면 아예 방정식처럼 만들 수도 있을 것 같네요. $y = ax1 + bx2 + cx3$처럼요. 새로운 경험을 하면서 새로운 쉼을 추가하고, 시간이 지나면서 더 이상 효과가 없는

쉼을 제거합니다. 자신의 쉼은 자신이 만들어야 하고, 누군가 만들어주지 않기 때문에 여러분도 자신만의 쉼 프레임워크를 만들어서 여유를 챙겨보면 좋겠습니다. 잘 쉬어야 한다는 말을 들으면 너무나 당연한 이야기 같지만, 많은 사람이 놓치는 부분이기 때문에 꼭 챙겼으면 좋겠습니다. 무언가 답답할 때 '내가 지금 여유가 없어서 더 이런 감정을 느끼고 있을까?' 생각해보며 자신의 상황을 파악해보는 것을 추천합니다. 여유가 없기 때문이라는 원인을 파악하고 여유를 만들 휴식을 취한 후 다시 상황을 바라보면 조금 더 좋은 관점으로 문제를 바라볼 수 있을 겁니다.

이상으로 자신, 팀, 조직으로 확장하면서 생긴 제 원칙을 소개했습니다. 제가 제 상황에 맞는 원칙을 하나씩 만들었듯이 여러분도 여러분만의 원칙을 만들 수 있을 겁니다. **제 원칙들의 핵심은 현재 나를 생각해보고, 과거의 나는 어떤 사람이었는지, 미래의 나는 어떤 사람이기를 꿈꾸는지 생각해보는 겁니다. 그리고 미래의 내가 되기 위해 무엇을 해야 할지 고민하고 실행할 수 있는 액션 아이템을 만들고 그 액션을 진짜로 실행합니다. 여러분이 겪는 문제부터 시작하며 하나씩 해결하는 과정에 이런 생각을 가지며 행동하길 추천드립니다.** 이런 과정을 통해 조금씩 조금씩 성장하는 여러분을 볼 수 있을 거에요.

이 책을 보면서 떠오른 여러분의 원칙이 있나요? 여러분만의 원칙을 매년 하나씩 만들면 50살 쯤 30~40개의 원칙을 가지게 될 것입니다. 원칙을 하나씩 만들면서 여러분이 바라는 변화를 꼭 이루시길 기원합니다. 마지막으로 메타인지를 넓히기 위한 저의 3가지 시도를 공유하며 글을 마치겠습니다.

❶ 성격 검사

성격 검사를 전적으로 신뢰하진 않지만, 나를 이해하는 객관적인 지표로 사용하기 위해 유명한 대부분의 성격 검사를 진행했습니다. 성격 검사를 본 후, "그러면 이제 뭐 할까?" 액션 아이템을 생각하고 실행해보세요. 예를 들어 제가 누군가의 장점이나 역량을 빠르게 잘 파악하는 능력이 있다고 해봅시다. 이런 역량을 더욱 강화하려면 무엇을 해야 할까요? 많은 사람의 역량을 파악하는 경험을 더 많이 하면 좋겠지요. 이런 경험을 하기 위해 다른 사람들과 대화를 시도하며 역량을 알려줄 수 있습니다. 낯선 사람과 이야기하는 게 두렵다면 우선 지인들 위주로 시작할 수 있겠지요.

여러 검사 중 가장 유익했던 검사는 '빅 5Big5 검사'와 갤럽 스트렝스파인더* 검사입니다. 그중에서 빅 5 검사를 소개하겠습니다.

빅 5 검사는 인간의 성격을 5가지의 요인으로 설명하는 모형으로 전 세계 성격 심리학자들에게 신뢰를 받고 있습니다. 5가지의 요인factor은 신경성neuroticism, 외향성extraversion, 개방성openness, 우호성agreeableness, 성실성conscientiousness입니다.

신경성은 개인이 삶에서 발생하는 여러 사건에서 부정적인 감정을 얼마나 경험하는지를 나타냅니다. 이 수치가 높다면 다른 사람보다 불행

---

* StrengthFinder. 자신의 강점을 34개로 표현하는 검사

에 민감하고 이 수치가 낮다면 스트레스를 잘 받지 않는 무던한 성격으로 볼 수 있습니다. **외향성**은 사람들과 교류하고 상호작용하는 요인입니다. 외향성이 높은 사람들은 에너지가 넘치는 편이며, 외향성이 낮은 사람들은 사회적인 교류에 덜 관여하는 경향이 있습니다. 개방성은 새로운 것을 바라보는 경향을 확인하는 요인입니다. **개방성**이 높은 사람은 지적 호기심이 많고 새로운 것을 시도하고 싶어 합니다. **우호성**은 대인 관계에서 보이는 측면을 확인하는 요인입니다. 우호성이 높으면 다른 사람의 감정을 공감하며 사회적 조화를 중시합니다. **성실성**은 질서를 지키는 정도를 확인하는 요인입니다. 성실성이 높으면 규칙을 중요하게 생각하며, 무슨 일이 있어도 주어진 일을 완수해야 한다고 생각합니다.

빅 5 검사로 자신의 성격을 확인한 후에는 자신이 바라는 자신의 상태를 정의합니다. 바라는 상태가 되기 위해 무엇을 할까 떠올려보고 글로 작성하고 하나씩 시도합니다. 시도하는 과정에서 어떤 생각이 들고, 어떤 경험을 했는지 기록합니다. 바라는 상태로 이동하는지 확인해야 의미가 있습니다. 그렇지 않으면 '성격 검사 참 재미있었다' 정도의 이벤트로 기억되고 맙니다.

❷ 삶의 지도 만들기

이 글은 '여러분은 지금까지 어떤 삶을 살아오셨나요?'라는 질문으로 시작합니다. 지금까지 살아온 삶의 흔적이 앞으로를 결정한다고 생각합니다. 그러므로 지금까지 삶에 대한 메타인지를 하려면 삶의 지도를 그려보는 것이 중요합니다. 탄생부터 현재까지 내 성격, 내 성격 형성에 중요한 영향을 미친 사건, 그 사건이 왜 중요한가, 그 후에 나는 무엇을 경험했는가를 시간순으로 작성하면 됩니다. 내가 하고 싶은 일이 무엇이고, 나는 왜 일하는가에 대한 내용을 추가해도 좋습니다. 자신이 어떻게 살아왔는가를 작성하는 것이 중요합니다. 형태는 줄글로 작성해도 괜찮고, 스프레드시트로 정리해도 괜찮습니다. 어떤 형태여도 상관없이 정리를 하는 과정에서 여러분의 메타인지가 늘어나고 있을 겁니다. 이런 삶의 지도를 자신만 보지 않고 팀에서 같이 공유해도 좋습니다. 팀원분들이 어떻게 살아왔는지를 알아가며 서로를 이해할 때도 활용할 수 있습니다.

❸ 일기 쓰기

나의 감정이나 마음을 잘 알아야겠다는 생각이 들어서 일기를 꾸준히 쓰고 있습니다. 삶의 지도가 거시적인 관점으로 자신에 대해 쓰는 것이라면, 일기는 미시적인 관점으로 하루 하루를 생각하며 작성하는 겁니다. 일기를 작성하면서 나의 마음을 챙길 수 있고, 내가 어떤 일을 했는지, 어떤 감정을 왜 느꼈는지를 되돌아볼 수 있어 꾸준히 작성합니다. 손으로 직접 글을 쓰면 생각을 정리할 수 있는 여유가 생겨 노션이 아닌 노트에 일기를 쓰고 있습니다. 작성한 일기는 그 시기의 자신을 이해하는 데 도움이 되는 자료이기도 하며, 과거의 일기에서 자신이 처한 상황에 대한 답을 얻는 경우도 있습니다. 일기를 작성할 때는 회고의 형식과 유사하게 KPT^{Keep, Problem, Try}, 그날의 감정 점수(0~10점)와 점수의 이유, 그날의 깨달음, 그 외의 기록하고 싶은 내용을 기록했습니다.

데이터 과학자 원칙

〈PM을 위한 데이터 리터러시〉

데이터 리터러시와 프로세스를 담은 강의입니다. 문제 정의와 Foodie Express라는 가상 앱의 문제를 해결하는 과정을 담았습니다. 프로젝트를 진행한 후, 프로젝트에 대해 회고하고 그 후에 어떤 액션을 해야 하는지를 포함합니다. PM, 제품을 만드는 개발자나 디자이너, 프로덕트 분석가를 희망하는 분들에게 추천드립니다.

단축 url https://bit.ly/data-for-pm-inflearn

《함께 자라기》

성장하고 싶은 사람들에게 꼭 권하는 책입니다. 성장에 대해서 새롭고 실용적인 관점을 제시해줍니다. 제 원칙을 세우는 데 영향을 많이 준 책입니다.

《상자 밖에 있는 사람》

다른 사람들을 잘 이해하는 사람이 되고 싶은 분들에게 추천하는 책입니다. 스토리가 있는 책이라 쉽게 읽히며, 사람들을 어떻게 바라볼지에 대한 관점을 익힐 수 있습니다.

《비폭력대화》

자신의 대화가 폭력적이라는 생각을 해보신 적 있나요? 자신의 화법에 대해 다시 생각해볼 수 있는 계기를 제공해주는 책입니다. 화법에 고민이 있다면 꼭 읽어보기 바랍니다.

《한 장으로 끝내는 비즈니스 모델 100》

다양한 비즈니스 모델을 도식화해 제공합니다. 직관적인 도식이 가득하므로 이 책을 통해 비즈니스 모델을 공부하는 것을 추천합니다. 여러분의 회사나 지원하려고 하는 회사의 비즈니스 모델을 꼭 분석해보세요.

〈Why Data Science Teams Need Generalists, Not Specialists〉

하버드 비즈니스 리뷰의 이 글은 데이터 사이언스팀에 스페셜리스트가 아닌 제너럴리스트도 필요하다는 내용을 다루고 있습니다. 읽어보면 시야의 확장을 느낄 수 있습니다.

단축 url http://bit.ly/3FHomZU

데이터로 고객을 움직이는
데이터팀이 되어가는 여정

 이진형 samjin0@gmail.com

현) 빅쏠 데이터인사이트팀 리드 데이터 과학자
전) 11번가 데이터 과학자
전) 위세아이텍 데이터 과학자

데이터에 숨어 있는 인사이트를 찾는 일을 좋아합니다. 11번가에서 데이터 엔지니어와 데이터 과학자 역할 사이에서 판매자와 구매자가 사용하는 개인화 추천 서비스를 제공하기 위해 데이터 파이프라인과 데이터 모델을 개발했습니다. 현재는 카드 혜택 통합 관리 테크핀 스타트업 빅쏠에서 데이터 과학자로 일합니다.

🌐 leebaro.tistory.com

데이터 과학자 원칙

3년간 일한 정든 직장에서 떠나기로 결심했습니다. 여러 이유가 있지만 그중에서는 제가 꿈꾸던 데이터팀을 만들어 데이터로 비즈니스에 큰 기여를 하고 싶다는 욕구가 강하게 저를 새로운 모험의 세계로 밀어냈습니다.

아시다시피 데이터 과학자는 데이터를 기반으로 일을 진행합니다. 데이터가 부족하거나, 데이터가 정확하지 않거나, 데이터를 신속하게 처리하는 환경이 없다면 데이터 과학자는 올바른 방향으로 일하기 쉽지 않은 상황에 놓이게 됩니다. 또한 데이터 분석을 하거나 모델링을 하려면 데이터와 분석 플랫폼이 필요합니다. 아무런 정보와 준비도 없이 데이터팀을 만드는 것은 실패할 확률이 높기 때문에 새로운 데이터팀을 만들어보고자 결심하고 나서 꿈꾸던 데이터팀의 모습을 정리할 필요가 있었습니다. 고심 끝에 7가지 고려 사항을 정리했습니다.

1. 데이터가 있는지 확인하기
2. 데이터를 활용하는 목표가 있는지 확인하기
3. 관심 있는 도메인이 무엇인지 확인하기
4. 데이터를 활용할 수 있는 환경 확인하기
5. 함께 일할 데이터팀 구성원 확인하기
6. 데이터팀을 어떤 목적으로 활용하는지 확인하기
7. 데이터에 차별성이 있는지 확인보기

위와 같은 조건을 고려해서 마이데이터*를 이용해 고객의 소비 데이터

---

* 마이데이터는 각종 공공 기관, 기업 등에 흩어진 자신의 정보를 한꺼번에 모아 확인하고, 기업에 자신의 정보를 제공해 신용·자산관리 등에 활용할 수 있는 서비스를 의미합니다.

를 분석하고 현명한 소비를 할 수 있는 방법과 더 나은 금융 상품을 추천하는 서비스를 만드는 회사에서 데이터팀을 만들기로 결심했습니다. 새로운 터전에는 데이터 분석 환경이 갖춰 있지 않았습니다. 데이터를 쌓아놓기는 했지만 분석에 필요한 로그 데이터가 거의 없었기 때문에 데이터 분석 플랫폼이 없는 스타트업에서 데이터팀 빌딩에 도전했습니다. 팀 빌딩을 시작한 지 1년 3개월이 흘렀습니다. 얼마 전 회사의 제품이 최대 신규가입자, MAU, DAU를 갱신했습니다. 새로운 마케팅을 시작해도 잠잠하다가 일주일이 지나더니 갑자기 반응이 폭증했습니다. 어떤 액션들이 큰 변화를 만들어내는지 경험하는 것만으로도 큰 배움이 되었습니다. 이제는 데이터팀으로 역할을 제법 하고 있다는 생각이 듭니다. 데이터팀을 만들어가는 과정을 뒤돌아보니 역시 처음 신중하게 데이터 현황을 파악한 것이 많은 도움을 주었다는 생각이 들었습니다.

이제부터 앞서 말씀드린 일곱 가지 고려 사항을 기반으로 새로운 데이터팀을 만들며 취한 액션을 하나하나 알아보겠습니다. 같은 상황에 놓인 분들이 시행착오를 최소화하고 원활히 준비해나가는 데 도움이 되길 바랍니다.

데이터팀을 선택하는 일곱 가지 기준

본격적으로 팀 빌딩 이야기를 꺼내기에 앞서 데이터팀을 만들 때, 좋은 데이터팀이 되고 싶을 때, 데이터팀에 합류할 때 유용한 7가지 고려 사항이 각각 무엇을 의미하는지 조금 더 살펴보겠습니다.

첫 번째 고려 사항은 '**데이터가 있는지 확인하기**'입니다. 기업들은 빅데

　　　　　　　　　　　　　　　　　　　　　　　데이터 과학자 원칙

이터 분석, AI 서비스 개발, 상품 판매 등 다양한 목적을 달성하기 위해서 데이터팀을 만듭니다. 그런데 대개는 데이터팀을 만들 때까지 회사의 서비스를 운영하는 데 필요한 데이터가 DB에 있을 뿐, 고객 행동 데이터와 서비스 로그 데이터 같은 비즈니스 인사이트를 뽑아낼 데이터를 제대로 쌓아놓지 못합니다. 이런 회사는 데이터를 적재하고, 정제하고 분석하는 데까지 시간이 많이 소요됩니다.

두 번째는 '**데이터를 활용하는 목표 확인하기**'입니다. 데이터가 있는데도 명확한 활용 목적 없이 일단 데이터를 쌓아놓는 경우가 있습니다. 명확한 목적 없이 데이터를 쌓다 보면 정작 필요한 데이터 대신에 불필요한 데이터만 쌓고, 데이터를 적재하는 비용도 많이 소요될 수 있습니다. 데이터를 활용하겠다고 제안을 해도 경영진에서 동의해주지 않는다면 설득에 시간이 많이 걸리기도 하고, 실행을 못할 수도 있습니다. 반면 매출을 높일 목적으로 추천 시스템을 만들거나 공장에서 불량률을 낮출 목적으로 모니터링 시스템을 만드는 등 명확한 목표를 경영진까지 공감하는 상황이라면 데이터팀이 원활히 업무를 수행하는 데 큰 힘이 됩니다.

세 번째는 '**관심 있는 도메인이 무엇인지 확인하기**'입니다. 데이터가 있는 곳에서 일을 시작하게 되었다면 매우 기쁜 일일 겁니다. 그다음으로 고려할 일은 다루게 될 데이터에 대해서 내가 관심이 있는지 생각해봐야 합니다. 고객 행동 데이터에 관심이 있고 추천 시스템을 만드는 데 관심이 있을 때 반도체를 생산하는 제조업에서 일하게 되었다고 가정하겠습니다. 달성해야 하는 목표는 반도체 생산 시 불량률을 낮추는 겁니다. 주로 다루게 될 데이터 중에는 반도체 생산 장비에서 반도체를 생산하면서 발생한 로그 데이터와 반도체 불량 여부를 확인하는 데 사용할 반도체

촬영 이미지 데이터가 있습니다. 반도체의 불량 여부를 판단하려면 반도체와 생산 과정에 대한 도메인 지식이 있어야 합니다. 해당 도메인에 대한 이해가 있다면 다행이지만 그렇지 않다면 학습을 해야 합니다. 하지만 반도체를 전혀 모르고 관심도 없다면 지속적으로 일하기 힘들 수 있습니다. 업무를 할 때 실무자에게 요구사항을 받거나 협업을 해야 하는데 도메인 지식이 부족한 상황에서 실무자와 일을 한다면 실무자는 답답함을 느끼며 협업이 순조롭게 진행되지 못하고 일이 중단되거나 실무자에 의존하는 수동적인 상태로 일을 하게 될 수 있습니다.

네 번째는 '**데이터를 활용할 수 있는 환경 확인하기**'입니다. 아직 초창기 회사라면 운영 서버와 테스트 서버 정도만 갖추고 있을 수 있습니다. 운영 서버는 WAS, WEB 서버, DB 서버와 같이 서비스를 운영할 때 기본적으로 필요한 환경을 의미하고, 테스트 서버는 개발할 때 테스트할 수 있는 WAS, WEB 서버, DB가 설치된 환경을 의미합니다. 운영 서버와 테스트 서버만 있는 상황에서도 데이터 분석은 가능합니다. 운영 DB에서 필요한 데이터를 추출해서 분석하고, 분석과 데이터 모델링에 필요한 라이브러리를 설치해서 데이터 모델링을 할 수 있습니다. 하지만 별도의 데이터 분석 환경이 없다는 것이 시사하는 바를 생각해봐야 합니다.

1. 데이터 분석에 신경을 쓸 수 있는 시점이 아닐 수 있습니다. 초창기 스타트업에서는 데이터 분석보다는 제품을 빠르게 만들고 오픈해서 많은 사용자가 사용하게 만들어야 합니다. 이 시점에 제품을 만들었는데 고객들이 전혀 반응이 없다면 데이터 분석에 신경을 써야 하는 상황까지 오지 않을 수 있습니다.

2. 분석할 데이터가 적은 경우입니다. 데이터 분석을 하다 보면 DB에서 대용량 데

이터를 조회하는 상황이 자주 발생합니다. 운영 DB에서 대용량 데이터를 조회하면 DB 성능에 영향을 주기 때문에 운영 중인 서비스에 영향을 줄 수 있습니다. 그래서 운영 DB에서 데이터를 분석하는 상황이라면 아직은 데이터가 적을 수 있습니다.

3. 데이터 분석의 필요성을 못 느낄 수 있습니다. 초창기 스타트업이라면 데이터 분석보다는 제품 개발에 집중해야 하는 시기이기 때문에 데이터 과학자가 할 수 있는 일의 범위가 좁을 수 있습니다.

4. 데이터 분석이 필요하지만 방법을 모를 수 있습니다. 분석이 필요할 만큼의 데이터가 쌓이면 분석 환경을 갖춰야 합니다. 하지만 방법을 몰라서 못하는 상황이 발생할 수 있습니다. 이런 상황에서는 경력이 있는 데이터 과학자 또는 데이터 엔지니어가 함께 합류해 분석 환경을 만드는 단계부터 시작하면 됩니다.

다섯 번째는 '함께 일할 데이터팀 구성원 확인하기'입니다. 팀의 유형을 기능 조직과 목적 조직으로 나눌 수 있습니다. 기능 조직은 구성원이 많은 큰 조직에서 주로 사용하는 유형으로 같은 직군과 직무를 하는 사람들이 모인 팀입니다. 데이터팀의 경우 데이터 사이언스팀, 데이터 엔지니어링팀, 데이터 분석팀과 같은 팀으로 나눌 수 있습니다. 기능 조직은 동일 직군이 한 팀이기 때문에 팀원 간에 소통할 기회가 많습니다. 주니어 데이터 과학자들은 시니어 데이터 과학자에게 데이터 분석, 모델링과 같은 직무에 필요한 지식을 배울 기회도 많습니다. 업무를 할 때는 타 부서에서 들어오는 요청을 할당받아서 진행할 수도 있고, 프로젝트, 스쿼드 단위로 타 팀과 협업해서 일을 진행할 수도 있습니다. 단점으로는 데이터팀이 주도적으로 과제를 진행하지 않으면 외부 요청을 처리하는 방식으로 일하게 되어 비즈니스 성과에 직접적으로 영향을 준다고 느끼지 못할 수도 있다는 점입니다.

반면 목적 조직에서는 비즈니스 성과에 어떻게 기여할지 빠르게 확인하고 인정받을 수 있습니다. 팀에 기획자, 개발자, 데이터 과학자가 함께 있으면 팀 자체적으로 과제를 시작부터 끝까지 수행할 수 있어서 속도가 빠르고, 과제를 수행하는 목적을 제대로 이해하고 진행할 수 있으며 명확하게 기여를 인정받을 수 있습니다. 단점으로는 데이터 과학자 수가 기능 조직일 때보다 적어 주니어 데이터 과학자가 성장에 대한 코칭을 받기가 쉽지 않다는 점입니다. 그래서 목적 조직 또는 유사한 스쿼드 조직으로 일을 할 경우 동일한 직무를 하는 데이터 과학자들을 챕터*라는 이름으로 묶어 주기적으로 소통 기회를 제공하는 경우가 있습니다. 따라서 데이터 팀을 만들거나 합류를 고려할 때 본인에게 알맞은 조직을 선택하는 것이 좋습니다.

여섯 번째는 '**데이터팀을 어떤 목적으로 활용하는지 확인하기**'입니다. 데이터 활용의 필요성을 느끼는 회사라면 데이터팀을 만들고 싶어 할 겁니다. 하지만 회사마다 데이터팀에 기대하는 바는 다를 수 있습니다. 먼저 단순히 임원 또는 실무 조직에서 확인하고 싶거나 보고서 작성에 필요한 데이터를 추출하는 역할을 기대하는 조직이 있습니다. 이와 같은 업무도 데이터팀의 중요한 업무 중 하나이지만 이러한 업무만 주로 하게 된다면, 데이터만 제공하는 팀이 될 겁니다. 이러한 상황의 회사라면 아직 데이터 팀에 대한 필요성이 낮거나, 실제 비즈니스 성과에 직접적으로 기여하는

---

* 챕터는 같은 조직 내에서 유사한 기술과 유사한 직군에서 일하는 사람들의 모임

데이터 과학자 원칙

영업 조직의 영향력이 커서 데이터를 근거로 하는 의견을 쉽게 제안하지 못하는 상황이 발생할 수 있습니다. 만약 본인이 데이터를 기반으로 인사이트를 도출해 서비스에 직접 적용하는 일을 선호할 경우 그러한 일을 할 수 있는 조직인지 알아봐야 합니다.

일곱 번째는 '**데이터에 차별성이 있는지 살펴보기**'입니다. 데이터를 온라인에서 수집하는 경우가 많습니다. 이러한 경우 조직이 보유하거나 수집할 수 있는 데이터가 다른 회사와 차별성이 있는지 확인해봐야 합니다. 뉴스, 커뮤니티, SNS, 공공 데이터 등 누구나 쉽게 접근할 수 있는 데이터를 다룬다면 차별성을 인정받기 어렵습니다. 회사의 서비스 이용자가 많아서 빅데이터를 처리했다거나, 회사만 보유한 데이터를 처리한 경험은 다른 곳에서도 인정받을 수 있습니다.

팀 미션 확인하기

제가 입사하기 전까지 회사 구성원은 기획팀, 운영팀, 서버개발팀, 앱개발팀, 디자인팀으로 구성돼 있었습니다. 그래서 제품 개선에 필요한 기획부터 개발까지는 진행했지만, 현재 사용하는 고객이 누구인지, 도대체 어떤 고객이 가입하고, 어떤 고객이 이탈하는지 분석하기 어려웠습니다. 그래서 제가 처음으로 하게 된 일은 현재 서비스를 사용하는 고객의 특징을 분석하는 일이었습니다. 분석할 고객 특징은 다음과 같았습니다.

- 카드를 몇 개나 보유하는가?
- 카드를 몇 개나 사용하는가?

- 한 달에 평균 사용 금액은 얼마인가?
- 한 달에 평균 혜택률은 얼마인가?
- 가장 많이 사용하는 서비스 기능은 무엇인가?
- 고객의 평균 재방문 주기는 몇 일인가?

이러한 고객의 특징을 분석하려면 우선 분석 플랫폼이 필요한 상황이었습니다.

분석 플랫폼 정하기

첫 번째 분석 임무를 수행하기 위해서 데이터 분석을 할 수 있는 환경을 확인해봤습니다. 서비스를 운영하는 데 사용하고 있는 MySQL 서버 두 대가 전부였습니다. 운영 DB에 접속해서 분석하면 운영 서비스에 영향을 줄 수 있기 때문에 운영 DB에 접속하는 일을 최소화해야 하는데, 다행히 한 대의 운영 DB 서버에는 매일 데이터를 백업해놓은 별도의 스키마가 있었습니다. 이 스키마는 매일 새벽에 실행되기 때문에 실시간 데이터를 분석할 수 없지만, 현재 고객 특징 분석에는 큰 문제가 없었습니다.

DBMS 도구를 이용해서 MySQL에 있는 데이터를 CSV 파일로 추출 후 엑셀에서 표와 차트를 만들어서 기본적인 분석을 진행했습니다. 이 방식은 데이터를 한 번만 추출해서 분석할 때라면 문제가 없었습니다. 하지만 분석을 진행하면서 새로운 특성이나 측정값을 추가할 필요가 빈번하게 생기게 되었는데, 그때마다 데이터를 조회하고 추출하고 엑셀에 데이터를 반영하는 작업을 반복하게 되어 시간이 많이 들게 됐습니다. 이 문제를 해결할 방법이 필요했습니다.

대안으로 주피터 노트북을 사용하는 방법을 선택했습니다. 주피터 노트북을 사용할 때 장점을 크게 3가지로 요약할 수 있습니다. 첫째, 분석이 필요한 고객 특정이나 측정값이 추가되어도 데이터를 추출하고 엑셀에 옮길 필요가 없어 편리하다는 점입니다. 주피터 노트북에서 파이썬으로 SQL을 실행해서 데이터프레임을 만들고 시각화까지 진행할 수 있습니다. 새로운 값이 추가되면 SQL 쿼리문만 수정하고 주피터 노트북을 처음부터 끝까지 실행하면 기존에 분석했던 과정이 새로운 데이터셋을 대상으로 동일하게 진행됩니다.

두 번째로는 주피터 노트북으로 곧바로 보고서를 만들 수 있어 편리하다는 점입니다. 주피터 노트북에서 시각화와 마크다운을 이용하면 워드 문서와 같은 보고서를 만들 수 있습니다. 그러면 워드에 직접 쓸 때와 달리 동일한 유형의 보고서를 만들 때 문서를 처음부터 다시 만들 필요가 없습니다. 예를 들어 2023년 2월에 만든 보고서로 2023년 3월 보고서를 만든다고 가정하면, 주피터 노트북 상단에 데이터를 추출하는 쿼리에서 데이터 조회 기간만 변경해주고 실행한 결과로 분석 보고서를 작성하면 됩니다.

세 번째로 분석에 사용한 코드를 재활용할 수 있습니다. 데이터 분석 업무를 하다 보면 월간 실적 보고서와 같이 매달 반복적으로 진행하는 업무와 기존에 진행했던 분석과 유사한 유형의 분석을 수행해야 하는 경우가 있습니다. 이때 기존 분석 업무에 사용했던 주피터 노트북 파일을 사용하면 분석에 필요한 데이터를 추출하는 시간을 단축할 수 있습니다. 가능하다면 분석 업무를 진행하며 사용했던 코드를 유형별로 모아서 관리해야 필요한 코드를 찾는 시간을 절약할 수 있습니다.

매일 사라지는 중간 결과 데이터 문제 해결하기

데이터 분석을 할 때 DB에 있는 데이터를 SQL을 이용해서 추출하고 엑셀로 표를 만들거나 피벗 테이블을 이용하는 과정이 빈번하게 일어납니다. 데이터 추출이 오래 걸릴 때는 중간 집계 데이터를 테이블로 만들어놓으면 효율적입니다. 고객 행동 로그와 같이 데이터가 많은 경우, 긴 기간의 데이터를 조회하는 경우, 여러 테이블을 조합해 결과를 만들어야 하는 경우에 시간을 단축할 수 있습니다. 저도 간단하거나 추출에 시간이 오래 걸리지 않는 데이터를 추출할 때는 DB에서 바로 조회해서 엑셀로 작업하고, 쿼리 실행 시간이 오래 걸리는 데이터라면 중간 집계 테이블을 만들어놓고 재사용합니다.

그러던 어느날 이전에 만든 중간 집계 테이블을 활용해서 추가 분석을 진행하는데 분명히 제대로 작동했던 쿼리에서 에러가 발생했습니다. 에러 메시지를 확인해보니 제가 만든 중간 집계 테이블이 존재하지 않았습니다. 분석에 백업 DB를 사용했는데, 매일 새벽에 마스터 DB가 백업 DB에 복제되기 때문에 제가 백업 DB에서 작업했던 데이터가 사라진 겁니다.

일반적으로 이러한 문제는 데이터 웨어하우스data warehouse, DW를 구축해서 해결할 수 있습니다.

데이터 웨어하우스는 운영 DB의 여러 테이블을 분석에 최적화된 구조로 변경해 적재해놓은 테이블의 집합입니다. 운영 DB는 중복되는 데이터를 최소화하기 위해서 정규화를 해놓았지만 데이터 웨어하우스는 여러 테이블을 조인하면서 조회 성능이 감소하는 것을 방지하기 위해서 테이블을 비정규화하며 데이터 조회 성능을 높여줍니다. 분석에 데이터 웨어하우스 테이블을 곧바로 사용할 수 있지만, 반복적으로 자주 조회하거나 대시보드로 만드는 데 사용하는 데이터는 데이터 마트data mart, DM에 한 번 더 집계해서 관리합니다.

일반적으로 데이터 웨어하우스의 데이터는 운영 DB에서 데이터를 복제해놓은 ODSOperating Data Stage의 데이터를 이용해 구축합니다. 즉 데이터 분석에 필요한 데이터는 '운영 DB → ODS → 데이터 웨어하우스 → 데이터 마트'순으로 생성됩니다.

ODS는 운영 DB와 동일한 구조의 데이터를 가지고 있는 DB입니다. ODS를 사용하는 이유는 두 가지입니다. 첫 번째는 운영 DB의 데이터를 빠르게 분석에 사용하기 위해서입니다. ODS는 운영 DB와 동일한 구조의 데이터를 실시간으로 동기화할 수 있기 때문에 운영 중인 서비스에 영향을 주지 않고, 운영 데이터를 이용해서 분석할 수 있습니다. 두 번째는 데이터 웨어하우스를 만들기 위한 소스 데이터로 사용하기 위해서입니다. 데이터 웨어하우스 데이터를 만들 때에도 대용량 데이터를 조회할 수 있기 때문에 운영 서비스에 영향을 주지 않기 위해서 ODS에서 데이터를 조회합니다. 데이터 웨어하우스 데이터를 만든 후에는 ODS 데이터와 비교해 데이터 검증을 합니다. 저 또한 위와 같은 이유로 인해서 ODS를 만들어야 하는 상황이었습니다.

ODS에 운영 데이터를 적재하는 방법은 다양합니다. 첫 번째 방법은 복제replication입니다. 두 번째 방법은 CDCCapture Data Change입니다. 세 번째 방법은 컬럼값을 이용하는 겁니다. 네 번째 방법은 백업입니다. 이러한 방법 중 회사 환경에 알맞는 방법을 선택하면 됩니다.

그렇다면 데이터 웨어하우스가 있는데 데이터 마트는 왜 있어야 할까요? 데이터 마트는 특정 부서나 업무 영역 등 특정한 범위의 데이터만을 모아서 저장한 데이터 저장소입니다. 데이터 웨어하우스와 마찬가지로 ETL^{Extract, Transform, Load} 과정을 거쳐 데이터를 추출, 변환, 적재합니다. 데이터 웨어하우스와 데이터 마트의 가장 큰 차이점은 데이터의 범위와 사용자입니다. 데이터 웨어하우스는 기업 전체의 데이터를 관리하며 모든 이해관계자가 사용할 수 있는 범용적인 데이터 저장소입니다. 반면, 데이터 마트는 특정 부서나 업무 영역 등 특정한 범위의 데이터만을 모아서 저장한 데이터 저장소이므로, 해당 부서나 업무 영역에서만 사용할 수 있는 전용 데이터 저장소입니다.

데이터 웨어하우스는 데이터의 일관성과 통일성을 유지하기 위해 데이터 품질 관리를 강조합니다. 따라서 데이터 품질 관리를 통해 데이터의 정확성, 일관성, 완전성, 유효성 등을 유지하고, 데이터 품질에 문제가 발생할 때 수정하고, 개선할 수 있도록 관리합니다. 반면, 데이터 마트는 특정 부서나 업무 영역에서 필요한 데이터만을 모아두므로, 데이터 일관성과 품질보다는 빠른 응답성을 강조합니다.

데이터 웨어하우스와 데이터 마트는 데이터의 일관성, 정확성, 신뢰성 등을 유지하고, 빠른 응답성을 제공해 기업의 의사결정에 기여합니다. 따라서 데이터 웨어하우스와 데이터 마트는 기업의 데이터 관리를 위한 필수적인 요소로, 각각의 목적과 범위에 따라 적절하게 사용하면 됩니다. 제 경우에는 데이터 마트는 고객번호가 없고 고객수를 조회하는 수준으

데이터 과학자 원칙

로 활용할 때 만듭니다. 월 또는 연 단위의 추세 분석을 할 때 데이터 조회 시간을 단축하기 위해서입니다.

고객 행동 데이터 심기

운영 DB, ODS, 데이터 웨어하우스, 데이터 마트가 있으면 제품을 서비스하는 데 필요한 운영 DB에 있는 데이터를 분석할 수 있습니다. 그렇다면 앱 서비스를 이용하는 고객 행동 데이터를 어떻게 만들 수 있을까요?

데이터 분석가에게 로그는 고객이 우리 제품인 웹 또는 앱에서 사용한 행동을 기록한 데이터입니다. 로그를 설계할 때 고려할 사항을 살펴보겠습니다.

첫 번째로 로그를 분석하는 목적을 고려해야 합니다. 로그는 분석에 필요한 재료 중 하나일 뿐입니다. 당근 케이크를 만드는 것이 목적일 때 사과라는 재료가 필요 없는 것처럼 분석 목적에 따라서 필요한 로그 데이터가 다릅니다. 분석을 위해서 로그 데이터를 별도로 남겨야 하는 경우와 그렇지 않은 경우를 살펴보겠습니다. 먼저 로그 데이터가 필요 없는 경우를 살펴보겠습니다. 이커머스에서 오늘 상품을 구매한 전체 고객 수와 거래액을 분석한다고 가정하겠습니다. 이 경우의 결과가 다음 표와 같다고 가정하겠습니다.

주문 데이터에서 일자별로 주문한 고객 수와 결제 금액을 집계하면 됩니다. 주문 데이터는 서비스를 운영하는 필수 데이터이기 때문에 별도의 로그를 만들 필요가 없습니다.

• 오늘 상품을 구매한 전체 고객 수와 거래액 예시 데이터 •

결제일자	구매 고객 수	결제액
2023-01-01	1,000	13,940,000
2023-01-02	1,100	15,334,000
2023-01-03	1,210	16,867,400
2023-01-04	1,331	18,554,140
2023-01-05	1,464	20,409,554
2023-01-06	1,611	22,450,509
2023-01-07	1,772	24,695,560
2023-01-08	1,949	27,165,116
2023-01-09	2,144	29,881,628
2023-01-10	2,358	32,869,791

이번에는 로그 데이터가 필요한 경우를 알아보겠습니다. 상품 상세페이지를 조회한 고객이 결제 단계 사이에 이탈하는 퍼널 분석*을 한다고 가정하겠습니다.

• 단계별 전환율 예시 데이터와 그래프 •

단계	전환율
상품상세	100.00%
옵션선택	90.00%
장바구니 담기 버튼 클릭	80.00%
장비구니로 이동	78.00%

---

* 웹 사이트에서 특정 결과에 도달하는 데 필요한 단계와 각 단계를 통과하는 사용자 수를 파악하는 방법

주문하기 버튼 클릭	75.00%
결제 방법 선택	55.00%
결제하기 버튼 클릭	53.00%

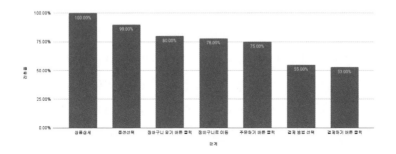

이때는 별도의 로그 데이터가 필요하기 때문에 페이지 조회, 버튼 클릭 로그가 있어야 합니다.

두 번째로 로그를 어디에 저장할지 고려해야 합니다. DB에 저장하는 방식과 파일시스템에 저장하는 방식, 클라우드에 저장하는 방식이 있습니다. 클라우드에 저장하는 서비스로는 앰플리튜드Amplitude, 믹스패널Mixpanel, 구글 애널리틱스Google Analytics가 있습니다. 이들 서비스를 이용해 로그를 생성하면 각 제품의 클라우드 서버에 데이터가 저장됩니다. 로그가 어디에 저장되는지는 중요한 정책적인 요소입니다. 그 이유는 제품의 도메인에 따라서 개인정보, 금융정보, 개인신용정보 취급에 대한 제약이 있을 수 있고, 로그 데이터의 크기에 따른 비용 증가도 고려해야 하기 때문입니다.

세 번째로 어떤 도구로 로그를 분석할지 고려해야 합니다. 로그를 쌓는 이유는 로그를 분석하기 위해서입니다. 그렇다면 로그를 분석할 도구가 필요합니다. 로그가 어디에 저장되어 있는지와 로그 분석을 누가 하는지에 따라서 분석 도구가 달라집니다. DB에 로그 데이터가 있고 직접 접근할 수 있는 데이터 과학자라면 dbeaver와 같은 SQL 클라이언트 도구, 주피터 노트북, RStudio 등을 이용해서 분석할 수 있습니다. DB에 직접 접근할 수 없는 실무자라면 아파치 슈퍼셋Apache Superset, 태블로Tableau와 같은 시각화 도구를 이용해서 로그를 분석할 수 있습니다. 시각화 도구를 이용하는 경우 SQL을 직접 실행하지 않고 제공하는 GUI에서 필터를 이용하거나 분석하려는 데이터셋을 선택해서 조회할 수 있습니다. 파이어베이스Firebase 를 이용해 데이터를 저장하면 구글 애널리틱스와 빅쿼리를 이용해서 데이터를 분석할 수 있습니다. 앰플리튜드와 믹스패널과 같은 제품 분석 도구를 이용해서 로그 데이터를 기록한 경우, 각 회사에서 제공하는 웹 기반 UI를 이용해서 로그를 분석할 수 있습니다.

네 번째로 이벤트 로그를 설계하는 방법을 고려해야 합니다. 여기서 말하는 이벤트 로그는 고객의 행동을 코드로 정의한 겁니다. 예를 들어 상품 상세페이지 조회를 page_view.product_detail처럼 이벤트 로그로 표현할 수 있습니다. 이벤트 로그를 설정할 때 필요한 항목은 다음과 같습니다.

• 이벤트 로그 설정 항목 예시 •

이벤트 로그 항목	설명	예시
gesture	고객 행동을 의미	page_view, click, impression
page_id	고객이 행동한 시점의 화면	home, product_detail, best_product
area_id	고객이 행동한 화면의 특정 영역	top_category_list, buy_box
label_id	고객이 행동한 세부 항목	btn_add_card, btn_pay
action_id	고객의 행동 정보	click.product_detail.buy_box.btn_pay

gesture는 고객의 행동을 의미합니다. 앱 서비스에서 고객이 할 수 있는 행동은 크게 3가지입니다. 첫 번째는 페이지 뷰(page_view)입니다. 페이지 뷰는 사용자가 특정 화면을 조회했다는 것을 의미합니다. 페이지 뷰 이벤트가 발생한 경우 page_id값만 있으면 됩니다. 두 번째는 클릭(click)입니다. 클릭은 고객이 무엇인가 눌렀을 때 발생하는 이벤트입니다. 보통 다른 화면으로 이동하기 위한 링크 또는 버튼을 눌렀을 때 발생합니다. 세 번째는 임프레션(impression)입니다. 임프레션은 어떠한 개체가 사용자에게 보여졌을 때 발생합니다. 예를 들어 20개의 상품이 포함된 추천 상품 목록 페이지에서 고객이 10개의 상품을 확인했고 그중에 1개의 상품을 클릭했다면 클릭률click-through rate, CTR은 10%가 된다는 사실을 알 수 있습니다. 20개의 상품 중 10개의 상품을 확인했다는 사실을 알아내는 데 임프레션 로그가 필요합니다.

page_id는 사용자가 현재 위치한 화면의 아이디입니다. 모든 이벤트들은 page_id 기준으로 발생합니다. 로그를 분석할 때 가장 먼저 확인하는 항목이기 때문에 home(홈), product_detail(상품 상세), best_product(베스트 상품)와 같이 page_id만 봐도 어느 화면인지 알 수 있게 정의해야 합니다.

area_id는 화면에서 특정 영역을 의미합니다. 예를 들어 베스트 상품 목록 페이지 상단에 카테고리별 베스트 상품을 볼 수 있도록 하는 카테고리 선택 영역이 있다면 page_id는 best_product가 되고 area_id는 top_category_list가 될 수 있습니다. area_id가 필요한 이유는 임프레션 이벤트 발생 시 화면 내에 특정 영역을 고객이 보는지 확인하는 용도입니다. 예를 들어 베스트 상품 화면 하단에 이벤트 홍보 배너를 넣었지만 클릭률이 낮다면 배너 클릭률이 낮은 원인을 분석해야 합니다. 이때 area_id가 중요합니다. event_banner라는 area_id에서 임프레션 이벤트가 발생했는지에 따라서 의사결정이 달라질 수 있습니다. event_banner 영역에서 impression 이벤트가 발생하지 않았다는 것은 고객이 이벤트 배너를 보지 않았다는 것을 의미합니다. 이벤트 배너가 화면 하단까지 이동하지 않는 것이 원인이 될 수 있습니다. 이럴 때는 배너의 위치를 바꾸는 의사결정을 할 수 있습니다. 만약 event_banner 영영에 임프레션 로그가 있음에도 불구하고 배너 클릭률이 낮다면, 배너의 디자인이 잘못되었거나, 이벤트 자체에 매력이 없다고 추정할 수 있습니다. 이럴 때는 배너 디자인, 문구, 이벤트 변경 등을 통해서 고객의 이벤트 배너 클릭률이 높아지는지 분석할 수 있습니다. 또한 area_id는 화면에 동일한 역할을 하는 개체가 두 군데 이상 있을 때 구분하는 용도로도 필요합니다. 예를 들어 동일한 이벤트 배너가 화면 상단과 하단에 있더라도 area_id를 각각 top_event_banner와 bottom_event_banner라고 지정하면 어느 위치의 배너를 클릭했는지 로그로 남길 수 있습니다.

label_id는 impression 또는 click 이벤트가 발생하는 최하위 수준의 영역입니다. 예를 들어 이벤트 영역에 항상 배너 3개가 있다고 가정하겠습니다. 그러면 각 배너의 label_id는 event_banner_01, event_banner_02, event_banner_03이 됩니다. 사용자가 두 번째 위치하는 배너를 클릭하면 label_id가 event_banner_02인 클릭 이벤트 로그가 발생합니다.

action_id는 gesture, page_id, area_id, label_id를 연결해놓은 겁니다. 실제로 분석을 할 때는 action_id만 확인하면 사용자가 어떤 행동을 했는지 확인할 수 있습니다. 위에서 언급한 이벤트 배너에 대한 action_id를 만들어보면 click.best.product.bottom.event_banner로 로그가 생성됩니다.

고객 유입 경로 데이터를 만들고 분석하기

모바일 앱 또는 웹사이트에서 이루어지는 사용자 행동(앱 설치, 이용 시간, 결제 등)을 추적하고, 유입된 광고 캠페인을 파악해 광고주에게 정확한 마케팅 성과 측정과 분석 정보를 제공해야 합니다. 그래야 광고주는 광고 채널별 광고 성과를 비교하고, 광고 성과에 영향을 미치는 요소(광고 채널, 광고 유형, 대상 사용자 등)를 파악해 마케팅 전략을 더 효과적으로 수립할 수 있습니다. 모바일 앱 또는 웹사이트에서 사용자 행동을 추적하고, 어떤 광고나 마케팅 캠페인에 의해 행동이 유입되었는지 파악하는 어트리뷰션 도구attribution tool로는 애드저스트Adjust와 앱스플라이어AppsFlyer가 있습니다.

제가 입사할 당시에는 어트리뷰션 도구를 제대로 적용하지 못하고 있었습니다. 현재는 애드저스트를 도입해서 고객 유입 채널을 분석하고, 고객이 신용카드를 연동하는 행동을 전환 이벤트로 선택해 구글 광고와 메타(페이스북) 광고를 최적화하는 데 사용합니다. 덕분에 광고비를 효율적으로 관리할 수 있게 되었습니다.

반복되는 분석 요청을 대시보드로 만들기

경영진, 실무자들의 요청이 빈번한 분석 데이터를 대시보드로 만들어 보여주면 반복적으로 데이터를 추출하는 시간을 아끼고 상세한 분석을 하는 데 시간을 투자할 수 있습니다. 반복적인 유형의 데이터 추출 요청을 수행하다 보면 데이터에서 인사이트를 도출하는 데이터 분석의 우선순위가 밀릴 수 있습니다. 따라서 대시보드를 개발하는 시간이 조금 더 들더라도 장기적으로 시간을 절약할 수 있다고 생각하고 대시보드를 만들어 제공할 필요가 있습니다.

대시보드를 만들려면 보여줄 지표부터 정의해야 합니다. 그리고 나서 데이터를 수집하고 필요한 형태로 가공한 뒤 마지막으로 시각화 도구를 이용해서 데이터를 시각화해 대시보드를 만들면 됩니다.

가장 먼저 보고자 하는 지표를 정의해야 합니다. 대시보드는 지표를 시각적으로 보여주는 도구일 뿐입니다. 보고자 하는 지표를 먼저 정의하지 않으면 어떤 데이터가 필요한지 시각화 도구를 이용해서 어떤 대시보드를 만들지 판단할 수 없습니다. 이커머스 회사에서 근무한다면 사용할 수 있는 지표로는 일일 가입자 수, 회원 가입 퍼널 전환율conversion rate, CVR, 일일 매출, 주간 매출, 월간 매출, 상품별 매출, 카테고리별 매출, 구매 전환율 등이 있습니다. 이러한 지표를 바탕으로 대시보드에서는 매출 추이, 매출 비중, 매출 순위, 매출 예측 등을 시각화해 보여줄 수 있습니다.

두 번째로 데이터가 필요합니다. 가입자 수, 구매 전환율, 매출들의 지표를 보여주려면 가입일, 회원 아이디, 상품 ID, 결제 일자, 상품 가격, 상품 조회 수, 구매 버튼 클릭 수 등의 정보가 필요합니다.

마지막으로 시각화 도구가 필요합니다. 대표적인 시각화 도구로는 슈퍼셋, 파워BI, 태블로, 리대시 등이 있습니다. 시각화 도구는 대시보드 생성 시 요구사항에 맞춰서 정하면 됩니다.

저는 여러 시각화 도구 중 슈퍼셋을 도입했습니다. 슈퍼셋은 태블로에

비해 시각화와 차트 커스터마이징 기능이 부족합니다. 하지만 SQL을 이용해서 데이터 분석 후 결과 데이터를 이용해서 곧바로 차트와 대시보드를 만들 수 있습니다. 또한 오픈 소스이기 때문에 라이선스 비용에 대한 부담이 없었습니다. 가볍고 빠르게 시각화하자는 취지에서 도입했으며 향후 시각화 도구를 이용하는 내부 이용자가 증가하고 시각화에 뛰어난 제품에 대한 니즈가 생긴다면 그때는 다른 도구도 검토할 계획입니다.

지금까지 스타트업에서 데이터팀을 만들고 적은 인원으로 데이터를 활용할 수 있는 여건을 만들었던 과정을 정리해보았습니다. 이 과정을 '그로스 해킹을 수행할 데이터 플랫폼을 만들어 서비스를 성장시킬 목적으로 그로스 해킹을 수행했다'로 요약할 수 있습니다. 그로스해킹growth hacking은 창의성, 분석적인 사고, 소셜 네트워크를 이용해 제품을 팔고, 노출시켜 피드백을 받아 서비스 및 제품의 질을 지속적으로 향상시키는 마케팅 방법입니다.

AARRR은 그로스 해킹에서 사용하는 중요한 지표들을 나타내는 용어로써 각 단계에서 어떤 지표를 보고, 어떤 문제가 발생하는지 파악해 성장을 이룰 수 있게 관리해줍니다. 우리말로 해적 지표라고도 부르는 AARRR에서 Acquisition은 고객 유치, Activation은 활성화, Retention은 유지, Referral는 추천, Revenue는 수익화를 의미합니다. AARRR을 기반으로 문제점을 파악하고 개선하는 작업을 수행해, 서비스의 성장을 이루는 것이 그로스 해킹에서의 목표입니다.

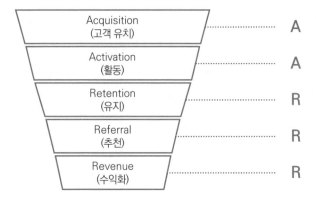

• AARRR 프레임워크 •

고객 유치 단계에서는 새로운 사용자를 서비스에 유입시키는 것이 중요합니다. 이를 위해 사용자가 어떤 채널에서 유입되고 있는지 분석하고, 각 채널별로 어떤 지표가 나오는지 살펴보아야 합니다. 또한 사용자들이 어떤 이유로 서비스를 이용하는지 파악하고, 이에 맞게 마케팅 전략을 수립해야 합니다.

활동 단계에서는 사용자들이 서비스를 활성화시키는 것이 중요합니다. 이를 위해 사용자들이 서비스를 쉽게 이용하도록 UI/UX를 개선하거나, 사용자가 원하는 기능을 추가하는 등의 작업이 필요합니다. 또한 사용자들이 서비스를 이용할 때 발생할 수 있는 문제점을 파악해 개선하는 것이 중요합니다.

유지 단계에서는 사용자가 서비스를 지속적으로 이용하도록 하는 것이 중요합니다. 이를 위해서는 사용자들이 서비스를 이용하면서 발생하는 문제점을 파악하고, 이를 개선해야 합니다. 사용자들이 가장 많이 이용하는 기능을 파악해, 해당 기능을 개선하거나 새로운 기능을 추가하는 등의

데이터 과학자 원칙

작업도 필요합니다.

추천 단계에서는 사용자들이 다른 사용자를 서비스에 유입시키는 것이 중요합니다. 따라서 사용자들이 서비스를 이용하면서 만족도를 높일 수 있는 기능을 추가하거나, 소셜미디어를 활용해 사용자들이 서비스를 공유하도록 하는 등의 작업이 필요합니다.

수익화 단계에서는 서비스에서 발생하는 수익을 최대화하는 것이 중요합니다. 이를 위해서는 수익을 발생시키는 요인을 파악하고, 이를 최적화하는 작업이 필요합니다. 또한 사용자들에게 추가 혜택을 제공하는 등의 전략을 수립해 수익을 증대시키는 것이 중요합니다.

팀빌딩 초장기에는 AARRR의 모든 부분을 신경쓰는 일이 불가능했습니다. 단순하게 각 단계의 지표를 추출하고, 각 지표를 끌어올릴 목적으로 제품을 개선하는 기획을 지원할 때 현황 데이터를 제공하는 수준으로 시작했습니다. 우선 반복되는 일들을 최대한 자동화하고, 대시보드를 만들어서 반복 요청을 줄이고, 정기/비정기 푸시 발송 업무를 관리자 시스템에서 실무자가 직접 발송할 수 있도록 개선해 시간을 벌었습니다.

그러고 나서 Activation과 Retention에 집중했습니다. 그 덕분에 신규 가입자의 Retention이 두 배 가까이 증가했습니다. 그로스 해킹은 한 번만 수행하고 마는 것은 아니므로 앞으로도 지속적으로 AARRR을 수행하며 비즈니스에 이바지하는 팀으로 발전해 나아갈 계획입니다. 어느 정도 만족할 만한 Retention을 만들다면 이후에는 AARRR 각 단계의 지표를 지속적으로 높일 수 있도록 담당자들을 배정해 담당한 지표를 높일 수 있도록 분석하고 서비스를 개선할 예정입니다.

데이터 과학자는 데이터를 분석하거나 모델링만 하는 사람을 뜻한다고 생각하지 않습니다. 나에게 주어진 문제를 인지하고, 해결 방법을 찾고 행동하는 사람이라고 생각합니다.

여러분도 앞에 주어진 다양한 문제를 인지하고, 방법을 찾고, 해결될 때까지 포기하지 않고 행동한다면 언젠간 기대했던 순간을 맞이할 수 있다고 믿고 응원합니다!

• 원칙 준수에 도움이 되는 정보 •

《그로스 해킹》

그로스 해킹에 대한 기본적인 정보를 알려주는 입문서입니다. 그로스 해킹의 의미와 그로스 해킹을 위한 프레임워크인 AARRR을 이해하는 데 도움이 됩니다.

《OLAP 테크놀로지》

OLTP와 OLAP 시스템의 차이가 무엇인지 설명을 시작으로 비즈니스 인텔리전스(Business Intelligence) 시스템을 구축하려면 알아야 하는 ODS ,데이터 웨어하우스, 데이터 마트, OLAP에 대한 용어와 이론을 설명합니다.

《린 스타트업》

데이터 과학자가 예측 불가능한 결과를 측정하기 위해서 MVP 수준으로 제품을 만들고 분석한 결과를 기반으로 제품을 개선해나가는 과정을 안내합니다.

전달력을 높이는
시각화 디자인 원칙

이제현 jehyun.lee@gmail.com
현) 마이크로소프트 MVP
현) 한국에너지기술연구원 책임연구원
전) 삼성전자 종합기술원, 반도체연구소
전) 서울대학교 재료공학부 연구교수

숫자의 숲에 가려진 데이터의 메시지를 탐구합니다. 인공지능 기술의 현실 적용에 관심이 많으며, 기술과 사람 간 소통의 핵심에 데이터 시각화가 있다고 믿습니다. 눈에 보이지 않는 수학적 패턴을 전달하고자 하며 데이터 시각화 기술뿐 아니라 인지과학과 디자인에도 관심이 많습니다.

jehyunlee.github.io
jehyunlee.tistory.com

대학원에 진학한 이후 소위 전문가의 길로 한 걸음씩 나가던 시점부터 주변인들과 나 사이에 거리감이 느껴졌습니다. 학교 수업을 들을 때와는 달리 충분히 쉽게 설명하지 않으면 내가 하는 연구를 옆자리 친구조차 이해하지 못하는 경우가 생겼고, 반대 경우도 마찬가지였습니다. 심지어 연구비 지원 기관에 연구 성과를 설명하는 자리에서는 "비전공자들이 많으므로 쉽고 간결하게 설명해달라"는 안내를 받기도 했습니다.

조금씩 한 분야의 전문가로 성장함과 동시에 더 많은 이들에게 설명하는 일이 어려워짐을 느끼면서 내가 가는 길이 생각과는 달리 소통 방식에 대한 깊은 고민을 해야 하는 길이라는 사실을 조금씩 깨달았습니다. 특히 대학원에서는 학생별 연구 주제가 모두 다른 독특한 연구실에 있었고, 회사에서는 주로 이제까지 시도하지 않았던 일들을 맡아서 했기 때문에 나의 연구 결과를 자세하게 설명하려는 노력 이전에 쉽게 설명하려는 노력을 많이 해야만 했습니다.

한편, 학회장에서 보는 다른 분들의 수많은 발표가 제게 음과 양으로 교사가 되었습니다. 비슷한 내용을 발표하더라도 깔끔한 디자인과 멋진 디자인으로 주목을 끌고 좋은 평가를 받는 분이 있는 반면에, 훌륭한 내용임에도 색을 잘못 선택해서 눈살을 찌푸리게 만들거나 그림을 잘못 그려서 오해를 불러 일으키는 경우를 보았고, 스스로 이런 실수를 하기도 했습니다.

저 역시 다르지 않았으나 여러 차례의 시행착오에 이론적인 학습을 보태 데이터를 시각화하는 저만의 원칙을 조금이나마 정립하게 되었습니다. 대학원 시절 국제 학회에서 받은 베스트 포스터 어워드 Best Poster Award를 시작으로 좋은 동료들과 함께 노력한 덕에 부회장 명의의 포상 휴가도 받아보았고, 장관상과 학회장상을 수상하는 등 자신감을 북돋아주는 경험을 했습니다. 내가 만든 원칙이 나에게만 통하는 원칙이 아니라 더 넓은 범주에서도 통할 수 있는 원칙으로 성장하고 있다는 생각이 들었습니다. 실패가 없는 것은 아니지만 성공 확률을 조금씩 높여가고 있기 때문에 다른 분들께도 나누어드리고 싶다는 생각을 하게 되었습니다. 모두가 처한 환경이 다르기 때문에 그대로 적용하기에는 무리가 있겠지만 하나의 레퍼런스로 삼아주면 좋을 것 같습니다.

현실 : 정보 전달은 생각보다 어렵다

어려서부터 과학자가 되고 싶었습니다.

만화를 좋아하던 어린 시절 제게 과학자는 로봇을 만들어 악의 무리를 무찌르는 사람이었지만 과학자가 되고 보니 세상을 조금씩이나마 좋게 만들어가려고 노력하는 사람이라는 것을 알게 되었습니다. 과학자가 세상을 좋게 만드는 방법은 비교적 단순합니다. 우리가 모르던 자연과 사람에 대한 지식을 조금 더 알아내고 그것을 사람들에게 알리는 겁니다. '지식의 확장과 전파'라는 여덟 글자로 요약할 수 있는 일입니다.

새로운 지식을 알아내는 과정은 매우 어렵습니다. 무엇이 새로운지를 알아야 하고, 그러자면 먼저 새롭지 않은 것들을 충분히 습득해야 합니다. 거인의 어깨에 올라타면 더 멀리 볼 수 있다지만 거인의 어깨에 올라서는 것부터가 만만치 않은 일입니다. 배워야 할 것이 많기 때문이기도 하지만 말과 글로 지식을 주입해야 하기 때문입니다. 게다가 자연의 섭리와 패턴, 원인과 결과는 사람의 언어로 쉽게 표현되지 않습니다. 같은 단어를 사람마다 다르게 쓰기도 하고 언어에 따라 받는 느낌이 다르기도 하며 정확한 대상을 지칭하는 단어가 존재하지 않기도 합니다.

이런 말과 글의 단점을 보완하고자 수학이 발명되었습니다. 수학은 양과 개념을 정확히 표현할 수 있고 연산과 추론이 가능하기 때문에 언어에 부족한 엄밀함을 더했습니다. 수학을 사용함으로써 양자 역학을 넘어 인공지능에 이르기까지 다양한 도구와 기술을 개발해 현재의 인류 문명을 이룩했습니다. 수학과 과학은 그 자체로 새로운 지식이면서 더 새로운 지식을 캐낼 수 있는 강력한 수단입니다. 그렇기 때문에 지금 이 순간에도 많은 학생이 어려서부터 국어와 영어 등 사람의 언어 못지않게 자연의 언어인 수학과 과학을 공부하는 데 많은 시간을 들이고 있습니다.

하지만 새로운 지식을 알아내는 과정보다 알리는 과정이 더 어려울 때도 많습니다. 지식과 생각을 전달하고 설득을 통해 남의 마음을 바꾸는 일은 지식을 내 머리에 넣는 일보다 남의 머리에 넣어주는 일이 훨씬 어렵습니다. 상대의 머릿속에 상반되는 지식이나 의견이 먼저 들어 있으면 설득을 해서 이를 물리쳐야 하고, 심지어 내가 전달하려는 것에 관심조차 없다면 관심부터 불러일으켜야 하기 때문입니다.

지식이 가치가 되려면 다른 이들의 마음을 움직여야 합니다. 사업을 하려면 자금을 동원할 수 있는 이들에게 투자를 받아야 합니다. 정책에 반영하려면 행정가나 입법가들의 마음을 움직여야 합니다. 그러나 한 분야의 전문가들일수록 다른 분야의 사람들과 소통하기를 어려워하는 모습을 많이 보았습니다. 분야를 넘어서려면 자기 분야에서 사용되는 개념과 용어를 사용할 수 없고, 그러다 보니 소통의 효율성이 크게 떨어지기 때문입니다. 한 분야의 전문가일수록 다른 분야에 관심이 적다는 것도 소통에 장애가 됩니다. 상대가 알고자 하는 것을 잘 모르기 때문입니다.

이럴 때 시간을 들여 논리적인 생각을 해야 하는 수학적 능력은 도움이 되지 않습니다. 인간이기 때문에 가진 근본적인 한계입니다. 사람의 뇌는 자동적이고 처리가 빠른 방식(시스템 1)과 의식적이고 처리가 느린 방식(시스템 2) 두 가지 모드가 함께 동작합니다*.

• 뇌의 이중 모드에 대한 그림** •

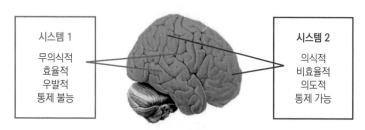

시스템 1은 인류가 동물로서 야생에서 살아남기 위해 발달한 능력으로, 생존에 관련된 항목이 많습니다. 외부 자극에 의해 무의식적으로 발현되며, 경험에 기반한 편견과 즉각적인 감정이 강하게 작용합니다. 시스템 2는 추상과 논리, 지식을 다룹니다. 인류의 문명을 쌓아 올린 것이 시스템 2라면 그 전에 인류의 생존 확률을 높여준 것은 시스템 1입니다***. 어두

---

* Keith E. Stanovich and Richard F. West, 〈Advancing the rationality debate〉, Behavioral and Brain Sciences 23(5) 2000, pp.701-717

** 논문의 그림을 인용해 다시 그림. Robert P. Spunt, 〈Dual-Process Theories in Social Cognitive Neuroscience〉, Brain Mapping: An Encyclopedic Reference 3 2015, pp.211-215

*** Dennis A.V. Dittrich, 〈The upside of irrationality: The unexpected benefits of defying logic at work and at home〉, D. Ariely. HarperCollins, London (2010),〈Journal of Economic Psychology〉, Elsevier, vol. 32(3), pages 534-535

데이터 과학자 원칙

컴컴한 동굴 속에서 희끄무레한 그림자를 보았을 때 논리적으로 생각할 시간 따위는 없기 때문입니다. 따라서 의사결정의 최종 선택권을 시스템 2가 가지고 있음에도 불구하고 대개 반응 속도가 빠른 시스템 1이 먼저 반응해버립니다.

다시 말해, 논리적인 사고를 할 수 있는 능력이 있음에도 본능적으로 결정하는 경우가 생각보다 많다는 뜻입니다. '딱 봐서' 싫으면 논리적인 설득이 되지 않습니다. '딱 봐서' 맘에 들면 한 번 더 보고, 심지어 기능마저 우월하다고 '논리적인' 판단을 내리는 것이 우리 인간입니다.

이럴 때 시각적 자극을 논리적 설득 앞에 내세울 필요가 있습니다. 형태, 공간, 색 등 조형 요소들로 이루어진 시각적 자극은 무의식적으로 적용되는 시스템 1에 작용하기 때문에 논리적으로 설득해야 하는 시스템 2보다 훨씬 빠르게 인지됩니다. 심지어 시스템 2에 영향을 미치기 때문에 시스템 1이 적용되는 단계에서 최대한 긍정적인 효과를 확보해야 본 목적인 논리적인 설득을 시도할 수 있습니다.

일본 히타치 디자인센터에서 1995년에 재밌는 논문을 발표했습니다. 기능이 동일한 현금 자동 입출금기의 디자인만 여러 가지로 바꿔놓고 252명의 사용자에게 무엇이 더 예쁜지(심미성)와 무엇이 더 사용하기 편한지(사용성)를 물었더니 많은 이들이 더 예쁘다고 느낀 것을 더 편하다고 느꼈습니다*. 우연이라고 하기에는 경향성이 선명하며 5년 뒤 이스라엘에서

---

* Masaaki Kurosu and Kaori Kashimura, 〈Apparent usability vs. inherent usability: experimental analysis on the determinants of the apparent usability〉, Conference Companion on Human Factors in Computing Systems (1995).

독립적으로 수행된 연구에서도 동일한 결과가 나왔습니다.* 이를 심미적 사용성 효과라고 합니다. 이 밖에도 눈에 더 잘 띄는 정보를 참으로 판단하는 경향이 있음 또한 연구를 통해 밝혀졌습니다.**

• 현금 자동 입출금기의 디자인 변화에 따른 심미성과 기능성 투표 결과 •

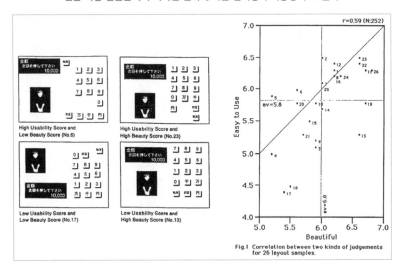

Fig.1 Correlation between two kinds of judgements for 26 layout samples.

실험으로는 20년 전에야 증명되었지만 우리는 이미 경험적으로 알고 있습니다. '첫인상이 중요하다'는 통념이 널리 알려져 있기 때문에, 특히 앞으로의 인생이 결정될 수 있는 면접이나 사업상 중요한 만남을 앞두고 실력과 무관한 외모를 정돈합니다. 호감을 살 수 있는 말로 대화를 시작

* Noam Tractinsky, A. Katz, D. Ikar, 〈What is beautiful is usable〉, Interacting with Computers 13(2) 2000 pp.127–145

** R. Reber and N. Schwarz, 〈Effects of Perceptual Fluency on Judgments of Truth〉. Consciousness and Cognition 8(3) 1999 pp.338–342. https://doi.org/10.1006/ccog.1999.0386

데이터 과학자 원칙

하고, 대화 중간마다 상대방 반응을 살피며 내가 상대방 마음에 드는지, 실수하는 것은 없는지 계속 확인합니다.

그러나 이 수많은 노력이 무색하게도 그 앞에 우리가 펼쳐놓는 자료는 그러지 못한 경우가 많습니다. 내용을 정확히 전달하려는 노력이 오히려 독이 됩니다. 좋다는 색을 골라 화사하게 만든 자료는 상대방의 눈을 어지럽힙니다. 정확한 내용을 전달하고자 사용한 전문용어는 이 말을 모르는 상대에게 닿을 수 없습니다. 때로는 주장을 열심히 설파하면서 함께 제시한 근거 자료를 어지럽게 정리하는 바람에 설득력을 잃어버리기도 합니다. 좋은 메시지가 길을 잃고 헤매기도 합니다. 차라리 하얀 바탕에 검은 글씨로 만들었으면 무난했을지도 모르는 일입니다.

• 나쁜 시각화 사례. (왼쪽) 글을 읽기 힘듦*. (오른쪽)
현란한 색으로만 구성성되어 눈이 피로하고 알아보기 힘듦**. •

*   Motti Nisani, 〈6 Worst Presentations Ever & Why They Suck〉, emaze. https://www.emaze.com/2020/08/22/6-worst-presentation-slides-ever/

** Carla Albinagorta, 〈Bad PowerPoint Examples You Should Avoid at All Costs〉, 24 Slides. https://24slides.com/presentbetter/bad-powerpoint-examples-you-should-avoid

원칙 1 : 뇌와 자극 반응에 대한 지식 쌓기

언변이 좋은 분들이 있습니다. 이런 분들은 눈치도 빨라 상대방에게 필요한 정보를 금세 알아채 상대방이 알아듣는 말로 전달합니다. 상대방이 어떤 말을 알아들을지 파악하는 눈치도 능력입니다. 이런 능력을 타고 나지 못했다면 경험을 통해 강화하는 한편 당장 어떻게든 보완해야 합니다. 저는 눈치가 빠르지 않기 때문에 자료 준비에 공을 많이 들이는 편입니다. 시각을 통해 중요 정보를 전달함으로써 저의 부족한 순발력을 보완하는 전략입니다. 언어의 한계를 넘어 발표 자료와 시각화 결과물들이 청중과 독자들의 대뇌에 들어가 앉게 하고 싶습니다.

감각이 좋은 분들이 있습니다. 선천적으로 미적 감각을 타고 나신 분들은 같은 주제나 데이터를 가지고도 아름다운 결과물을 도출합니다. 파워포인트 슬라이드를 만들든, 데이터를 그래프로 표현하든 눈에 띕니다. 데이터를 다루는 수많은 이공계인의 약점이 미적 감각입니다. 좋은 결과를 놓고도 내용에 집중한 나머지 전달력이 떨어져 스스로 가치를 약화시키는 일이 잦습니다.

그렇지만 예쁘다고 정말 좋은지는 다시 생각해봐야 합니다. 우리가 전달하려는 대상은 정보이지 감동이 아니기 때문입니다. 2004년 서울시에서 버스 체계와 디자인을 전면 개편한 적이 있습니다. 당시 버스는 양 옆에 열 곳가량의 정류장 목록을 달고 다녔는데 이것이 지저분해 보였는지, 새로 바뀐 디자인은 기점과 종점, 그리고 중간 지점 한 곳 정도만으로 깔끔하게 보여주었습니다. 그러자 문제가 생겼습니다. 그당시에는 스마트폰이 없었습니다. 시민들은 새로 바뀐 버스 번호와 노선 정보를 사전에 몰랐고 즉시 검색할 수 없어서 혼란을 피할 수 없었습니다. 이후 디자인이 공식적으로 개편되기 전까지 적지 않은 시간 동안 버스회사 자체적으로 나무나 플라스틱판에 중간 지점들을 써붙여 달고 다니는 해프닝이 있었습니다.

• 2004년 개편 당시 서울시 버스 디자인. 노선 안내가 거의 없음* •

클라우스 윌케Claus Wilke는 《데이터 시각화 교과서》(책만, 2020)에서 "대부분 과학자들은 (늘 그런 건 아니지만!) 미적 감각이 발달하지 않은 탓에 시각적 요소를 잘못 선택해서 의도한 메시지를 희석시키는 실수를 저지르곤 한다"고 안타까워하는 한편 "디자이너들은 근사한 도표를 내놓지만 그 과정에서 데이터의 정확도를 희생시킬 때가 있다"고 지적합니다.

다행히 감각이 없는 사람도 몇 가지 원칙을 적용하면 전달력을 크게 높일 수 있습니다. 뇌가 시각 정보를 인지하는 방식을 파악해서 거기에 맞

---

* 오마이뉴스, 〈서울 시내버스 로마자 도색 중단하라〉, 2004.05.24. https://www.ohmynews.com/NWS_Web/View/at_pg.aspx?CNTN_CD=A0000187849

게 표현하면 됩니다. 그러자면 뇌가 정보를 인식하는 방식을 이해해야 합니다. 이를 인지과학이라고 하는데 심리학, 미학, 뇌과학 등에서 다루고 있습니다. 모양, 크기, 색이 다른 그림을 볼 때 우리 눈이 이들을 데이터양이나 종류와 어떻게 연결짓는지, 그리고 배경이나 글꼴의 굵기와 크기에 따라 우리의 뇌가 얼마나 메시지에 집중되거나 방해되는지가 적지 않게 연구되어왔기 때문에 원리를 알고 이해하는 것만으로도 탄탄한 기초가 됩니다.

무엇보다 감각은 유행을 탑니다. 불과 몇 년 전 유행하던 패션과 디자인이 촌스러워 보이고 수십 년 전 사진 속 인물들의 복장이 되려 세련되어 보이는 경험을 자주 합니다. 인간의 뇌는 새로운 경험과 정보를 찾도록 진화해왔기 때문입니다. 연구에 따르면 새로운 경험은 도파민의 분비를 촉진시켜 즐거움을 느끼게 합니다.[*] 따라서 유행을 타지 않으려면 시의성보다 보편성에 기대야 합니다.

사람들이 시각적 구성요소로부터 느끼는 인지 효과를 알아내고자 클리블랜드[**], 매킨리[***], 헤어[****] 등 많은 이들이 연구를 진행했습니다. 그 결과 데이터양을 전달하는 데는 색이나 넓이보다는 길이나 위치를 사용해

[*]   David H. Zald, 〈The human amygdala and the emotional evaluation of sensory stimuli〉, Brain Research Reviews 41(1) 2003 pp.88–123, DOI: 10.1016/S0165-0173(02)00248-5

[**] W. Cleveland and R. McGill, 〈Graphical Perception: Theory, Experimentation, and Application to the Development of Graphical Methods〉, Journal of the American Statistical Association 79 1984 pp.531–554

[***] Jock Mackinlay, 〈Automating the design of graphical presentations of relational information〉, ACM Transactions on Graphics 5(2) 1986 pp.110–141. DOI: 10.1145/22949.22950

[****] Jeffrey Heer, M. Bostock, Vadim Ogievetsky, 〈A Tour through the Visualization Zoo〉, Queue 8 2010 pp.20–30, DOI: 10.1145/1794514.1805128

야 하고, 범주를 표현하는 데는 길이보다는 색상이나 질감을 사용해야 잘
전달된다는 사실을 알게 되었습니다.

• 시각화 요소별 상대적인 크기 차이 전달력 비교(왼쪽),
데이터의 종류에 따른 시각화 요소별 전달력 비교(오른쪽)* •

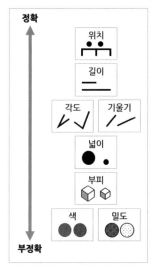

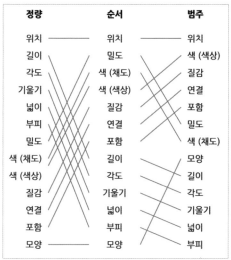

앞의 그림에서 데이터 종류에 따른 시각화 요소별 전달력 비교 도표를
보면, 정량적인 데이터와 범주 데이터에서 몇 가지를 제외하고 순서가 거
의 뒤집혀 있습니다. 전달하려는 지식 종류에 따라 적절한 방식을 선택하
지 않으면 역효과가 난다는 뜻입니다.

반면, 위치는 모든 종류에서 가장 중요한 요소로 드러났습니다. 하나의

* 매킨리의 논문 그림을 다시 그림. Jock Mackinlay, 〈Automating the design of graphical
presentations of relational information〉, ACM Transactions on Graphics 5(2) 1986 pp.110-141.
DOI: 10.1145/22949.22950

그림 안에서는 막대 그래프의 막대 같은 요소들의 기준점이 매우 중요하다는 의미입니다. 그런데 한 장의 슬라이드나 한 페이지의 책으로 범위를 확대하면 '글 상자text box를 포함한 그림, 표 등 개별 요소가 잘 구성되어 있더라도 정렬이 잘되어 있지 않으면 불편함을 줄 수 있다'로 해석할 수 있습니다.

한편 도형의 기본 구성 요소인 점, 선, 면이 우리 눈에 들어올 때 인지되는 요소도 중요합니다. 점은 위치, 선은 길이와 방향, 면은 넓이를 가지고 있습니다. 면 중에서도 직사각형 막대는 길이 요소(가로, 세로)를 가지고 있어 선과 면의 속성을 모두 가지고 있는 반면, 나란히 놓인 막대들은 사이에 단절된 영역이 있어 막대들이 서로 독립된 존재라는 느낌을 전달합니다.

이처럼 우리 뇌에서 자동적으로 패턴으로 인식되는 요소들이 게슈탈트 원리Gestalt Principles에 잘 정리되어 있습니다.* 이러한 속성을 감안하면 전달하고자 하는 데이터의 목적에 따라 적절한 표현 방식을 선택할 수 있고, 의도치 않은 오해를 예방할 수도 있기 때문에 데이터와 메시지 전달에 매우 유용합니다.**

---

* Max Wertheimer, 〈Experimentelle studien über das Sehen von Bewegung〉, Zeitschrift fur psychologie 61 1912 pp.161–165

** Jonas Malinauskas, 〈Evolution of Gestalt Principles in Contemporary Graphic Design〉, Proceedings of 9th International Symposium on Graphic Engineering and Design 2018. DOI: 10.24867/GRID-2018-P63

예를 들어 불연속적인 막대 그래프는 대등한 관계의 여러 요소 간 수치 비교에 유리하고(예 : 국가 간 인구 수 비교), 연속된 선으로 구성되어 방향성으로부터 데이터가 존재하지 않는 구간을 예측하기 쉬운 꺾은선 그래프는 추세 표현에 유리합니다(예 : 연도별 출산율 변화). 동그란 영역이 부채꼴 형태로 나뉜 파이 차트는 제한된 범위 내의 비율을 표현하기에 좋습니다(예 : 우리나라 연령대별 인구 구성 비율).

데이터 시각화 방식을 선택할 때는 시각화 목적을 고려할 필요가 있습니다. 아벨라의 시각화 목적에 따른 차트 유형에 정리가 잘 되어 있으니 참고하는 것도 좋은 방법입니다.

＊　　Steven Bradley, 〈Design Principles: Visual Perception And the Principles of Gestalt〉, Smashing Magazine 2014. https://www.smashingmagazine.com/2014/03/design-principles-visual-perception-and-the-principles-of-gestalt/

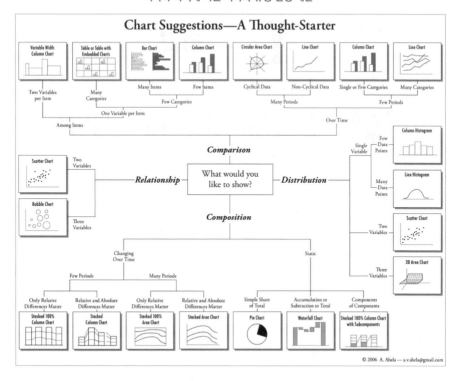

목적에 맞는 그래프는 전달력을 향상시키지만, 엉뚱하게 선택하면 독자와 청중을 크게 오도할 수 있어 매우 위험하기도 합니다. 그렇기 때문에 데이터 시각화 관련 지식은 과학자로서 가장 기본적으로 갖추어야 할 지식이라 할 수 있습니다. 그러나 과학자 중에서도 극히 일부만 논문을 낼 수 있는 《네이처》에 투고되는 원고에서도 이런 잘못이 적지 않게

---

*   A. Abela, 〈Chart Suggestions – A Thought starter〉 (2008). https://extremepresentation. typepad.com/

데이터 과학자 원칙

발견됩니다. 이에 네이처는 연구자들에게 올바른 통계와 시각화 지식을 심어주고자 이와 관련한 내용을 수년간 연재한 바 있습니다. 〈Points of Significance〉라는 이름으로 2013년 9월부터 2019년 2월까지 연재했는데 그중에는 막대 그래프를 그릴 때 기준 위치를 동일하게 유지하라는 기본적인 내용도 포함되어 있습니다.*

또 하나 중요한 것은 여백입니다. 많은 분이 중요하다고 생각하는 것들을 한 화면에 빼곡하게 배치하는 실수를 합니다. 그래프 하나를 그릴 때보다 발표 슬라이드에서 심심찮게 볼 수 있는 실수입니다. 2004년 서울시 버스 사례가 심미성에 집중하다 발생하는 실수라면, 이는 주로 미적 감각보다 수치적인 의미에 지나치게 집중하는 나머지 벌어지는 실수입니다. 커다란 자료를 붙여놓고 발표자가 옆에 서서 하나씩 짚어가며 발표하는 학회 포스터 발표라면 청중의 시선을 그때 그때 필요한 지점으로 유도할 수 있지만 한 페이지에 집중할 시간이 제한된 구두 발표라면 이와 같은 방식은 좋지 못합니다. 청중의 시선을 사방으로 분산시키기 때문입니다.

• 한 페이지에 내용이 너무 많은 경우(왼쪽), 하나의 내용에 집중할 수 있는 디자인(오른쪽) •

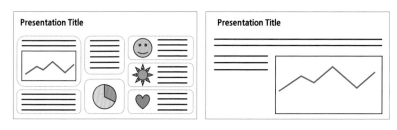

---

*   Martin Krzywinski and Naomi Altman, 〈Points of Significance: Visualizing samples with box plots〉, Nature Methods 11(2) 2014 pp.119-120

그러나 의도적으로 이런 식으로 페이지를 구성할 때도 있습니다.

첫 번째는 세부 내용을 전달하는 것이 목적이 아니라 "이만큼 많다!" 또는 "이만큼 복잡하다!"를 전달할 때입니다. 예를 들어 우리 회사의 제품이 많은 이들에게 사랑받는 것을 강조하려는 의도라면 쇼핑몰의 긍정 리뷰를 빼곡하게 붙여 연출할 수 있습니다.

두 번째는 한 장에 모든 스토리를 넣고 발표자와 청중이 오랜 시간을 들여 슬라이드의 내용을 토론할 때입니다. 전 직장에서 고위 임원을 대상으로 하는 발표가 이랬습니다. 한 장에 정해진 형식으로 문제 제기부터 해결 방안, 향후 계획까지 모두 넣고 발표와 질의응답을 진행했습니다. 형식은 구두 발표였지만 사실상 학회 포스터 발표와 같은 형식으로 진행한 겁니다.

이외의 경우라면 앞의 그림의 오른쪽처럼 한 번에 한 가지 내용만 전달하는 것이 일반적입니다. 하고 싶은 말이 많아도 절제하고 정리정돈할 필요가 있는 겁니다.

한 분야의 전문가들도 실수를 많이 한다는 것은 데이터 시각화도 별도의 시간을 들여 익히지 않으면 안 되는 또 하나의 전문 분야라는 의미일 수도 있습니다. 데이터 시각화는 어떤 일을 하더라도 기본기가 될 중요한 지식인만큼 시간을 들여 공부할 필요가 있습니다.

원칙과 함께 중요한 것이 변칙입니다. 용모를 단정하게 꾸미고 면접장에 들어서면 일반적인 호감은 살 수 있을지 모르나 다른 지원자도 비슷비슷하게 꾸미고 있기 때문에 주의를 끌기는 어렵습니다. 정석에만 충실한 시각적 표현도 마찬가지입니다. 동시에 여러 문서를 봐야 하는 독자와 청중의 관심을 획득하고, 특히 고집을 부리는 상대방에게 신선한 충격을 주

데이터 과학자 원칙

려면 파격적인 변칙이 필요합니다. 필요에 따라 전에 없던 새로운 종류의 그래프를 만드는 창의력이 필요합니다.

간호사로 널리 알려진 나이팅게일은 보고서에 눈길을 주지 않는 군 당국을 설득하고자 노력 끝에 장미 다이어그램rose diagram으로 알려진 도표를 창안했습니다. 열악한 야전 병동의 환경으로 전쟁터보다 병상에서 죽는 병사들이 더 많다는 사실을 월별로 도시해 지원을 호소한 겁니다.* 《팩트풀니스Factfulness》의 저자인 한스 로슬링Hans Rosling은 세상이 사람들의 통념보다 훨씬 나아지고 있다는 사실을 전달할 목적으로 시간에 따라 변하는 버블 차트Bubble Chart를 동영상으로 구현했습니다.** 두 방식 모두 지금은 그래프의 한 종류로 자연스럽게 정착했지만 이 분들이 창안하기 전까지 존재하지 않던 방식이었습니다. 여러분도 과거의 인습에 얽매이기보다 필요하면 과감하게 새로운 방식을 시도할 필요가 있을지도 모릅니다.

* Florence Nightingale, 〈Notes on Matters affecting the Health, Efficiency and Hospital Administration of the British Army〉. London:Harrison 1858. https://bit.ly/3nbbQaE, McDonald, L. 〈Florence Nightingale, statistics and the Crimean War〉, Journal of the Royal Statistical Society Series A 177(3) 569 2014 DOI: 10.1111/rssa.12026

** Hans Rosling,〈Life Expectancy〉, Gapminder. https://www.gapminder.org/tag/life-expectancy

• 장미 다이어그램으로 표현한 나이팅게일의 크림 전쟁 사망자 현황(왼쪽), 한스 로슬링이 버블 차트로 구현한 소득과 인구에 따른 국가별, 연도별 기대 수명 도표(오른쪽) •

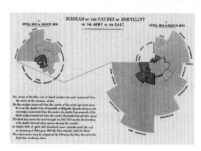

원칙 2 : 지식을 실천할 기술 연마하기

한편, 실천이 따르지 않는 지식은 무의미합니다. 어느 정도 공부를 통해 나에게 필요한 방식을 알게 되었다면 그 방식을 구현할 기술을 익혀야 합니다. 슬라이드 작업이라면 파워포인트, 문서 작업이라면 워드나 아래아한글, 데이터 시각화라면 엑셀, 파이썬Python, R, 태블로Tableau, 그래픽 작업이라면 포토샵이나 일러스트레이터Adobe Illustrator, 피그마Figma 등을 사용할 겁니다.

데이터 시각화 도구는 계속 발전하고 있습니다. 무엇이든 하나를 골라 사용하다 보면 더 좋은 도구가 눈에 들어옵니다. 파워포인트 사용자는 키노트Apple Keynote로 만든 슬라이드에 시선을 빼앗길 수 있고 파이썬에서 맷플롯립Matplotlib으로 작업하던 사람은 R의 깔끔한 그래픽과 플롯리Plot.ly의 화사한 색이 부러워 옮겨타기도 합니다. 그러나 여러 도구를 조금씩 사용하기보다 특정 도구를 집중적으로 연마하는 편이 좋다고 생각합니다.

데이터 과학자 원칙

일단 나에게 필요한 정보 전달 형식은 인지과학에 대한 지식을 바탕으로 설계할 수 있습니다. 데이터 종류와 나의 목적에 따라 아벨라가 제시한 도표에서 적절한 형식을 고른 뒤 게슈탈트 원리를 반영해 배색과 선, 글꼴 등을 결정하면 최선은 아니더라도 전반적으로 좋은 디자인을 구성할 수 있습니다. 어떤 도구를 사용하든 간에 시각화의 목표라고 볼 수 있는 이 그림을 최대한 비슷하게 구현하는 것이 목적입니다. 이제 머릿속에 만든 시안을 현실로 옮겨야 하는데, 보기보다 잔손이 많이 갑니다.

색상표에서 찾은 색은 그래프나 페이지에 들어가는 순간 주변 색들의 간섭으로 인해 느낌이 달라집니다. 동시 대비 효과가 발생하기 때문입니다. 초록과 빨강은 둘 다 자주 사용되는 무난한 색이지만 둘이 함께 놓이면 눈이 아파옵니다. 보색인 두 색이 서로의 색감을 강화시키기 때문입니다. 구상과 현실이 다르면 원래의 의도를 반영할 수 있는 대안을 실험해야 합니다. 그러자면 대안을 찾고 색을 바꾸는 데 능숙해야 합니다.

대개 메시지를 잘 드러내고자 여러 시각적 요소를 함께 사용합니다. 글꼴의 위치와 크기를 세밀하게 조정할 줄 알아야 합니다. 필요에 따라 파이 차트의 일부를 튀어나오게 할 수도 있고 범례의 순서를 거꾸로 뒤집거나 형태를 바꿔야 할 수도 있습니다. 어떤 도구를 선택해도 기초 단계에서는 잘 다루지 않는 것들입니다. 도구 사용 역량이 일정 수준으로 축적되어야 하며, 그러자면 여러 도구를 옮겨다니며 기초 수준만 반복하기보다 도구 하나를 골라 고급 기술을 익힐 필요가 있습니다.

데이터 시각화 요소를 점진적으로 변화시키며 전달력을 향상시키는 예시를 보겠습니다. 경쟁하는 세 팀의 매출액 현황을 한 눈에 보기 가장 좋은 형식은 막대 그래프입니다. 많은 시각화 도구에서 막대 그래프를 그리면 기본적으로 가로와 세로축으로 이루어진 공간에 같은 색의 막대를 나란히 놓습니다(a). 레이블과 함께 막대별 색을 다르게 표현해 시각화 요소(색상)를 추가하면 가독성이 높아집니다(b). 시각화 요소를 제거해서 전달력을 높일 수도 있습니다. 세로축을 제거하는 대신 막대별로 데이터값을 직접 명시해 방해 요소를 제거했습니다(c).

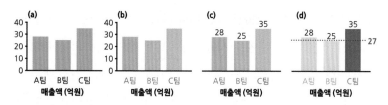

• (a) 모든 막대를 동일하게 만듦 (b) 막대별로 다른 색 적용 (c) 세로축 제거 및
막대별 데이터 직접 기입 (d) 목표치를 점선 및 숫자로 명시하고 목표치를 달성한 팀은 파랑,
미달한 팀은 빨강으로 표현. 최대 매출 팀을 짙은 색으로 강조 •

만약 이 회사에서 팀별 매출 목표를 27억 원으로 설정하고 경쟁을 유도한다면 목표 달성 여부와 최고 매출 부서가 중요할 겁니다. 목표치와 함께 목표를 달성한 팀은 푸른색 계열, 미진한 팀은 붉은 색 계열로 표시하고 최대 매출을 달성한 팀을 짙게 강조하면 그래프를 보는 목적을 쉽게 달성할 수 있을 겁니다(d). 현란하지 않지만 이러한 표현을 하려면 막대와 문자의 색을 바꾸는 기술, 세로축을 제거하는 기술, 막대 위에 숫자를 표현하는 기술, 보조선을 표현하는 기술을 확보해야 합니다. 추구하는 최종 그림은 같아도 구체적인 구현 방식은 다릅니다.

또 다른 예를 들겠습니다. 저는 데이터 시각화를 하거나 발표 슬라이드를 만들 때, 개별 요소를 예쁘게 만들기보다 정돈을 잘하는 데 집중합니다. 앞서 시각화 요소별 전달력 비교표에서 보았듯 시각화 요소의 위치는 그 어느 요소보다 강력한 힘을 발휘하기 때문입니다. 해당 그림은 기존 논문의 그림을 최대한 재현한 것으로 원본 그림부터 잘 정돈되어 있었습니다. 이런 그림을 재현하려면 스스로 도형을 정돈할 줄 알아야 합니다. 파워포인트에서 그림을 재현하며 적용한 시각적 요소를 아래에 정리했습니다.

• 효과적인 전달을 위해 사용한 파워포인트의 시각적 요소 •

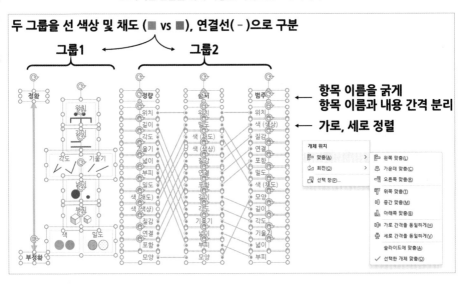

좌우 그림이 비슷하면서도 독립된 내용으로 구성되어 있기 때문에 두 그룹을 직관적으로 다른 범주로 인식시킬 필요가 있습니다. 색상과 채도 를 동시에 사용해 왼쪽과 오른쪽 그룹을 구분했고 둘 사이 공간을 확보해 물리적으로도 분리시켰습니다. 두 그룹을 분리한 후에는 각 그룹의 세부 요소들을 정돈할 차례입니다. 왼쪽 그림의 화살표를 포함해 위 아래 있는 글 상자들과 그 옆의 시각적 요소들이 담긴 상자들을 서로 다른 두 개의 세로축에 놓았습니다.

오른쪽 그림은 가로와 세로 두 방향에서 정렬이 모두 필요하지만 그 전에 항목 이름과 내용을 나눠야 합니다. 항목 이름과 내용을 분리해서 인식시키고자 간격을 다소 띄우는 한편 항목 이름에 굵은 글꼴을 사용했습니다. 가느다란 글꼴을 사용한 내용과 구분하려는 의도입니다. 여기에 파워포인트의 개체 위치 맞춤 기능을 사용해 항목 사이의 간격을 일정하게 조정했습니다. 사소한 기능이지만 이런 기능을 알고 사용하는 사람과 그렇지 않은 사람의 결과물에서는 큰 차이가 드러납니다. 만약 다른 도구를 사용했다면 같은 기능이 다른 이름으로 제공될 겁니다.

파워포인트나 엑셀은 GUI 방식이라 접근성이 좋습니다. 마우스와 클릭만으로 많은 것을 할 수 있는 만큼 편리하지만 한편으로 그만큼 표현력이 제한됩니다. 데이터 시각화 전용 프로그램을 사용하거나 코드를 사용해 데이터를 다루면 진입 장벽은 상대적으로 높지만 반복 작업이 편리해지고 무엇보다 훨씬 풍성한 표현을 할 수 있습니다. 저는 머신러닝과 같은 후속 응용을 염두에 두고 데이터를 분석하다 보니 주로 파이썬을 사용합니다. 앞서 보인 두 예시를 파워포인트나 엑셀에서 구현하려면 사전 지식이 없어도 마우스로 좌클릭 우클릭을 하며 시행착오를 통해 방법을 터득할 수 있습니다.

그러나 코드로 작성하려면 명령어를 알아야 하기 때문에 공식 매뉴얼이나 누군가 업로드한 경험담을 토대로 시도해보는 수밖에 없습니다. 우연히 답을 찾기는 매우 어렵기 때문에 더 많은 연습이 필요합니다.

　　　　　데이터 과학자 원칙

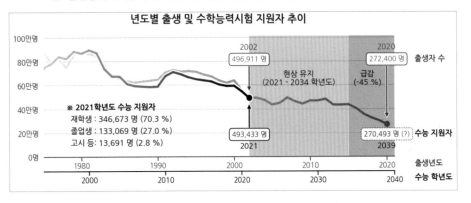

• 연도별 출생 및 수학능력시험 지원자 추이(데이터 출처 : 국가통계포털, 한국교육과정평가원)* •

앞의 그림은 국가통계포털과 한국교육과정평가원에서 제공하는 연도별 출생자 수와 수능 지원자 수를 겹쳐 그린 겁니다. 저출산이 심화되는 시점에서 미래 대학 교육에 대한 이슈가 제기되고 있고, "지금 태어나는 아이들이 대학에 갈 때는 몇 명이나 수능을 볼까?"라는 생각에 데이터를 내려받아 그려보았습니다.

재학생 외에 재수생 등이 포함되어 한 해의 출생자 수와 수능 지원자 수가 거의 비슷하다는 것을 확인할 수 있고, 이를 토대로 2002년에 비해 2020년에 태어난 아이들이 약 45% 감소했으므로 2021년에 태어난 아이들이 수능을 볼 2039년에는 2021년의 절반에 가까운 27만 명 정도가 지원할 것이라는 예측을 할 수 있습니다. 특히 2016년까지는 그나마 출생자 수가 45만 명 선에서 유지되고 있으나 2017년부터 5년 사이에 급감했기 때문에 흔히 말하는 대학의 위기도 2034년부터 가중될 것이라고 생각할

---

* 이제현, 〈Visualization with Messages〉, Pega Devlog. https://jehyunlee.github.io/2021/03/27/Python-DS-64-kr_pop_sn/

수 있습니다.

이런 내용을 담고자 다음과 같은 기술을 사용했습니다.

1. **가로축 눈금을 두 개 겹쳤습니다.** 출생자 수와 함께 이 아이들이 대입을 치를 나이가 되었을 당시를 동시에 표현하고자 했기 때문입니다.

2. **출생과 수능 데이터 표현에 특정 색을 사용했습니다.** 두 가지 데이터로부터 연도별 추세(선 그래프), 2021년 현재, 2039년 예상을 함께 비교해야 합니다. 자칫하면 많은 데이터가 혼란을 줄 수 있기에, 게슈탈트 원리의 '유사' 속성을 적용했습니다.

3. **그라데이션으로 시간의 흐름을 표현했습니다.** 가로 방향으로 꺾은선 그래프가 놓여 있으면 일반적으로 왼쪽에서 오른쪽으로 시간이 흘렀다고 받아들여집니다. 이 그래프에서는 이것으로 충분하지 않다고 생각했습니다. 독자들이 과거보다 현재 데이터에 집중하기를 바래서 과거를 흐리게, 최근을 진하게 만들고 특히 현재에는 동그란 점을 찍었습니다.*

4. **출생자 수 그래프 아래 영역에 색을 칠했습니다.** 선은 위아래를 나누는 역할을 하지만 나누어진 영역 중 한쪽에 집중시키지는 못합니다. 이를 보완하고자 출생자수 그래프 아래 영역을 밝게 칠했습니다. 뉴스 그래픽에서 흔히 사용하는 기법입니다.

5. **그림과 함께 글자를 사용해 정량적인 수치를 명시합니다.** 그림은 직관적으로 정보를 전달하는 힘이 있지만 상세한 수치를 전달하는 데에는 한계가 있습니다. 글 상자와 화살표와 함께 수치를 직접 기입했습니다.

---

* Colin Ware, 〈Toward a Perceptual Theory of Flow Visualization〉, IEEE Computer Graphics and Applications, 2008 (DOI: 10.1109/MCG.2008.39)

데이터 과학자 원칙

6. **구간을 나누어 배경을 채색합니다.** 크게 과거(2021년 이전), 현상 유지(2021 ~ 2034 학년도), 급감기(2035년 이후)로 나뉩니다. 이 세 구간을 직관적으로 전달하고자 배경을 다르게 칠했고, 특히 금감기는 위기의식을 전달하기 위해 붉은 톤을 깔았습니다.

위에서 사용한 기능은 그림을 파이썬의 맷플롯립 코드로 그렸기 때문에 가능한 것도 있고, 더 불편한 점도 있을 겁니다. 중요한 점은, 코드를 사용하라는 것이나 파이썬을 사용하라는 것이 아닙니다. 어떤 도구든 자신의 의도를 반영할 수 있을 정도로 충분히 숙달해야 한다는 점입니다.

저는 파이썬의 여러 라이브러리 중에서도 맷플롯립 생태계를 사용합니다. 저의 업무 특성상 다양한 데이터를 다루어야 하는데 맷플롯립은 지리 정보를 다루는 지오팬더스geopandas, 네트워크 데이터를 처리하는 네트워크엑스NetworkX, 머신러닝 결과를 시각화하는 사이킷플롯scikit-plot 등 여러 종류의 그림을 지원하는 거대한 생태계를 이루고 있기 때문입니다. 반응형 웹에는 맷플롯립보다 대시Dash와 함께 사용하는 플롯리가 더 적합합니다.

원칙 3 : 대중에게 공개하고 반응 살피기

내가 표현한 데이터가 상대방에게 잘 전달되는지, 이목을 끌기 위해 마련한 장치가 정말로 사람들을 끌어들이는지, 나의 의도가 잘 전달되었는지 스스로는 알기 어렵습니다. 주위에 믿을 만한 동료가 여럿 있다면 이들과 대화를 나눌 수도 있겠지만 예측할 수 없는 상대에 대한 반응은 불특정 다수로부터 받는 피드백만한 것이 없다고 생각합니다. 이럴 때 커뮤니티는 큰 도움이 됩니다. 카카오톡 오픈채팅방과 페이스북 그룹에 작업물을 올리고 반응을 살피는 편인데, 칭찬을 받기도 하지만 간혹 미처 눈치채지 못했던 단점을 직설적으로 지적받기도 합니다.

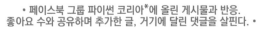

• 페이스북 그룹 파이썬 코리아*에 올린 게시물과 반응.
좋아요 수와 공유하며 추가한 글, 거기에 달린 댓글을 살핀다. •

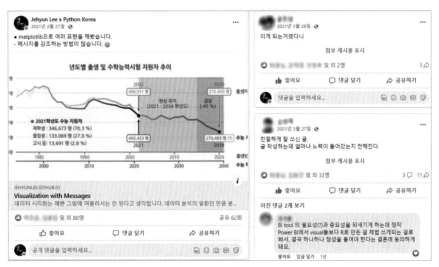

긍정적이든 부정적이든 피드백을 받으면 스스로가 의도한 목적에 비추어 잘 전달되었는지를 살핍니다. 모두가 같은 반응을 보이는 것은 아니고 때에 따라 찬반이 갈리기도 하므로 스스로 중심을 잡고 언짢은 비판이라도 받아들일, 그리고 달콤한 칭찬이라도 우쭐거리지 않을 겸허한 자세를 갖춰야 합니다.

---

* https://www.facebook.com/groups/pythonkorea

데이터 과학자 원칙

작업물을 대중에게 공개한다는 것은 기대 이상의 의미를 가집니다. 반복적으로 작업을 공유함으로써 여러 사람에게 나를 알릴 수 있고, 관심사가 비슷한 이들과 친분을 쌓을 수 있습니다. 어쩌면 이 중에는 여러분의 삶을 바꿔줄 멘토가 있을 수도 있고 새로운 기회로 이끌어줄 귀인이 있을 수도 있습니다. 한편으로 어줍잖은 결과물을 계속 보이는 일이 부담이 될 수도 있습니다. 이런 이유로 공식적인 곳에 자신의 작업물을 올리는 행위를 꺼려하는 분들도 있지만 바꾸어 생각하면 피드백을 받아 빠른 발전을 보일 수 있는 기회이기도 하니 적극 활용해보기 바랍니다.

컨퍼런스 발표도 빼놓을 수 없습니다. 전통적인 연구 분야에서 컨퍼런스는 오랜 기간 갈고 닦은 결과를 공개하는 학술회 성격이 강하지만 IT 분야에서는 과정을 공유하고 피드백을 받을 수 있는 부담 없는 자리가 많습니다. 커뮤니티별로 대개 1년에 한두 번 정도 열리지만 여러 커뮤니티 활동을 동시에 하면 많은 기회를 잡을 수 있습니다. 파이썬 사용자들이 모이는 파이콘 코리아PyCon KR에는 정식 발표 외에 5분간 비교적 부담없이 자유롭게 이야기할 수 있는 라이트닝 토크Lightening Talk 세션도 있으니 이런 기회를 활용해보는 것도 좋습니다.

그리고 무엇보다 블로그 개설을 강력히 권합니다. 모든 일정과 형식을 스스로 정할 수 있기 때문에 아무런 제약을 받지 않는 반면, 검색 엔진을 통해 불특정 다수와 공유할 수 있습니다. 꾸준히 올린 글은 훗날 포트폴리오로 활용하기 좋고, 무엇보다 자신이 과거에 한 일을 돌이켜보면서 스스로의 성장 과정을 볼 수 있어 뿌듯합니다.

저 역시 계속 배워가는 한 사람으로 약 3년 전인 2019년 12월에 평균 일주일에 글 하나를 올리는 것을 목표로 삼고 블로그를 개설했습니다.* 가끔은 소재가 떠오르지 않아 고민을 하기도 했고 억지로 포스팅을 한 날도 있지만 소재를 찾으며 했던 궁리와 검색이 모두 밑거름이 되었다고 느낍니다. 개설 당시에 목표한 기술과 이후 주로 올리는 컨텐츠가 적지 않게 달라졌지만 블로그라는 공간이 있기에 빠르게 바뀌는 이 세계를 나름의 방식으로 소화한 흔적을 드러낼 수 있다고 믿습니다.

정보 전달에서 가장 중요한 것은 상대방 입장에서 생각해보는 것이 아닐까 싶습니다. 지금까지 인지과학적인 접근과 이를 가능케 하는 기술력, 그리고 기술을 향상시키는 방편으로써 피드백을 말씀드렸지만 그보다 더 앞서야 할 것은 사람에 대한 고민일 겁니다. 사람들은 나이, 교육 수준과 분야, 처한 환경에 따라 같은 정보도 다르게 받아들일 수밖에 없습니다.

최선의 준비를 하더라도 새로운 곳에서 만나는 새로운 분야의 사람들이 가지고 있는 사고방식은 언제나 낯설고 신선한 것이 사실입니다. 같은 분야의 연구자, 다른 분야의 연구자, 과기정통부 공무원은 모두 크게 보면 과학기술인이지만 세상을 바라보는 시각과 사전 지식이 다른 만큼 같은 개념을 다르게 바라봅니다. 때로는 거리감이 아득하게 느껴지기도 하지만 이런 시도를 반복하면서 지식이 전달되는 거리를 좁힐 수 있다고 믿습니다.

---

*   Pega Devlog. https://jehyunlee.github.io/

저도 아직 경험을 쌓아가며 세상을 배워가는 과정에 있습니다만 정성껏 준비한 그림 하나가 부차적인 여러 언어적 설명을 줄여주는 경험을 하고 있습니다. 누군가가 쌓는 경험은 그가 겪는 외부 자극에 그가 세상을 적극적으로 경험한 시간만큼 누적된 자아가 융합되는 겁니다. 저에게는 매우 유용한 기준이라도 다른 분들께는 다를 수 있습니다. 보편성이 있다고 생각하는 부분을 최대한 전달드리고자 노력했습니다만 저와 장단점이 다른 만큼 여러분은 여기에 또 다른 전략을 더해야 할 겁니다.

제가 드리는 졸고를 재료 삼아 여러분 스스로 그간의 경험을 돌이켜보시고 각자에게 맞는 최선의 길을 찾기를 바랍니다.

《데이터 시각화 교과서》

적절한 예시와 간결한 설명을 통해 좋은 그림과 나쁜 그림에 대한 개념을 알려주는 책입니다. 데이터를 그림으로 표현하는 일은 데이터 과학자의 전유물이 아닙니다. 데이터 과학 비전공자도 본인의 업무에 그림을 효과적으로 사용할 수 있게 설명합니다.

• https://jehyunlee.tistory.com/4

《데이터 시각화, 인지과학을 만나다》

《데이터 시각화 교과서》보다 전문적인 책입니다. 컴퓨터 공학과 인지과학 두 분야에서 박사학위를 받은 저자의 깊은 이해와 전문 지식이 녹아 있습니다. 깊이가 있다 보니 일반 독자보다는 데이터 시각화를 깊게 이해하고 싶은 분께 권해드립니다.

《UX/UI의 10가지 심리학 법칙》

작고 얇아 빠르게 읽을 수 있는 책입니다. 당장 실천할 수 있는 항목을 10가지로 정리해 이해하기 쉬우며, '~해야 한다'보다 '사람들은 이렇다'는 현상을 적절한 예시를 바탕으로 전달하기 때문에 이 책에서 얻은 지식을 본인의 업무에 즉시 적용하기 좋습니다.

• https://jehyunlee.tistory.com/8

〈Nature, Points of Significance〉

그림에 익숙하지 않지만 그림으로 많은 것을 전달해야 하는 분들을 위한 지식과 사례 목록입니다. 정확한 데이터를 오류 없이 전달하고자 하는 분들이라면 반드시 읽어보기 권합니다.

• https://www.nature.com/collections/qghhqm/
  pointsofsignificance

단축 url https://bit.ly/42OAba4

데이터 과학자 원칙

데이터 리더 9인이 말하는
더 나은 데이터 과학자로 살아가는 원칙과 철학

초판 1쇄 발행 2023년 06월 01일

지은이 이정원, 권시현, 권정민, 김영민, 김진환, 박준석, 변성윤, 이진형, 이제현

펴낸이 최현우 · **엮은이** 최현우 · **교정** 최현우, 박현규

디자인 표지 Nu:n. 내지 min. · **조판** SEMO

펴낸곳 골든래빗(주)

등록 2020년 7월 7일 제 2020-000183호

주소 서울 마포구 신촌로2길 19, 302호

전화 0505-398-0505 · **팩스** 0505-537-0505

이메일 ask@goldenrabbit.co.kr

SNS facebook.com/goldenrabbit2020

홈페이지 goldenrabbit.co.kr

ISBN 979-11-91905-33-5   03320